元華文創
頂尖文庫 EA048

臺灣政經史系列叢書09 陳天授主編

當代臺灣本土大眾文化

Collection of Contemporary Local and Mass Culture in Taiwan

鄉情深知與影劇創新精選集

第二冊

聚焦當代臺灣大眾文化的新視野與多面向呈現

順應當代大眾新文化思潮趨勢

形塑臺灣能成為一座不斷被發現的

深層多元文化島嶼

陳正茂 / 張憲堂 著

T A I W A N

總　序

　　本書一共有四個精選集，是由臺北城市科技大學通識學報的四位編輯委員：江燦騰、林慶文、陳正茂、張憲堂分工合作而成的──兩冊版「當代臺灣本土大眾文化」──精選集彙編著作。

　　第一冊是江燦騰與林慶文兩位編輯委員合著而成，以「雙源匯流與互動開展」的論述主軸，組成第一精選集《新思維的當代臺灣大眾文化(江燦騰著)》與第二精選集《當代臺灣小說中的日常宗教書寫(林慶文著)》的各具特色的多樣性相關書寫。

　　第二冊是陳正茂與張憲堂兩位編輯委員合著而成，以「鄉情深知與影劇創新」的論述主軸，組成第三精選集《愛鄉土更要知鄉土(陳正茂著)》與第四精選集《我們時代的影劇生活文化(張憲堂著)》的各具特色的多樣性相關書寫。

　　此二冊的各自詮釋的進一步解說，此處不多提，因為在每一精選集的導讀全文中，都有非常詳盡的解說。總序的說明的主軸，應該從各精選集的最大共識的思維層面來著眼。例如，若有讀者問及為何現在要出版這本書？則我們的回答將是：本書在此時此地出版的主要目的，是基於不久前臺灣才剛歷經大選結果的強大政治衝擊，目前兩岸也在國際複雜形勢互動下迎來新局勢；近一年教育部頒定以東亞史為新視野的新歷史課綱也正在第一實施階段，此兩者的結合，預期將對當代臺灣社會新世代的歷史認知，產生新的知識效應的連鎖變化，同時也將對臺灣當代大眾文化的現有認知模式，帶來漸進式的深遠影響。

　　本書體認到這一新的巨大變化趨勢，所以，將本書內容的編寫，也同樣

重新放寬歷史視野——不再過於強調傳統東亞或傳統中國文化獨尊的意識形態，不再以聖殿崇拜為主流的知識解釋——更接地氣，更適應當代臺灣社會生活的新主流趨勢與核心價值。換言之，本書的編寫目的，是意在調整臺灣社會大衆長期已習以為常的認知角度，以便可以密切呼應當前這一波新轉型時代的浪潮，因而才提出關注當代臺灣多元大衆文化的多層次論述，並以「城市大衆文化」的新觀點來加以整合論述。

再者，城市生活原是現代人主要的生活方式，而現代大衆文化現象則反映市民普遍的生活面貌。因而近來「城市學」的討論逐漸興起，許多人文關懷者，雖屬不同專業領域，但是都關注地方人事物的歷史淵源、當前生活機能品質以及攸關將來發展的公共政策，可以說現代市民自覺有一項文化義務，就是扮演文化築城者的角色，互相效力。因為知識傳輸及出版技術的效率，可以廣泛有效聚焦議題討論，也讓我們看出時代觀念的變遷。

從現代世界思潮發展來看的話，早在二十世紀初期出現的「大衆文化」，專指工業化大城市社會大衆流行的娛樂與消費文化，極具市場導向與濃厚的商業色彩。如今當代大衆文化的發展趨勢，隨著全球化的國際互聯網，爆量高速視覺化資訊流通的大潮流，更在近三十年來席捲全球消費文化市場，其勢幾乎無人可擋。傳播如此過度扁平化的超量高速知識潮流，不但導致實體著作市場的萎縮，取而代之的電子書，帶動大量出版與各類閱讀機具的盛行，出版順應市場趨勢與大衆閱讀習慣，連帶影響制約著作的書寫方式。

除了技術更新，在論述觀點的變遷方面，也因應多元文化住民而有所調整。我們現在讀到的英國史或美國史，相對來說，幾乎沒有西洋文明優越感的意識形態，比起從前的學院教材內容，呈現更多元的文化觀點，更具包容性，也更貼近大衆的生活方式，並且對以前的偏頗觀念，常常提出修正不忘反省。這是當前臺灣歷史文化教科書的作者，需要調整借鏡的新型論述方式。

緣此，本書的編寫構想，就是提供不同專業領域大衆思考交融的文化主題，同時，期許藉以提升視覺娛樂選擇外的大衆閱讀水平，在「當代臺灣鄉

土文化」與新「城市大眾文化」的知識會合處，構成全書的內容與關心文化
的意圖。

　　我們對於曾大力促成本書的陳添壽教授、鄭任汶通識中心主任、侯坤宏
博士、邱敏傑教授、秀威資訊的蔡登山先生和本書的前任蔡佩玲總編輯和現
任遇異凡總編輯及李欣芳主編，都致上最高的敬意與最深的感謝。

　　此外，在本書第一精選集中，還有清大講座教授楊儒賓先生所撰重要序
文，楊教授更是長期擔任臺北城市科技大學通識學報的校外顧問，所以在此
致上最大的禮敬。

目　次

總　序 i

第一輯　愛鄉土更要知鄉土 1

導　讀 3

壹、慈悲歡樂的行腳：當代臺灣媽祖旅遊文化 7

　一、本章導言 7

　二、媽祖神蹟演化與媽祖信仰及其在臺歷史 10

　　（一）媽祖神蹟與傳說 10

　　（二）媽祖信仰的源始 12

　　（三）媽祖信仰在臺灣 13

　三、媽祖文化旅遊的參訪重點 18

　四、媽祖文化旅遊舉隅：以大甲媽祖遶境進香活動為例 25

　五、結論：臺灣媽祖民間信仰的文化意義 29

貳、人生一場掌中戲：臺灣布袋戲文化 33

　一、本章導言 33

　二、常民文化：布袋戲在臺灣的演進史 34

　三、布袋戲之類別與表演特色 37

　　四、李天祿「亦宛然」的布袋戲人生 42

　　五、「五洲園」通天教主的黃海岱 44

　　六、黃海岱的布袋戲風格與特色 48

　　七、結論：從文化觀光視角看臺灣布袋戲的前景與未來 51

參、作戲空看戲憨：臺灣歌仔戲文化 55

　　一、本章導言 55

　　二、歌仔戲在臺灣的源起與演變 57

　　三、臺灣歌仔戲的進程四重奏——由內臺歌仔戲迄於現代劇場 62

　　　　（一）紅遍全臺的內臺歌仔戲 64

　　　　（二）廣播與電影歌仔戲的時代 67

　　　　（三）曾經輝煌的電視歌仔戲 68

　　　　（四）邁向精緻的現代劇場歌仔戲 71

　　四、歌仔戲的表演藝術與結構 73

　　五、臺灣歌仔戲的一代奇葩：楊麗花其人其事 77

　　六、明華園歌仔戲團孫翠鳳的耀眼成就 81

　　七、結論：酷愛看戲的臺灣文化與歌仔戲的未來 85

肆、悠揚戲曲時光穿越：臺灣傳統京劇的傳承 91

　　一、本章導言 91

　　二、梨園春秋——京劇的名稱、源起與發展 93

　　三、京劇的內容和表演藝術及其戲劇結構 96

　　　　（一）京劇的裝扮、服裝與道具 96

　　　　（二）京劇的腔調和音樂 98

　　　　（三）京劇的表演藝術 100

　　　　（四）京劇的戲劇結構 102

四、日治時期京劇對臺灣戲劇之影響 103

五、戰後京劇在臺灣之發展 109

（一）戰後京劇團的分批來臺 109

（二）特殊現象的軍中劇團 111

（三）培育新生代的戲劇學校 116

（四）七〇年代以後迄今的臺灣劇運 118

六、結論：與文化觀光相結合──京劇在臺灣的檢討 120

伍、地方創生與臺灣老街文化 127

一、本章導言 127

二、先民之路──老街形成的原因 127

三、滄海桑田──老街的演變與建築 129

四、歷史記憶的印記──老街導覽 130

（一）迪化街 130

（二）艋舺老街 132

（三）三峽老街 133

（四）淡水老街 134

（五）新莊老街 135

（六）深坑老街 136

（七）金山老街 137

（八）鶯歌老街 138

（九）九份老街 138

（十）大溪老街 140

（十一）楊梅老街 140

（十二）北埔老街 141

（十三）湖口老街 142

（十四）苑裡老街 143

（十五）梧棲老街 144

（十六）大里老街 145

（十七）鹿港老街 145

（十八）溪湖老街 146

（十九）草屯舊街 147

（二十）西螺老街 148

（二十一）安平老街 148

（二十二）善化老街 149

（二十三）鹽水老街 150

（二十四）通山老街 151

（二十五）旗山老街 152

（二十六）美濃老街 153

（二十七）東港老街 153

（二十八）豐田老街 154

（二十九）馬公老街 155

（三十）金門模範街 156

五、結論：從文化觀光視野看老街的活化與再利用 157

陸、要談教育翻轉先看臺灣現存的傳統書院制度 161

一、本章導言 161

二、書院的產生與結構 164

三、清代臺灣書院列表 171

四、臺灣書院（含西式）簡介舉隅 175

（一）學海書院 176

（二）明志書院 176

（三）英才書院 177

（四）礦溪書院 178

（五）文開書院 179

（六）白沙書院 180

（七）仰山書院 181

（八）鳳儀書院 182

（九）道東書院 183

（十）興賢書院 184

（十一）藍田書院 185

（十二）登瀛書院 186

（十三）屏東書院 187

（十四）文石書院 188

（十五）理學堂大書院 189

五、結論：書院的功能、意義與運用 189

第二輯　我們時代的影劇生活文化 195

導　論 197

壹、熱的文本、冷的影像：侯孝賢《刺客聶隱娘》的影像與書寫 201

一、本章導言 201

二、熱的文本書寫 202

三、冷的影像 206

四、結論 208

參考文獻 210

貳、李安《色｜戒》中的戲劇假扮 213

一、本章導言 213

二、《色｜戒》的戲劇扮演 214

三、《色｜戒》年代風格的戲劇扮演 217

　　（一）抗日話劇的時代 217

　　（二）寫實主義戲劇的表演風格 218

　　（三）斯坦尼拉夫斯基的演員扮演 219

四、王佳芝到李安的假扮 220

　　（一）王佳芝的假扮 220

　　（二）易先生的假扮 221

　　（三）李安的影像假扮 222

五、結論 223

參考文獻 224

參、品味高行健新劇型二種：《冥城》和《八月雪》的異想世界 227

一、本章導讀 227

二、《冥城》的異想世界 228

　　（一）《冥城》與《大劈棺》文本戲劇性之比較 229

　　（二）《冥城》與《大劈棺》劇場表演性同工異曲 230

三、《八月雪》演出的異想世界 234

四、《冥城》異想世界的繼承與創新 236

　　（一）《冥城》的傳統繼承 236

　　（二）《冥城》的創新 237

五、《八月雪》異想世界的省思 242

　　（一）去拼貼、去異國情調 243

　　（二）「現代東方式歌劇」／「全能的戲劇」的追求 243

（三）表演三重性的被理解度 248

（四）古典的回歸 249

六、結論 250

（一）劇本意識與劇場意識的交融 250

（二）化西方表現的程度 251

（三）表演體系的建立 253

（四）演出現實的考驗 253

參考文獻 254

肆、高行健在《生死界》、《對話與反詰》和《夜遊神》的情欲書寫 257

一、本章導言 257

二、《生死界》、《對話與反詰》和《夜遊神》的情欲 259

三、高行健的情欲與表演的建構 263

四、高行健個人主體的追尋 267

五、結論 269

參考文獻 270

伍、流行音樂才子的跨界：論周杰倫的電影創意 273

一、本章導言 273

二、創意釋意 274

三、《不能說的・秘密》與《天台》創意比較 276

（一）類型的創意 276

（二）音樂的創意 278

（三）視覺場面的創意 280

（四）文化懷舊的創意 281

四、結論 282

參考文獻 283

陸、李國修《三人行不行》文本空間的荒謬性透視 285

一、本章導言 285

二、生命展示的空間 285

三、命題與研究限制 287

四、《三人行不行》文本空間的形式 287

五、文本空間的荒謬性 290

（一）生活現實的荒謬 291

（二）戰爭的荒謬 292

（三）政治的荒謬 292

（四）兩性人際的荒謬 295

（五）語言的荒謬 295

六、結論 296

參考文獻 298

第　一　輯

愛鄉土更要知鄉土

陳正茂◎著

導　讀

　　人人愛鄉土，這樣親切的鄉土呼喚，對當代臺灣社會大眾來說，當然很容易在心靈上產生強烈的共鳴。可是，對於當代臺灣現有大眾的文化喜愛，在不同世代間，其實有很大的認知差異。因為當代的臺灣社會，不但開始邁入高齡化社會，同時也在全球資訊互聯網的傳播與互動的爆量訊息中，形成不同世代間由於彼此教育背景的不同、或由於彼此使用社群網路的方式有異，所以導致對於當前臺灣主體性的認知觀點也出現很大的差異性。因而，有必要及時提供一種適合社會大眾閱讀的鄉土文化導讀著作。這種書寫的方式與內容，既不同於一般歷史教科書的教材介紹；也與一般市面上大量的旅遊手冊不同，它較像一種能結合不同鄉土文化主題的系統性深層書寫，可促使臺灣社會大眾透過對類似這樣著作做深層閱讀，真正對自己熱愛的鄉土具有深厚的知性理解，並有助於社會大眾文化共識的形成。

　　出現在本精選集的六篇不同主題內容的論文，都是從者任教臺北城市科技大學觀光系的多年教學教材改寫而成。現在關於臺灣史的著作，已如汗牛充棟般的充斥於市場，琳瑯滿目不勝枚舉，但卻缺乏標準本的現代臺灣文化史專書。因此，大量參考現有的各類臺灣文史著作後，本書作者設定六大主題：一、慈悲歡樂的行腳：當代臺灣媽祖旅遊文化。二、人生一場掌中戲：臺灣布袋戲文化。三、作戲空看戲憨：臺灣歌仔戲文化。四、悠揚戲曲時光穿越：臺灣傳統京劇的傳承。五、地方創生與臺灣老街文化。六、要談教育翻轉先看臺灣現存的傳統書院制度。以這六大議題為主軸，撰寫成較適合社會大眾與在學者方便閱讀的系統性解說內容。之所以必須如此，是因近十餘

年來，國內大學教育生態丕變，各大學教師為配合教育部政策，及迎合學生需求，校內各學院科系課程，皆偏向以實用、多元為原則。

此外，近十幾年來，文化觀光旅遊已是國人最熱門的休閒活動之一，更是政府積極推動觀光產業發展的目標。而且，隨著觀光旅遊素質的提升，現在的遊客所要觀賞者，已非僅是表象的風景名勝，而是要有更豐富底蘊的文化內涵，才能成為文化觀光旅遊的必備行程。因此，在教學之餘，筆者覺得有必要選擇若干具有代表性的如老街、書院、媽祖宗教文化旅遊以及臺灣的兩大國粹——歌仔戲與布袋戲；兼以「中國意象」表徵的京劇，做更縝密的論述與探討，此為放在本精選集的六篇論文之由來。

因為不管是老街或書院等有形之文化資產，或者是文化旅遊、布袋戲、歌仔戲、京劇等非物質文化資產，它們都是共同建構與形塑臺灣文化資產重要的元素。事實上，這些所謂的文化資產或是古蹟，都可以見證先人篳路藍縷的艱辛歷程，也堪稱是先人智慧之保存的象徵。因這當中，不僅包含眾多文化形式與內涵，更是傳遞古人生活價值觀之展現，不啻是人類生活之縮影，與今人生活，實際上仍息息相關。所以，文化資產或古蹟，它不只是歷史或靜態的史料，它其實是有血有肉，有其生命及延續性的。本書筆者的六篇論文，雖無法涵蓋臺灣社會大眾文化之全貌，但經由此六大主題之研究，相信對當代臺灣社會大眾文化之理解，還是會有所提升及助益。

其實，筆者比較在意的是，文化資產如何維護的問題，因為這是牽涉到國家文化資產永續經營的重大課題。誠然，一棟歷盡滄桑的古厝或園邸，必然會有毀損破敗的一日，因此需要維護與保養，讓文化資產或古蹟能夠保存，進而活化、再生與再利用。若能如此作為，就較能豐富社區的營造內容，也增強我們瞭解自己的歷史根源與尊嚴，提升我們的文化素養。我們都知道，不論針對文化資產或古蹟，在維護上都相當不易，所以我們國人，都要學會尊重文化資產，並時時發揮民間力量，隨時與政府配合，一起來做好文化資產或古蹟的維護工作才是。尤其要教育全民，文化資產或古蹟維護人人有責，

千萬不要認為那是政府公部門之事。人人愛鄉土,更要知鄉土,臺灣歷史並不長,在無情歲月的淘洗沖刷下,僅存的文化資產已不多。今日,在全力發展觀光產業前提下,培養國人基本文化資產知識,和對古蹟的愛護與尊重,實為至關重要且刻不容緩之事。

壹、慈悲歡樂的行腳：當代臺灣媽祖旅遊文化

一、本章導言

　　「文化旅遊」一詞，最早源起於 1977 年，係指「文化實際上概括了旅遊的各個方面，人們可以借助它來了解彼此之間的生活與思想。」[1]目前，文化旅遊一詞已被廣泛使用，但由於文化本身即為非常廣泛的概念；旅遊本身亦可謂之為一種文化現象，是以學界仍難對文化旅遊一詞達成一致的共識。基本上，文化旅遊當前有四種說法：

　　1.文化旅遊產品說：認為文化旅遊是指旅遊產品的提供者，為旅遊產品的消費者提供的以學習、研究考察所遊覽區域文化的一方面或多方面為主要目的的旅遊產品。例如歷史文化旅遊、宗教民俗旅遊、文學旅遊等等。[2]

　　2.文化旅遊活動說：認為文化旅遊以旅遊文化為消費產品，是旅遊者用自己的審美情趣，透過藝術的審美和歷史的回顧，得到精神上與文化上全面性享受的一種旅遊活動。例如歷史文化之旅、建築文化之旅、宗教體驗之旅、美食饗宴之旅皆屬之。

　　3.文化旅遊概念說：許多人認為文化旅遊不是產品，而是一種抽象的概念。所謂文化旅遊，關鍵是在文化，旅遊只是形式。文化旅遊中之「文化」，

---

[1] 羅伯特・麥金托、夏西肯特・格波特合著，《旅遊學：要素・實踐・基本原理》（天津：古籍出版社，2006 年 11 月 1 版），頁 8。
[2] 《中華人民共和國文物保護法》（2007 年 12 月 29 日第 2 次修正版），頁 21。

應解釋為對旅遊之效用及旅遊之目的所作的定性。因此文化旅遊可定義為：
「通過旅遊實現感知、了解、體察人類文化具體內容之目的的行為過程。」
由此衍生出，若以旅遊經營者的角度言，文化旅遊是一種產品設計或產品創
意；若以旅遊者視野觀之，文化旅遊是民衆對文化認知的期望所採納的旅遊
方法。所以說，文化旅遊不是一個獨立的旅遊產品，而是一種觀念意識的反
映，是旅遊經營者設計旅遊產品的一種創意思維，是旅遊者從事旅遊活動的
一種方法。

　　4.文化旅遊體驗說：即透過某種具體的表達方式，提供機會讓遊客鑑賞、
體驗和感受旅遊的地方文化之深厚內涵，從而豐富其旅遊體驗的活動。文化
旅遊既是一種旅遊產品，也是一種體驗，旅遊者在消費文化旅遊產品的同時，
也得到了一種經歷和體驗。[3]

　　基於上述四種學說，吾人可將「文化旅遊」的定義界定為：旅遊者基於
被異地文化旅遊資源所吸引，透過觀光、參與、學習、考察等方式，體驗到
旅遊目的地的不同文化內涵，從而達到精神上高品質享受的旅遊產品。以旅
遊經營者創造的觀賞對象和休閒方式為消費內容，使旅遊者獲得富有文化內
涵與深度參與旅遊體驗的旅遊活動之集合。[4]

　　羅伯特・麥金托、夏西肯特・格波特合著，《旅遊學：要素・實踐・基
本原理》一書中指出：旅遊文化是「在吸引和接待遊客與來訪者的過程中，
遊客、旅遊設施、東道國政府和接待團體的相互影響所產生的現象和關係的
總和。」[5]受此定義的影響，沈祖祥認為「旅遊文化是以旅遊活動為核心而形
成的文化現象和文化關係之總和。」周謙則以為「旅遊文化是旅遊與文化的
一種深層次的結合。」劉愛萍則把「旅遊文化」視為係指「一定區域或特定

[3]　關維，〈旅遊文化新解〉，《重慶科技學院學報─社會科學版》（2009 年第 1 期），頁 101。

[4]　媽祖文化旅遊研究課題組著，《媽祖文化旅遊研究》（北京：人民出版社發行，2011 年 6 月 1 版），
　　頁 3。

[5]　羅伯特・麥金托、夏西肯特・格波特合著，《旅遊學：要素・實踐・基本原理》，同註 1，頁 9。

民族的旅遊活動方式和特色，它包括旅遊活動本身及其結果。」[6]

　　至於「媽祖文化」一詞，係源於 1987 年於福建莆田舉行的「媽祖千年季學術研討會」上提出的，其定義為「基於對媽祖的崇拜信仰而形成的相關海商社會的具有海洋文化特色的民俗文化，亦即謂媽祖文化是人民千年來尊崇信仰媽祖的過程中，遺留和傳承下來的物質和精神財富的總稱。」[7]它以遍布各地的媽祖廟為中心，以祭祀、傳說、文學、民歌、舞蹈等為傳播途徑，寄託人們對媽祖帶給人類社會安寧祥和博愛的感激和崇拜。媽祖文化圈以福建沿海為中心，散播至臺灣及整個環中國海域，甚至也擴及到中國內地及世界其他國家。[8]

　　基本上，媽祖信仰是一種動態文化，它具有群眾性和長期性；在社會變遷中，媽祖文化是具有多重功能的。媽祖文化旅遊是以媽祖文化為基礎，組織實施的文化旅遊活動。其形式有觀光旅遊、祭祀旅遊、考察旅遊、媽祖文化展館遊等等，具有深厚的歷史文化基礎。目前媽祖文化旅遊在臺灣逐漸風行，各地盛行的媽祖文化祭，實際上也是傳統媽祖文化與現代旅遊發展相結合的產物。[9]

---

[6] 關維，＜旅遊文化新解＞，同註 3，頁 102。

[7] 蔣長春、余建輝等，＜媽祖文化旅遊的回顧、現狀及展望＞，《媽祖千年季學術研討會論文集》（福建：人民出版社，1987 年 10 月 1 版），頁 187。

[8] 劉福鑄，＜論清代福建的媽祖信仰特色＞，《浙江國際海運職業技術學院學報》（2006 年第 3 期），頁 46。

[9] 徐菊風，＜旅遊文化與文化旅遊：理論與實踐的若干問題＞，《旅遊學刊》（2005 年第 4 期），頁 62。

二、媽祖神蹟演化與媽祖信仰及其在臺歷史

（一）媽祖神蹟與傳說

媽祖姓林，因其出生時不哭，故取名為「默」，小名「默娘」，宋太祖建隆元年 3 月 23 日（960）生於福建泉州府莆田縣湄洲島東螺村。媽祖生時，相傳有一道紅光由西北射入室中，晶輝奪目，異香氤氳不散，忽而王氏（媽祖母親）腹震，生媽祖於寢室，里鄰皆異之。父母以生女大失所望，惟其誕生頗奇，甚愛之，生後經過數月未聞哭聲，因命名為默。媽祖幼聰穎，甫 8 歲，從塾師訓讀，悉解文義。10 歲餘，喜淨几焚香，誦經禮佛，旦暮未嘗稍懈。13 歲時，老道士玄通往來其家，媽祖喜捨之，道士曰：「若具佛性，應得渡入正果。」乃授玄微秘法，媽祖受之，悉悟諸要典。16 歲時，窺井得符，遂靈通變化，驅邪救世，屢顯神異，常駕雲飛渡大海，眾號為「通賢靈女」。其後十三年成道，白日昇天，時為宋太宗雍熙 4 年（987）秋 9 月初 9 日也。

有關媽祖的靈驗神蹟頗多，《天妃顯聖錄》有甚多記載，茲舉一、二例說明之：

其一、窺井得符：相傳媽祖少時與群女遊，照粧於井中，忽見神人捧銅符一雙，擁井而上，有神侍之仙官一班，作迎護狀。諸女見之駭奔，僅后受之而不疑，由此得法力玄通，身雖在室內，精神外遊四方，談吉凶禍福，不可思議的無不奇中。

其二、機上救親：又有一次媽祖父兄渡海北上，值西風正急，狂濤震起。媽祖正在家機織中，忽在機上緊閉眼睛，臉色頓變，手持梭，足踏機軸，其狀宛如惟恐失所挾者，怪而急呼之，梭遂掉落。媽祖泣曰：「父親無恙，兄已歿」。少頃報至，果其然。蓋閉睫之間，足踏著父之舟，手持梭乃兄之舵。被叫醒時，腳踏機軸，故父雖幾溺，仍得獲救，但手持之梭掉，兄遂舵碎舟覆，救獲無及矣。

　　其三、湄山飛昇：媽祖 29 歲時，宋太宗雍熙 4 年（987）秋 9 月初 8 日，媽祖與家人說：「我心好淨，塵寰無所愛之處，明朝幸當重陽之節，擬獨登高處，因此預先告知。」家人皆以為乃趁秋晴登山，並不介意。至翌晨，媽祖焚香誦經，向諸姊曰：「今日擬登山，以遂平素之願，但路險而遠，深以不能與諸姊同行為憾。」好似無精打采，不知為何事的諸姊，笑慰之，答以只是一日山遊，何需掛心。媽祖乃渡海赴湄洲嶼，登最高處。忽見濃雲橫在山穴，白氣互天，天樂的妙音響遍空中。媽祖翼風乘靄，油油然翔翔於蒼昊皎日之間，繼而被彩雲所遮而不復見，昇天也。[10]

　　另外，有關媽祖的傳說也非常有意思，清朝史學家趙翼曾記一則很有趣的媽祖傳說。其說到，若遇海難向神明呼救時，稱「媽祖」，媽祖就會立刻不施脂粉來救人，若稱「天妃」則媽祖會盛裝打扮，雍容華貴地來救人，所以會比較晚到。故海上都稱「媽祖」不稱「天妃」，即希望媽祖立刻來救海難中的人。[11]而媽祖與大道公的鬥氣鬥法，也令人莞爾，民間傳說道教神明之一的保生大帝（大道公），在凡人時是天上聖母林默娘的婚約者。某日保生大帝將迎娶媽祖時，因前一日媽祖家中一頭母羊難產而死，讓媽祖萌生退婚之意。

　　大婚之日到來，保生大帝率迎娶隊伍迎娶媽祖，媽祖卻斷然悔婚，隨後入山出家修道。保生大帝大怒，後來也遁入空門得道成仙，然仍嚥不下此怨氣，遂每至媽祖誕辰時必定下雨，打算淋落媽祖臉上的脂粉，使得媽祖羞於見凡人信徒。而媽祖也不甘示弱，也在保生大帝壽辰出巡時，必颳風打算吹落他的冠帽。因此民間流傳「大道公風、媽祖婆雨」。[12]

---

[10] 《天妃顯聖錄》，（臺灣歷史文獻叢刊）（南投：臺灣文獻委員會出版，民國 85 年 9 月），頁 18、19、25。

[11] 趙翼的《陔餘叢考》提到臺灣人特別崇敬媽祖的故事：「吾鄉陸廣霖進士云：臺灣往來，神跡尤著，土人呼神為媽祖，倘遇風浪危急，呼媽祖，則神披髮而來，其效立應，若呼天妃則神必冠帔而至，恐稽時刻。媽祖云者，蓋閩人在母家之稱也。」趙翼，《陔餘叢考》卷 35（天妃條）（臺北：華世出版社，民國 64 年版）。

[12] 于國慶編著，《天后聖母神迹錄——媽祖傳奇故事》（北京：宗教文化出版社出版，2011 年 8 月 1

（二）媽祖信仰的源始

媽祖的年代，時福建為陳洪進所割據，百姓生活困苦，民不聊生，媽祖結合宗教的力量，造福鄉里，故莆人敬愛如母。死後，莆人為之立祠。自此，媽祖信仰開始在民間私下流傳，但當時仍屬淫祠性質。直到北宋徽宗宣和 4 年（1122），以顯靈庇護使節船，朝廷賜「順濟」廟額，媽祖始成為合法祠祀。[13] 所以說，媽祖的神蹟自北宋開始神格化，而民間對媽祖的信仰也逐漸普及化。南宋高宗紹興年間，陳俊清以宰相之尊，在故鄉莆田捐地建廟，公開宣揚媽祖信仰。紹興 26 年（1156），媽祖被朝廷封為「靈惠夫人」，成為朝廷承認的神祇。元朝以後，復以媽祖庇護漕運，被誥封有七次之多。

明太祖洪武 5 年（1372），誥封媽祖為「昭孝純正孚濟感應聖妃」，成祖永樂 7 年（1409），以媽祖庇佑鄭和出使西洋，加封為「護國庇民妙靈昭應弘仁普濟天妃」。明鄭時期，鄭氏父子沿明遺緒，信仰北極真武玄天上帝，故媽祖並未受到特別崇信。反而是因為明鄭水師將帥士兵，莆田籍貫者多，為收買兵心，清朝乃大力提倡媽祖信仰，並利用群眾依附宗教的心理，先促成莆田籍明鄭水師副將朱天貴率舟三百艘、將士兩萬餘人降清，其後施琅即以此支武力逼降臺灣。媽祖為清收復臺灣立了大功，朝廷當然給予更大的回報，康熙 23 年（1684），將媽祖由天妃晉升為天后，康熙 59 年（1720），更正式將媽祖列為朝廷祀典，春秋兩季遣官致祭。雍正 11 年（1733），令沿海各省建祠致祭，其祭儀與關聖帝君同。[14]

總之，媽祖的靈驗顯著，使其信仰在民眾之間甚為廣泛。基本上，媽祖成為民眾信仰的神，其實只是靈驗中心的信仰而已。依照中國宗教行政的慣例，新神被一地方的人民非常崇信時，由地方官將其靈驗事蹟奏報朝廷，由朝廷賜頒匾額、稱號或封號，此即所謂的「褒封」，亦即視為公認其廟的一

版），頁 31-32。

[13] 蔡相煇編著，《臺灣社會文化史》（臺北：國立空中大學發行，民國 88 年元月初版 2 刷），頁 232。

[14] 蔡相煇編著，《臺灣社會文化史》，同上註，頁 233。

種形式。[15]另外，也有學者研究指出，媽祖是南島民族的海神 Mata，和中國閩粵地區的巫覡信仰演化而來的，在發展過程中，又吸收了其他的民間信仰，如千里眼、順風耳等神祇，而影響力逐漸擴大。其後，更納入儒家、佛教和道教因素，終於從眾海神中脫穎而出，成為閩臺海洋文化及東亞海洋文化的重要元素。[16]

（三）媽祖信仰在臺灣

臺灣媽祖信仰之盛，舉世罕見，甚至連媽祖的原鄉福建亦不如。媽祖為航海的守護神之一，先民渡海來臺，需經過臺灣海峽，橫渡黑水溝，風濤之險無法預知，為祈求航海平安，先民將媽祖供奉於船上，一併將媽祖信仰帶至臺灣。清代，媽祖信仰在政治力的介入下不斷擴展，使媽祖信仰更深植民心。清代，媽祖信仰在臺灣興盛的原因有四：

1.臺灣海峽風濤險惡，先民渡海來臺時常發生海難，需藉由媽祖的保佑，尋求心靈的安全感與寄託，因此媽祖信仰，自然成為漳泉移民的航海守護神。

2.媽祖神威顯赫常顯神蹟，臺灣亂事多，民變械鬥不斷，番亂頻仍。民間傳說媽祖顯靈，庇祐地方居民的事蹟非常多，無形中更提升媽祖在民眾心目中的威望。

3.臺灣當時多瘴氣，惡疫流行，先民常因瘴癘之氣致病，有時亦受「番刀出鞘」原住民的侵擾，在生命朝不夕保之際，只有藉由媽祖的保佑祈求平安。

4.朝廷的褒揚，施琅平臺灣，上奏媽祖神威相助，康熙 23 年（1684）清廷乃加封媽祖為「天后」，此後，媽祖廟稱為「天后宮」，並大力宣揚媽祖

---

[15] 增田福太郎原著、黃有興中譯、江燦騰主編，《臺灣宗教信仰》（臺北：東大版，2005 年 5 月初版），頁 317。

[16] 媽祖的崇敬，由其傳說視之，具有道教色彩，由祭祀的形式觀之，具有儒教性格，由信仰的實質見之，有佛教性質。可作為道、儒、佛三教混淆的一事例。增田福太郎原著、黃有興中譯、江燦騰主編，《臺灣宗教信仰》，同上註，頁 322。

神威。[17]

康熙 60 年（1721）臺灣發生朱一貴事件，朝廷派提督藍廷珍渡海平亂，藍廷珍認為亂事能順利平定是媽祖庇佑所致，乃奏請朝廷褒封，雍正 4 年（1726），皇帝賜頒「神昭海表」匾額。乾隆 51 年（1786），臺灣又爆發了規模更大的「林爽文事件」，乾隆命陝甘總督福康安率軍來臺平亂，事後，咸認為又是媽祖神威庇護，為感念聖靈，由朝廷賜金，於臺南府城及鹿港擇地敕建天后宮，為官建的媽祖廟，此二廟分別是今日臺南的海安宮和鹿港的新祖宮。清代的媽祖信仰，因為受到官方的重視，連帶的也加深民眾對媽祖的重視，當時在府城的天后宮（即今之臺南大天后宮），每年於媽祖誕辰之日，都舉辦遶境祈福活動，並邀請北港三媽至府城參與遶境，成為府城的重要節慶之一，民間的交流藉由信仰，維繫的更頻繁更緊實。[18]

日治時期，常有所謂「媽祖宴」的舉辦，例如大正 4 年（1915）、臺南士紳邀請北港朝天宮媽祖至臺南與國姓爺合迎遶境。大正 6 年（1917）臺中區長林耀亭邀請中南部媽祖至臺中舉行宴會，當時參與盛會的有來自鹿港、北港等七尊媽祖，所以也稱作「七媽會」。大正年間，當時日人並未阻撓進香活動，是以，臺灣各地媽祖紛紛前往湄洲祖廟進香。大正 11 年（1922）鹿港天后宮即由總理施性瑟率領，前往湄洲祖廟進香。而在大正 14 年（1925）日本領臺三十周年，臺灣總督邀請日本皇室秩父宮來臺參觀，於臺北大稻埕舉行媽祖遶境活動，號稱「始政三十周年」遶境遊行，更是盛況空前。[19]

總之，日治時期，臺灣各地的迎神賽會活動都非常盛行，各地方廟宇藉由邀請媽祖參與廟會，不但提升了知名度，也促進地方的產業發展，更為日後修廟經費的募集，奠定了基礎。遺憾的是，日治末期推動的「皇民化運動」，對臺灣的宗教發展帶來莫大的傷害，當時全臺約有三百六十一座廟宇被毀，

---

[17] 陳仕賢，＜媽祖信仰在臺灣＞，見其著，《臺灣的媽祖廟》（臺北縣：遠足文化出版，民國 97 年 10 月 1 版 2 刷），頁 10—11。

[18] 陳仕賢，＜清代媽祖的信仰與傳播＞，見其著，《臺灣的媽祖廟》，同上註，頁 12—13。

[19] 陳仕賢，＜日治時期媽祖的信仰與傳播＞，見其著，《臺灣的媽祖廟》，同上註，頁 14—15。

八百多座寺廟轉為他用，部分廟宇則轉入日本佛教體系，成為分寺以避免遭到拆除。不僅如除，臺灣民間信仰的宗教慶典也禁止舉辦，直到臺灣光復。[20]

光復後，「2‧28」悲劇的發生，以及戰後的民生凋敝，一度影響了民間信仰的發展，但是媽祖仍是離亂時期臺灣人信仰的寄託。國共對峙的冷戰時期，不少臺灣青年子弟徵招前往金馬前線，在禍福不可預知的情況下，許多信士更是祈求媽祖庇佑自己的子弟，如此對媽祖信仰更加虔誠。近年，大甲鎮瀾宮與苗栗通霄白沙屯拱天宮的進香活動，在媒體的宣傳下，成為每年媽祖遶境的盛事，吸引數以萬計的信徒參與徒步進香活動，同時也展現民眾對媽祖的虔誠之心。尤其是大甲鎮瀾宮的進香遶境，將原本只是大甲地區五十三庄的信仰廟宇，躍升為臺灣最負盛名的媽祖國際文化節。[21]在臺灣，從南到北各地方的媽祖廟，因地理環境與人文背景的差異，各自呈現截然不同的祭典風貌，使得媽祖廟會活動顯得十分多采多姿。[22]

總的說來，早年媽祖只是航海的守護神，如今媽祖已成為臺灣民間信仰的主要神祇之一，舉凡祈福、生產、生意興隆等，莫不以媽祖為祈求對象，使得媽祖成為當今臺灣民間信仰的「萬能之神」。[23]媽祖信仰既然如此興盛，是以臺灣沿海各地，都有天后宮或媽祖廟的分布，臺灣最早的媽祖廟為澎湖的天后宮，至於臺灣本島最早的媽祖廟則欠缺明確的文獻記載。

有學者認為，臺灣本島的媽祖廟，早於明鄭時期即有信徒出資興建，嘉義縣布袋鎮的魍港天妃宮，為鄭芝龍招募來臺墾殖者所興建，大約建於明崇禎年間。而臺灣也有不少媽祖廟，將其源流追溯到鄭成功時代，如安平開臺天后宮、本協朝天宮、下橋頭朝安宮等廟。就近年來的研究，有學者認為臺

---

[20] 陳仕賢著，《臺灣的媽祖廟》，同上註，頁16-17。

[21] 黃丁盛撰文‧攝影，《臺灣的節慶》（臺北縣：遠足文化出版，民國94年8月出版），頁78-81。

[22] 黃丁盛，《跟著媽祖去旅行》（臺北：晴易文坊媒體行銷有限公司發行，2007年4月出版），頁3。

[23] 江燦騰，〈增田福太郎對於媽祖信仰與法律裁判的神觀詮釋〉，《臺灣文獻》第55卷第3期（民國93年6月30日），頁231-248。

南的大天后宮，早在施琅入臺前便已建成，是為「東寧天妃廟」。[24]

一般相信鄭成功收復臺灣時、在黑水溝和臺江內海（今澎湖——安平）一帶，見海水退潮，無法行舟，遂於戰船設香壇，焚香請媽祖庇佑助其收復臺灣，焚香後三日，果大潮至，鄭軍乘海勢直指擊破荷蘭人的普羅民遮城（今赤嵌樓）；再趁水勢尚未完全消退之際，從一鯤鯓進攻，遂一舉攻破熱蘭遮城（今安平古堡），荷蘭守將見大勢已去，只好向鄭成功投降，媽祖亦被鄭成功於鹿耳門蓋廟祭拜，成了今日的鹿耳門天后宮。[25]

清朝時期，由於施琅利用媽祖信仰助長軍威，並將平臺功績歸於媽祖顯靈，奏請朝廷將媽祖冊封為天后，而後清朝政府來臺處理民變時，也多假藉媽祖助佑名義，在官方推廣下，媽祖信仰在臺灣得以蓬勃發展。約在嘉慶年間，媽祖信仰的主力，逐漸由朝廷、官軍轉為民間，例如臺灣府城的重要媽祖廟（大天后宮、海安宮、溫陵媽廟等），多由府城三郊管理。此外，清朝晚期形成的府城迎（北港）媽祖活動，串聯起北港到臺南沿途多座重要媽祖廟，亦使得媽祖信仰更為興盛。[26]

清末，甲午戰爭期間，因為戰亂，兼以有不少廟宇遭日軍佔用之故，使得包括媽祖信仰在內的臺灣民間信仰受到嚴重影響。1896 年，首任總督樺山資紀下令「保民治安」，各地廟宇才逐漸恢復宗教活動。1915 年，「西來庵事件」發生後，為避免再次利用宗教信仰號召群眾抗日，總督府開始針對臺灣宗教進行調查，其成果由臺灣總督府編修官丸井圭治郎在 1919 年彙編成《臺灣宗教調查報告》，該書除提供政府施政參考外，也是日後進行臺灣宗教調查的藍本。[27]而在日本大正年間，由於政府利用廟會慶典來促進地方繁榮，所

---

[24] 葉振輝，《臺灣開發史》（臺北：臺原出版社出版，1995 年 5 月 1 版），頁 194。

[25] 黃丁盛，《跟著媽祖去旅行》，同註23，頁 130。

[26] 清代媽祖信仰達到巔峰，隨著福建海商的壯大，媽祖信仰更加迅速地傳播至沿海各地，而後又擴大到世界各國。劉福鑄，＜論清代福建的媽祖信仰特色＞，《浙江國際海運職業技術學院學報》（2006 年第 3 期），同註 8。

[27] 宋光宇，＜試論四十年來臺灣宗教的發展＞，宋光宇編，《臺灣經驗（二）——社會文化篇》（臺北：東大版，民國 83 年 7 月初版），頁 183。

以大力支持迎神賽會，例如 1923 年 5 月 15 日的《臺灣日日新報》便報導臺
南州知事吉岡荒造等官員參與臺南大天后宮與祀武廟同日舉行的祭典。[28]然在
1937 年中日戰爭爆發後，殖民當局開展皇民化運動，企圖以日本神道教來取
代臺灣的其他宗教。1938 年的「寺廟整理運動」，據臺北帝國大學教授宮本
延人統計，全臺有 361 座廟宇被毀，819 座廟宇被移作他用。[29]

　　1945 年 8 月，臺灣光復後，來臺的國府軍隊如同當初來臺日軍一樣，佔
用各地廟宇，如臺南大天后宮在 1945 年 10 月，即為 62 軍軍眷佔住，引起民
眾不滿，對此石覺將軍在 1949 年下令軍眷不得佔住廟宇，以免引起更多民怨。
[30]戒嚴時期，臺灣宗教信仰自由受到相當大的限制，廟會活動被視為迷信、鋪
張浪費的活動而遭到禁止。為此，政府還在 1963 年頒布了「臺灣省改善民間
習俗辦法」，但即使受到限制，各地廟宇仍有變通辦法，如讓宗教慶典與政
治活動結合，臺南的媽祖樓與金安宮便曾以「開國紀念」的名義來藉機進行
遶境活動。

　　總之，在 1987 年以前，臺灣尚未解嚴，宗教儀式的慶典活動，常需假借
「紀念先總統逝世周年」或「拔荐三軍陣亡將士」等名義，始可舉行宗教遶
境活動，且需先向警備總部報准，方可舉行，真是個荒謬的年代。[31]1970 年代，
臺灣經濟蓬勃發展，民間信仰大量重修、擴建廟宇，原本僅於私宅或是神明
會供奉的祀神也開始建廟，使得臺灣廟宇數量大增。1987 年解嚴後，兩岸恢
復交流，有不少臺灣媽祖廟赴福建湄洲祖廟進香，並從湄洲分香回臺。

　　另外，臺灣媽祖信仰在傳播多年後也逐漸「在地化」，如各地的媽祖常
會稱為「某某媽」，像是鹿耳門媽、茄荌媽、梧棲大庄媽等等。除了在地化
外，臺灣的媽祖信仰也向海外發展，並分靈回中國，由臺商在中國崑山新建
匯聚天后宮，即依照鹿港天后宮的格局，分靈鹿港天后宮媽祖至崑山匯聚天

---

28 《臺灣日日新報》（1923 年 5 月 15 日）。

29 《臺灣省通志》卷 2 第 4 冊（南投：臺灣省文獻委員會，1971 年版），頁 289-295。

30 ＜媽祖信仰─媽祖──臺灣媽祖信仰＞，《維基百科》。

31 陳仕賢，＜光復後媽祖的信仰與傳播＞，見其著，《臺灣的媽祖廟》，同註 18，頁 19-20。

后宮供奉。而在文化大革命時遭到嚴重破壞的湄洲媽祖祖廟，也在臺灣各媽
祖廟的捐獻下得以重建，1998 年更開始增建南軸線上的建築群，除湄洲媽祖
祖廟外，福建的賢良港天后祖祠、泉州天后宮、莆田文峰宮也都有得到臺灣
各地媽祖廟的捐助。[32]

綜上敘述可知，媽祖信仰是宋元以來，從福建莆田地區藉航海和漕運而
興起的海神信仰，由於國際水域的背景和福建移民海外的風潮，使得此一信
仰遍及東南亞和東北亞的鄰國地區，成了跨地域性的著名海上保護神信仰。
雖歷經千年，而迄今在臺灣、福建、南洋各地，都依然有廣大的媽祖信仰群
眾。並且，隨著信仰圈的擴及內陸和都會區，原先作為海上女神的角色，也
逐漸多元化和提高層次而成了全方位的萬能女神。[33]

三、媽祖文化旅遊的參訪重點

媽祖信仰是臺灣信眾最多的民間信仰，每年每日至媽祖廟參拜的善男信
女不計其數，這些虔誠信徒到媽祖廟如何祈求？以及寺廟是以何儀式來展現
神衹的靈驗和信徒的堅定信仰，這些都是吾人從事宗教文化旅遊時參訪的重
點。以媽祖文化旅遊為例，基本上，我們可以體驗媽祖廟的信仰行為與祭拜
儀式，宗教信仰是人與神之間的事，其間涉及祈求、指示與感應諸事，但因
神像係由木雕、泥塑或金屬鑄成，只是一種象徵，不能真的對人有所指示，
因此必需要有一些儀式來作為人與神的溝通輔助。

在臺灣的寺廟文化上，一般而言，人神溝通所使用的工具，包括線香、
香爐、詩籤、筊等。而信徒在祭拜神明時，先準備牲禮素果鮮花，安置妥當

---

[32] 張珣，《媽祖·信仰的追尋（續編）——張珣自選集》（臺北：博揚文化出版，民國 98 年 11 月初
版），頁 395-397。

[33] 江燦騰，〈媽祖信仰與法律裁判——以增田福太郎的研究為中心〉，增田福太郎原著、黃有興中譯、
江燦騰主編，《臺灣宗教信仰》，同註 17，頁 18。

後再點香拜拜，俟酒過三巡再進行祈求。祈求時口中默唸所求何事，希望神明指點迷津，其後再卜筊或抽籤詩。卜筊是人神間的溝通儀式，這種溝通是由信徒自己與神明溝通，不藉第三者之乩童來完成，所問之事大多與自己運勢或家庭有關之事居多；而籤詩則需要靠第三者解籤人來完成，當然籤之好壞與自己的運勢有莫大關係。[34]

至於遶境與進香，更是寺廟的年度大事，亦為臺灣民間信仰的重要儀式，尤其以媽祖廟為最。民間信仰行為，除在廟宇內進行祭拜儀式外，大規模的戶外群體活動，也是廟會的一大盛事，其中又以遶境和進香最為重要。所謂「境」是指都市中的某一區域，雖非政府管轄的行政區分，但在民間各種社會活動中，卻自成一個群體的活動單元。如清代之北港街，即分為公館、仁和、益安、福安、賜福、三益、華勝七境。每一境在日常生活自成一單元，也往往有屬於自己的廟宇。遶境即是本境信徒迎請該境神明至轄內各街巡遊，並接受信徒路祭、隨香的宗教活動。[35]

遶境通常全區總動員，舉辦時間以該區寺廟主神之誕辰為主，或在誕辰當天，也有在前幾天進行者。以北港朝天宮為例，其遶境活動一年有兩次，分別是農曆元宵節和農曆 3 月 19、20 兩日。遶境範圍包含北港及北港溪以南之嘉義縣新港鄉南港村，幾乎是清代笨港的全部範圍。[36]遶境活動是件繁複的事，所以事先要有周全的準備，通常會選值年爐主、副爐二人，其下設委員若干人，分項辦事。

主要工作項目為擇定遶境日期、神輿出入廟的時間，連絡並確定參加遶境之各相關寺廟；安排各寺廟、團體遶境之先後順序，以及遶境路線和集合、解散時間地點。此外，印刷張貼遶境公示，估計經費預算，清點全境丁口數，估算每丁分攤丁錢，徵收丁錢、結算和公布帳目等。[37]

---

[34] 蔡相煇編著，《臺灣社會文化史》，同註 14，頁 238-239。

[35] 陳正茂、陳善珮著，《文化觀光：臺灣文化資產》（臺北：五南版，2013 年 12 月初版），頁 162。

[36] 蔡相煇著，《北港朝天宮志》，（雲林：北港朝天宮董事會，民國 84 年版），頁 66。

[37] 蔡相煇著，《臺灣的祠祀與宗教》，（臺北：臺原出版社，民國 78 年版），頁 109。

　　遶境過程陣容龐大，幾乎所有神明均出動，而各陣頭、藝閣、樂隊、儀仗、民間劇團也都使出渾身解數來共襄盛舉。神輿之後，跟著大批隨香人潮，當神輿經過自己家門時，則鞭炮四起，大家虔誠頂禮膜拜，接著分發平安符，庇佑闔家平安順利。臺灣民間相信神明遶境，可以驅邪帶來平安吉祥，而參加遶境更可得到神明的加持與保佑，因此家家戶戶均熱心參與，將遶境活動視為全境年度大事，有些地區也會藉此邀請親朋好友前來作客，大家一起來感受遶境之熱鬧氛圍。遶境活動確實是地方盛事，除全民動員外，也將當地宗教、民俗、演藝等作一徹底展示，是以吸引各地人潮前來參觀，無形中亦為地方帶來商機，對促進地方繁榮實有相當助益。[38]

　　至於進香活動的目的是興建廟宇不易，要十分慎重其事，建廟一定要考慮到風水的選擇和神尊的香火。選擇好的建廟地理，是希望能找到結穴之地，讓廟宇興旺，神尊香火則希望從最受敬仰的神廟處取得香火，讓神威更加顯赫。臺灣民間信仰有所謂的分香、分靈，神像雕刻時，所置入之香灰取諸於何廟，即為何廟之分香；而被分香之廟，就是新塑神像的祖廟。因為新廟神尊的神力不足，為增加神力必須回祖廟進香以增強自身靈力，因此乃形成廟與廟間的互動，此即臺灣地區進香活動頻繁之因。[39]

　　基本上，進香活動是遶境活動的延長，特別是在其中還包含了「刈火」的儀式。刈火是分香廟宇向祖廟尋求靈力支援的宗教儀式，當進香隊伍抵達祖廟時，先將神像迎入祖廟神龕接受信徒參拜；在次日清晨向祖廟主神舉行拜祖典禮。拜祖典禮通常在清晨 5 時開始，首先舉行消災點燈拜斗會，接著誦經祈求國泰民安風調雨順等，約一小時儀式完成。儀式結束後，進香隊伍離開祖廟前，要舉行刈火儀式。首先要將神像及香爐請出，其後誦經團誦經，再由祖廟住持請火，讀疏文後，在祖廟的長明燈取火，於祖廟香爐點燃，再由進香廟宇執事人員於祖廟香爐中燒疏文及金紙。燒畢，由祖廟住持將香火

[38] 蔡相煇著，《臺灣的王爺與媽祖》，（臺北：臺原出版社，民國 78 年版），頁 171-172。
[39] 蔡相煇編著，《臺灣社會文化史》，同註 14，頁 245。

放入進香廟宇之香爐內，如此重複三次，貼上封條儀式即告完成。刈火儀式完成後，進香廟宇之執事人員即高喊某某神，返回原來廟宇了，待安抵自家廟後，還要巡遶街庄後才進廟，安置神像蓋上黃布。接著廟方會舉行添火儀式，由主事者卜筊時辰，將刈火帶回之香灰，取適量添置本廟各殿香爐中，取下掛在神龕之黃布，整個進香活動至此才算圓滿結束。[40]

　　遶境與進香通常是屬於動態的宗教活動，除像大甲鎮瀾宮、苗栗通霄白沙屯的媽祖遶境，因已打響知名度，媒體報導知其時間外，一般我們要參訪各地寺廟的遶境與進香較為不易，因為可遇不可求。反觀參觀寺廟的建築結構就容易多了，且寺廟的建築美學其實更是宗教文化旅遊，最值得參訪鑑賞的重點。宗教信仰的所在地寺廟，除肩負民眾信仰所托外，也是提供遊客觀賞、參訪、進香的重要場所。臺灣的寺廟建築格局與裝飾各有不同，也各具特色。為敬拜神明，廟宇建築除在雕刻彩塑不遺餘力外，石龍、龍柱、木雕、彩繪、剪黏與交趾陶等，都是臺灣廟宇的藝術精華。所以參訪廟宇，有些門道是必看的，首先要看廟宇的格局，通常寺廟之格局與奉祀之神格有很大的關係，此外風水與地形環境也有影響。臺灣一般廟宇因規模大小不一，有單殿式、雙殿式、三殿式和多殿並連式四種。[41]

　　寺廟格局也會影響空間機能，寺廟是信徒對神明膜拜之所，其空間如廟埕、前殿、正殿、後殿、戲臺與拜亭等配置及動線安排，對進香或祭祀等活動，均至關重要。此外，鐘鼓樓也是廟宇不可少之建築物，所謂「暮鼓晨鐘」之謂也。鐘鼓樓常置於正殿的前廊，左懸鐘右吊鼓。有些寺廟會特別興建獨立空間的鐘鼓樓，外觀華麗，屋頂形式非常講究，如萬華龍山寺的鐘鼓樓，平面是六角形，屋頂有如轎頂，外觀造型十分特別。[42]

---

[40] 蔡相煇編著，《臺灣社會文化史》，同上註，頁 245-246。

[41] 遠足地理百科編輯組編著，《一看就懂古蹟建築》（臺北縣：遠足文化出版，民國 100 年 2 月 1 版），頁 20。

[42] ＜艋舺龍山寺＞，李乾朗著，《臺北市——古蹟簡介》（臺北：臺北市政府民政局出版，民國 87 年 6 月初版），頁 130。

　　基本上，寺廟真正的藝術精華，還是表現在其他的裝飾上，寺廟外觀屋頂的脊飾，是寺廟給人的第一印象。脊飾通常是由剪黏、泥塑或交趾陶等各種工藝做成，是豐富寺廟天際線的最大功臣，精彩的脊飾多集中在前殿與正殿的正脊與垂脊處。正脊上最常見的有雙龍搶珠或福祿壽三仙等題材。垂脊則通常以捲草或鯉魚吐水草裝飾居多，使脊線增加美觀變化。另外，在脊堵內，是裝飾最漂亮，題材最多樣的地方。基本上，以雙龍搶珠、人物坐騎、雙鳳或八仙造型最多，兩側及背面以花草較常見。[43]

　　參觀寺廟第一眼仰望脊飾，第二眼即平視廟之門神，門神繪於前殿的門板上，是寺廟的守護神，臺灣廟宇之門神最常畫的是神荼、鬱壘，如臺南法華寺，另外，如韋馱、伽藍則為佛教寺院的護法及守護神；唐太宗時代的秦叔寶、尉遲恭是最常見的中門門神，此外，哼哈二將與四大天王也常出現於佛寺中門。基本上，不同的主祀神要搭配不同之門神，它具有趨吉避凶與威嚇的作用。門神兩旁有龍柱（又稱蟠龍柱），臺灣龍柱發展久遠，早期龍柱較小，雕工樸拙；晚期龍柱較大，雕飾亦趨華麗，觀察龍柱外形的材質與雕刻，可看出歷史背景與審美角度的轉變。[44]

　　龍柱附近常有石雕、門枕石、抱鼓石、石獅與雕花柱，豐富的石雕強調寺廟的入口意象，讓人一眼就感受到寺廟建築的重要性。石雕因不易損壞，看石雕要看其技法之變化，石雕不僅是寺廟保存最古老的物件，除藝術價值外，更富歷史意義。石雕外，木雕更是寺廟中的藝術表現重點，寺廟的木雕令人看了眼花撩亂，其實所有的木雕，都有其結構上的功能，如各殿正面簷下的吊筒、獅座、員光、托木，以及天花板下的藻井，都是精雕細琢的藝品，不容錯過。[45]

　　進入正殿寺廟，主神都會安置在中央，兩殿及後殿則置配祀神明，每尊

---

[43] ＜臺灣寺廟的簷飾＞，何培夫著，《臺灣古蹟與文物》（南投：臺灣省政府新聞處發行，民國 88 年 3 月 3 版），頁 75-81。

[44] ＜臺灣寺廟的門神彩繪＞，何培夫著，《臺灣古蹟與文物》，同上註，頁 37-45。

[45] ＜不用釘子的漢式建築＞，見遠足地理百科編輯組編著，《一看就懂古蹟建築》，同註 42，頁 10-11。

神明都有其特殊造型及配件，匠師的藝術風格與技法全在其中，相當值得一看。主神上方及左右，常會懸掛很多匾聯，就表現形式言，它是一種書法藝術；從內容來看，它又是廟宇珍貴的史料。除此之外，寺廟中還有各式各樣的彩繪，這是傳統廟宇發展悠久的「彩繪」藝術，除門神外，樑柱與壁堵也是彩繪表現之所在。[46]

最後，如同上述的遶境與進香一樣，廟會祭典的參與，是所有宗教文化之旅最有看頭的部分，廟宇是臺灣人生活的重要成份，雖然臺灣現在越來越都市化，宗教信仰也日趨淡薄，但廟宇仍是臺灣人生活中不可或缺的一部分。在臺灣早期那個物資缺乏的年代，一般人生活貧乏且不安定，廟宇遂成為人們心靈的寄託，而廟會活動則是生活中少數的娛樂活動。臺灣的廟會祭典非常頻繁，每逢歲時節慶、神明誕辰、建醮慶成，廟宇都會舉行祭典以茲慶祝。以神明誕辰為例，在廟宇主神誕辰期間，地方信眾與分靈廟宇都會來向神明上香，表達祝壽之意；另一方面是定期分享主神的靈，這種集中於神誕期間的進香行為，稱為「香期」。[47]

近年來，臺灣所謂的「三月瘋媽祖」，是臺灣為期最久，最富盛名的香期。其他如保生大帝、玄天上帝、土地公等香期，也都非常有名。香期期間，廟宇都會出錢請戲班來演酬神戲，或由鄉里捐錢做「神明戲」，其目的是祈求天官賜福、合家平安與升官發財的酬謝神明心理。其實，在缺少娛樂的年代，廟會祭典不僅娛樂鄉民，凝聚其向心力，也是在教育未普及的年代，透過戲曲表演，對識字不多的市井小民，潛移默化傳輸忠孝節義觀念的另一種「寓教於樂」的最佳管道。[48]

野臺戲在開演前，文武場會奏出撼動人心的鑼鼓聲，好將觀眾吸引過來，聚集到臺前看戲。戲若演到精彩處，觀眾會毫不吝嗇的拋賞紅包，一有賞金

---

[46] 陳正茂、陳善珮著，《文化觀光：臺灣文化資產》，同註36，頁170。

[47] 林美容，〈進香的社會文化與歷史意義〉，《中國時報》（時代版）（1991年4月25日）。

[48] 林美容，〈臺灣人宗教生活面面觀〉，見其著，《臺灣文化與歷史的重構》（臺北：前衛版，1996年8月初版），頁135-141。

貼掛出來，戲班會放鞭炮答謝。如果是規模較大的廟宇或較大的祭儀，廟方或頭家會多請好幾個戲班來表演，規模較大的為「正棚」是主秀，其他戲班則為「副棚」。正戲上演前，要先報幕介紹演出團體，恭祝神明千秋華誕，並祝福信眾「四時無災賺大錢」，正棚演出後，副棚才能接著開演。[49]

廟會祭典除演神明戲外，鄰近的「交陪廟」也會出動各種陣頭來共襄盛舉，神明的遶境隊伍通常以「報馬仔」帶頭，後面是神轎班、北管、獅陣、龍陣和小法團等陣頭。所謂「陣頭」，可分為宗教陣頭、武陣、文陣、小戲陣頭等多種。屬於宗教陣頭的「家將」，是神明出巡的護衛隊，負責驅邪和捉拿，如八家將、五虎將、鍾馗等。武陣則可細分宋江陣、獅陣、龍陣等，其中獅陣和龍陣是臺灣民間常見的武術陣頭。文陣主要是音樂類陣頭，其中又以熱鬧激昂的北管為主。無論是廟會節慶、神明誕辰或婚喪喜慶，北管都是相當能帶動熱鬧氣氛的音樂，故甚受喜歡熱鬧的臺灣人之喜愛。[50]

此外還有小戲陣頭，亦稱戲劇陣頭，它是從民間歌舞與說唱藝術發展而來，通常載歌載舞，唱作俱佳，節奏輕快，動作敏捷，表演時還會帶有戲劇情節，說唱逗趣甚是好玩。常見的有＜採茶戲＞、＜桃花過渡陣＞、＜高蹺陣＞、＜素蘭小姐陣＞等。不管是武陣還是文陣，陣頭活動都是臺灣農村廟會祭典不可或缺的一環，所謂「輸人不輸陣」，基於對神明的虔誠信仰，或對神明庇佑的感念，在廟會期間，各陣頭互相來尬陣、鬥陣，是件非常有趣的事。[51]

在長長的遶境行列中，藝閣也是非常吸引眾人目光的表演活動，藝閣又稱「詩意閣」，一閣就是一齣戲，通常是以真人裝扮成歷史故事的人物，但

[49] 林勃仲‧劉還月合著，《變遷中的臺閩戲曲與文化》（臺北：臺原出版社出版，1990 年 10 月 1 版），頁 121。

[50] 李易蓉、陳仕賢、陳彥仲、陳柔森、張志遠、謝宗榮著，《臺灣民俗藝陣大觀》（臺北縣：遠足文化出版，民國 104 年 6 月 1 版），頁 90。

[51] 遠足地理百科編輯組編著，《一看就懂臺灣文化》（臺北縣：遠足文化出版，民國 100 年 6 月 2 版），頁 156-157。

不做任何表演動作，僅僅傳達熱鬧繽紛的視覺效果。藝閣分為「裝臺閣」與
「蜈蚣閣」兩種，裝臺閣是自成一臺的小型藝閣，在臺上設樓閣、布馬景物，
以真人扮古裝人物參差其中，如八仙過海、封神榜、八美圖、麻姑獻壽等，
大多取材於民間傳說或神話故事。至於「蜈蚣陣」，又稱「百足真人」，屬
於裝棚式藝閣。傳說蜈蚣是王爺的開路先鋒，具辟邪除穢、保境安民的神力，
因此多見於臺灣中南部掛香遶境時香陣的前導。[52]

　　廟會是農業社會最快樂的社交聯誼時節，因此每逢節慶或祭典，幾乎家
家戶戶都會辦桌宴請親朋好友，一方面邀請親朋好友來共同沾染神明聖誕的
喜悅；再方面亦顯示主人的熱情好客，所以臺灣人的「吃拜拜」、「流水席」，
已成臺灣特有的宗教文化之一。[53]當然，在邁入 21 世紀的今天，廟會活動已
不若以往重要。但有些歷史悠久、較具特色的廟會活動，仍被保留下來，且
漸漸演變成重要的民俗活動，例如三峽祖師廟每年農曆正月初 6 的「清水祖
師聖誕慶典活動」，其中的神豬競賽，就經常吸引大批中外遊客前往觀賞。
近年來，廟會文化已成臺灣重要的文化資產之一，年輕人也逐漸重視之，如
電影＜陣頭＞的上映及口碑不錯，就是最好的證明。當廟會活動注入創新的
元素，且與時俱進發揚光大時，可以預見的是，臺灣的廟會祭典不僅不會沒
落消失，反而會以新穎的方式，將香火繼續傳承下去。

四、媽祖文化旅遊舉隅：以大甲媽祖遶境進香活動為例

　　雍正 8 年（1730），相傳福建莆田湄洲人林永興，向湄洲媽祖廟分靈一

---

[52] 李易蓉、陳仕賢、陳彥仲、陳柔森、張志遠、謝宗榮著，《臺灣民俗藝陣大觀》，同註 51，頁 140-145。
[53] 梶原通好著、李文祺譯，《臺灣農民的生活節俗》（臺北：臺原出版社出版，民國 78 年 7 月 1 版），頁 66。

尊天上聖母像香火移民來臺，於大甲定居，並供奉媽祖於其宅。雍正 9 年
（1731），臺中大安港開為島內貿易港，往來船隻甚多，林永興所帶來的媽
祖，深受地方人士的尊崇與信奉，雍正 10 年（1732），經林永興同意，地方
士紳擇現址建廟奉祀，以利鄉民祭拜。乾隆 35 年（1770），地方士紳林對丹
等人又捐資重建，名為「天后宮」，始具規模，並使天后宮成為大甲地區五
十三庄居民（今大甲、大安、外埔、后里四鄉鎮）的信仰中心。乾隆 52 年（1787）
12 月，天后宮再度重建，於乾隆 58 年（1793）完成。

　　同治 11 年（1872），大甲媽祖廟再次重修，廟宇建築完工後，舉行隆重
慶典及安龍神儀式，以天后能鎮海安瀾（以前廟前一兩百公尺即為大海），
故改稱為「鎮瀾宮」。[54]鎮瀾宮創建初期，均由大安港或溫寮港直接駛往湄洲
進香，清領時期大約每十二年舉辦一次。日治時期，日人禁止臺海兩岸往來，
進香活動遂遭停止。國府來臺後，兩岸對峙依舊，一直到 1987 年，適逢媽祖
得道千年，湄洲祖廟邀請海內外媽祖信眾回祖廟參加紀念活動，鎮瀾宮遂組
團赴湄洲媽祖祖廟進香，從此，中斷多年的湄洲謁祖進香活動才再度恢復。[55]

　　每年農曆 3 月，來自全省各地十餘萬眾的媽祖信徒，都會組成聲勢浩大
的進香隊伍，以大甲鎮瀾宮為出發點，浩浩蕩蕩地遶境出巡。早期進香地點
是湄洲媽祖祖廟，日治時期改為北港朝天宮，1988 年，因媒體報導稱「大甲
媽回娘家」而引發爭議，此後即改至新港奉天宮迄今。大甲媽的遶境進香，
這些年因聲勢浩大而引起中外媒體關注，不僅參與的信眾越來越多，遶境天
數也越來越長，從過去的三天兩夜已延長至九天八夜。遶境隊伍通常會跨越
臺灣中南部沿海四縣市（臺中市、彰化縣、雲林縣、嘉義縣），經過二十一
個鄉鎮市區，八十餘座廟宇，跋涉三百三十公里路，沿途會駐駕彰化南瑤宮、
西螺福興宮、新港奉天宮、北斗奠安宮、彰化天后宮、清水新興宮，最後再

---

[54] 陳仕賢著，《臺灣的媽祖廟》，同註 18，頁 86-87。
[55] 張珣，《媽祖・信仰的追尋（續編）——張珣自選集》，同註 33，頁 151-152。

回駕大甲鎮瀾宮。[56]

　　大甲鎮瀾宮每年遶境進香的日子並不固定，通常都是在當年的元宵節舉行「擲筊儀式」，決定遶境進香的出發日期與時辰。在整個遶境活動中，依照傳統舉行獻敬禮儀，遶境進香中包含了重要的十大典禮，分別是擲筊、豎旗、祈安、上轎、起駕、駐駕、祈福、祝壽、回駕與安座，每一項典禮都要按照既定的程序、地點及時間虔誠行禮，現將其活動略敘如下：

　　筊筶典禮：於每年元宵節下午 6 時，在本宮大殿恭請出正爐媽、副爐媽、湄洲媽及千里眼、順風耳兩大將軍，敬備鮮花素果，由董事長顏清標擲筊請示媽祖後，決定該年起駕日期時刻。隨後依序由頭香、貳香、參香、贊香各團隊向大甲媽稟報隨駕遶境進香事宜，宮內即展開各項籌備工作，並接受全國各地香客報名參加遶境進香之活動。

　　豎旗典禮：頭旗為遶境進香之指揮旗，循例由副董事長鄭銘坤擲筊請示媽祖決定樹頭旗之日期。樹頭旗當天敬備香花果茶，由頭旗組、祭典組、報馬仔、誦經團等單位，於子時先誦經，然後豎起頭旗，亦即是向三界昭告年度遶境進香各項工作開始正式啟動。宮內所屬陣頭團隊也開始各自整理旗幟、服裝、器具，並展開訓練。宮內祭典組、頭旗組還要勘查路線，貼香條告知所經路線宮廟及民眾大德。

　　祈安典禮：典禮時間訂在出發前一天的下午 3 點舉行，祭祀前必須備妥各項祭品，藉由誦經、讀疏文的過程，向天上聖母稟明今年遶境各項事宜，並祈求媽祖庇佑全體參加人員平安順利。

　　上轎典禮：於出發前一日下午 5 時舉行，也就是在祈安典禮之後，在眾人的歡呼聲中，由達官貴人恭請天上聖母登上鑾轎，並祈求天上聖母遶境賜福給沿途村莊的信徒，庇佑大家在未來的一年都能平平安安、順順利利。

　　起駕典禮：這裡所謂的「起駕」，是指媽祖的鑾轎在凌晨 11 點那一刻，由神轎班的人員將神轎扛起，開始遶境進香。在神轎起駕前，所有的鐘、鼓、

---

[56] 黃丁盛撰文・攝影，《臺灣的節慶》，同註 22，頁 78-81。

哨角齊鳴，並由宮內董事率領信徒，跪在天上聖母轎前，恭請媽祖起駕遶境進香，庇佑眾人隨駕進香一路平安。

駐駕典禮：經過三天的跋涉，媽祖神轎終於抵達新港，在新港市區遶境後，約於下午 7 時進入新港奉天宮。入宮以後，媽祖神尊離轎登殿安座，並備妥各項祭品，由鎮瀾宮董監事率領隨香眾人在奉天宮誦經讀疏，感謝媽祖庇佑全體平安抵達新港，並叩謝神恩。

祈福典禮：媽祖駐駕後的隔天凌晨 5 點在奉天宮大殿舉行，同樣必須要備妥相關的祭品，並且誦經、獻疏文為所有在鎮瀾宮參加點光明燈、拜斗的信徒舉行祈福儀式，祈求媽祖賜福於爐下眾弟子。

祝壽典禮：繼祈福典禮後於上午 8 時舉行，備妥祭品，由鎮瀾宮董事率領所有隨香信徒，齊聚在奉天宮大殿前，一起為天上聖母祝壽，虔心祝禱、誦經讀疏、三跪九叩，祝賀媽祖萬壽無疆。當典禮接近尾聲時，眾人舉旗歡呼，就在清脆的鈴聲中、壯觀的旗海裡，將那一股虔誠之心推到最高點，此時是最感人的時刻，也是整個遶境活動的最高潮。

回駕典禮：是遶境活動中在奉天宮舉行的最後一個典禮，回駕前夕，由鎮瀾宮董監事率所有信徒，在恭讀回駕祝文後，恭請天上聖母登轎回鎮瀾宮，祈求媽祖庇佑眾人平安踏上歸途。典禮最後由嘉義縣新港奉天宮及各界人士恭送大甲鎮瀾宮天上聖母回駕。

安座典禮：經過九天八夜後，整個媽祖遶境進香活動即將結束，當天上聖母回到大甲鎮瀾宮，登殿安座。董監事率眾人叩謝媽祖庇佑眾人已平安回到大甲，恭請媽祖永鎮在宮，降賜禎祥。[57]

基本上，大甲媽的遶境出巡，以祝壽典禮的場面最大也最感人，讓人印象深刻。除了一開始就跟隨媽祖神轎從大甲出發的隨香客外，更多的是遠從臺灣各地而來的虔誠信徒，甚至還有國外的觀光客，他們放下手邊的工作，忘記身體的疲憊，堅持一定要到新港奉天宮為媽祖祝壽，這份虔誠之心令人

---

[57] 〈大甲媽祖遶境進香活動介紹〉，《財團法人大甲鎮瀾宮全球資訊網》。

感動。尤其在媽祖回駕安座後，整個大甲宛如一座不夜城，鞭炮四射，眾人臉上充滿喜悅歡樂，於此氛圍中互道珍重，相約明年再跟隨大甲媽一起遶境進香，活動於此畫下完美句點。大甲鎮瀾宮媽祖的遶境出巡，隨著媒體的報導而名聞遐邇，近年來，甚至已擴大成為所謂的「媽祖國際文化祭」，成為臺灣每年的年度盛事，它不僅代表臺灣的宗教文化慶典；也為臺灣的宗教文化旅遊樹立成功的典範。[58]

五、結論：臺灣媽祖民間信仰的文化意義

臺灣的媽祖民間信仰，在基層社會之所以非常流行，其實是有其社會整合的文化功能，它可以說是民眾自發性的文化結社，為一自足的文化體。此文化體統合了民眾的生活經驗，發展出世代相傳的民俗文化，其中宗教組織在民俗文化上，更是扮演舉足輕重的角色。民間信仰最基本的功能，是它可以統整群眾的社會生活，建立起新的群體組織。這種社會發展型態，在臺灣移墾社會可以得到充分印證。

移墾社會除了經濟資源的開發外，主要是以民間信仰來統合聚落的文化感情。因此，如遍布全臺的媽祖廟，就成了信眾的精神支柱，其對於地區的發展也有穩定性的調節功能。[59]易言之，移民者往往以其原鄉的信仰文化，來作為現實生活的精神核心與行動指南。此種信仰文化之形成，純粹是移民者自發性之行為，它傳承了祖先的信仰形態，經由現實的具體運作而逐漸發展為成熟的文化系統，強化其族群心理之凝聚力與價值觀念，它最終且成了族群賴以安身立命的價值體系。[60]

---

[58] 黃金財著，《臺灣鄉土之旅——百年臺灣風土民情小百科》（臺北：時報版，2000 年 12 月初版），頁 82-84。

[59] 戴寶村著，《臺灣的海洋歷史文化》（臺北：玉山社出版，2011 年 1 月初版），頁 178-180。

[60] 徐曉望著，《媽祖的子民——閩臺海洋文化研究》（上海：學林出版社出版，1999 年 12 月 1 版），

　　基本上，以媽祖廟為中心的民間信仰和聚落社區相結合，形成臺灣民間基層社會一特定的祭祀圈與信仰圈，這是信眾原本即已存在的精神文化系統，與社區民眾緊密結合在一起之明證。[61]且媽祖廟本身即具有宗教、教育、政治、經濟、社交和娛樂之多重社會功能在，故其存在價值不僅在彰顯其社會功能角色，更重要的是凸顯其民間信仰的文化意義。總的來說，即媽祖民間信仰是以民眾為主體的文化結社，它不僅與現實生活相結合，也是整個信眾精神生活的信仰依歸。[62]

　　相較於西方宗教的唯一性與排它性，臺灣民間的媽祖信仰，卻體現出一種多神膜拜的格局，我們看到全臺各地眾多的媽祖廟，除主神媽祖外，往往尚有其他諸神陪祀，形成一種很特殊的奇特現象。這是因為臺灣的民間信仰，強調的是一種「萬物皆有神，眾神皆可拜」的多神信仰，媽祖只是其信仰的主神，至於其他神明，如俗諺提到的「有拜有保佑」，多頂禮祭拜亦無妨。此種信仰模式之最大特色為依舊保持了原始的鬼神崇拜，其支配了民眾的精神生活與社會生活，我們不能低估其影響力。嚴格而言，臺灣移墾社會聚落形成背後之精神動力，即源自於此。

　　整體說來，臺灣基層民間信仰，是有其一套自我的宇宙觀、善惡觀、社會觀、價值觀、人生觀之文化系統。民眾根據這些文化系統，建立了信奉遵守的行為模式，它是一種自發而成的民間文化。這種民間文化吸納了儒家、道家或佛家的信仰體系，擴充了新的生活經驗與文化內涵。對民眾而言，更可貴的是，其展現了更包容開放的胸襟，在教化的前提下、以開放的性格賦予宗教更高的俗世目的，此為其文化意識最終之境界。[63]

　　對照於中國歷史上的「教亂」與西方頻繁的宗教戰爭，臺灣的媽祖民間

頁 406。

[61] 吳幼雄，〈論媽祖文化的社會功能〉，林曉東主編，《媽祖文化與華人華僑文集》（北京：中國文史出版社，2008 年 11 月 1 版），頁 362。

[62] 胡友鳴・馬欣來著，《臺灣文化》（臺北：洪葉文化出版，2001 年 1 月初版），頁 182-185。

[63] 羅春榮，《媽祖文化研究》（天津：古籍出版社出版，2006 年 9 月 1 版），頁 21-22。

信仰幾乎是沒有政治衝突的，也因此比較容易發展出俗世的社會功能，擴充其思想觀念與操作模式來迎合民眾的需求。平實說來，民間信仰、宗教結社與傳統社會是可以合則兩利的相互扶持，共同形成一種應付時代挑戰的文化力量。尤其在當今道德意識逐漸淪喪的現代化社會，傳統的價值觀日愈崩解，主導性的文化意識混淆，造成整個社會失序、瓦解，人心澆薄、迷失之際，以媽祖信仰為主體的文化力量，當扮演更責無旁貸的角色。

貳、人生一場掌中戲：臺灣布袋戲文化

一、本章導言

　　布袋戲是臺灣的國粹，過去學界已有不少研究成果，不論是專書或博、碩士論文，都取得不錯的成績。[1]因而本章筆者所要論述的內容，幾乎都是奠

---

[1] 在研究「五洲園」黃海岱的通論文章中，較著者有：民間田野調查專家江武昌的〈五洲江山代有人才出——臺灣布袋戲王黃海岱〉和其〈臺灣布袋戲簡史〉。另吳佩的〈一家四代扛一口布袋——黃海岱布袋戲家族〉；紀慧玲之〈臺灣布袋戲的百年傳奇——黃俊雄家族〉；以及翁瑜敏所寫的〈偶戲傳家一世紀——黃海岱和他的布袋戲家族〉；蔡文婷撰〈掌上風雲一世紀——布袋戲通天教主黃海岱〉；羅詩城的〈布袋戲一代宗師——黃海岱掌上見乾坤〉等，都是研究黃海岱家族布袋戲史，不可或缺的參考文章。至於探討另一布袋戲傳奇人物李天祿部分，較具代表性的論著有：周昭翡的〈掌中乾坤大，人生亦宛然——布袋戲大師李天祿〉；李宗慈之〈李天祿的布袋戲生涯〉；陳文芬在李天祿逝世後於《中國時報》發表的〈李天祿辭世，走過九十載戲夢人生〉；以及曾郁雯訪問李天祿時所寫的〈把傳統留下來——掌中戲大師李天祿〉；和臺北市文化局為撰寫《臺北人物誌》，委由李秀美書寫的〈掌中闖功名——布袋戲藝師李天祿〉等鴻文。總結過去研究成果，在專著方面，由教育部為保留傳統藝術，特別出版的《布袋戲李天祿藝師口述劇本集》；以及記者曾郁雯專訪李天祿數回合後，整理付梓的《戲夢人生——李天祿回憶錄》，後者由李天祿口述而成，可說對李天祿的布袋戲藝術成就，提供最權威的第一手資料。黃海岱仙逝後，其忘年交邱坤良教授亦深情寫出《真情活歷史——布袋戲王黃海岱》一書，高度肯定黃海岱家族對臺灣布袋戲的卓越貢獻。在通論性探討臺灣布袋戲著作方面，當首推呂理政與陳龍廷二氏，呂理政的《布袋戲筆記》，是以田野調查方式，對臺灣各地方布袋戲做深刻及洞察之理解。而陳龍廷之《臺灣布袋戲發展史》，係其博士論文改寫而成，其對臺灣布袋戲之全面且深入之調查，堪稱研究臺灣布袋戲史之扛鼎之作。此外，在傳奇布袋戲大師黃海岱仙逝後，其接棒人二兒子黃俊雄接受採訪口述而成的〈我心目中的「師父」——亦師亦父文化百歲人〉，《掌中巨匠——黃海岱的藝術》；及黃俊雄等著的《掌上風雲一世紀——黃海岱的布袋戲生涯》一書，也為吾人提供近距離和第一手的權威資料，是研究黃海岱布袋戲成就的必備參考著作。在布袋戲研究論文部分，有江武昌之〈虎尾五洲園掌中劇團之流播與變遷〉，收錄於《國際偶戲學術研討會論文集》。林鋒雄的《布袋戲「新興閣鍾任璧」技藝保存計畫報告書》和陳龍廷探討〈戲園、掌中班與老唱片：南投布袋戲的生態〉，刊載在《南投傳統藝

基於前人研究的基礎上，所要呈現的全文重點有三：1.略敘布袋戲在臺灣發展
之歷史及演變，及其在臺灣文化上之重要象徵意涵。2.以臺灣布袋戲百年史
上，最具傳奇性的兩位人物黃海岱和李天祿為例，述說其生平重大成就；及
其在布袋戲表演形式與傳承上之貢獻。3.以觀光產業之視角，探討布袋戲這項
文化資產，在當今觀光產業蓬勃發展之際，如何與其結合，進而達到成為臺
灣文化觀光產業不可或缺之重要資源。

二、常民文化：布袋戲在臺灣的演進史

　　臺灣早期布袋戲，其起源是來自於兩百多年前的泉州、漳州、潮州等地，
此係臺灣的移民潮，大多來自上述三地的人口結構有關。臺灣早期布袋戲的
演出方式，大多沿襲自原鄉，但隨著來臺日久，經過長時間演變後，自然加
入臺灣本地一些新元素在裡頭，所以若從「起源論」言，臺灣布袋戲當然來
自於中國，但就文化生態的觀點來看，經過主客觀環境的變化，臺灣布袋戲
的內容與形式，已發生相當明顯的改變與差異。[2]故客觀說：臺灣布袋戲雖傳
承於大陸，但改變自臺灣，是在這樣的一條歷史脈絡裡發展的。

　　基本上，布袋戲不斷推陳出新的表演形式與創作，展現的已是臺灣獨特
的文化形態，以及濃厚本土色彩的藝術形象與觀賞品味，且整個的表演風格
和內涵，已大大有別於中國內陸。至於說到臺灣布袋戲的承傳系統，若從歷
史淵源來看，最早可分為南管與潮調兩種。後來又加入所謂的北管布袋戲，
則是受到子弟戲曲館的盛行所致，是稍晚才出現的土生土長的承傳系統。（臺
灣民間通稱的「北管」，搭配舞臺表演時正式的稱呼叫「亂彈」，係指地方

術研討會論文集》；另謝德錫之＜臺灣閣派布袋戲的承傳與發展＞，是由宜蘭傳統藝術中心委託的
計畫報告書，這些都是後學研究者必讀的重要論文。而中國文化大學藝術研究所，詹惠登的《古典
布袋戲演出形式之研究》，則是對臺灣古典布袋戲較全面論述分析的碩士論文，亦頗值得一閱。

2　　陳龍廷，《臺灣布袋戲發展史》（台北：前衛版，2012 年 7 月初版），頁 17。

戲的聲腔不純之意）。

　　而這三種布袋戲流派，都與臺灣各地布袋戲講究師承有密切關係，幾乎掌中班的主要承傳系統，都是由此演變出來的。經由這樣不同角度的觀察，我們將可以很清楚看到，布袋戲在臺灣的演變歷程，以及整個社會時代的氛圍。其實，任何戲劇的發展，都不可能脫離其生存的土地，當年從大陸移植到臺灣的戲曲相當多，但只有少數戲曲能於臺灣開花結果，其中尤以布袋戲的表現最為亮眼。揆其原因，均與臺灣的經濟發展和市集聚落，有著非常密切的關係，換言之，即與都市的休閒生活及市民的經濟消費能力有關。[3]

　　清代臺灣繁榮重要的城鎮，都是臺灣物產及貿易行商的集散地，當時所謂的「一府二鹿三艋舺」，指的就是臺南府城、彰化鹿港與臺北萬華這三個聚落城市。而臺灣布袋戲的發展，也是以上述三個城鎮為主要的傳播地。臺南、鹿港、艋舺等地，本是臨近河口之處，臺灣開港後，更是眾多「郊商」的聚集地。[4]當時的臺南三郊、鹿港泉郊、臺北三郊等，都是名聞遐邇的大郊商。這些郊商不僅經商營利，對文化事業的傳播贊助也甚為熱心，他們直接或間接地將中國的地方戲曲引進臺灣，尤其對布袋戲的推廣更是居功至偉。

　　而臺灣民眾在文化展演的消費能力，亦是促成布袋戲在臺灣的落地生根和蓬勃發展的主因；也因此吸引大批優秀的大陸戲班及表演者，紛紛渡海來臺成立掌中劇團，此舉，更加速布袋戲在臺灣的茁壯成長。茲以臺北地區為例，說明其發展梗概，臺北地區的布袋戲發展，最早以新莊為中心，其後才漸次移至艋舺，新莊以前的布袋戲班，最有名者包括「小西園」許天扶、「小世界」許來助、「小花園」高文波、「錦上花樓」王定、「錦花樓」黃添丁、「新興樓」邱樹、「新福軒」簡塗等。[5]這紙名單，幾乎囊括北臺灣掌中戲班的菁英，且當時都已經改為北管後場的表演，而他們當中師徒傳承關係很明

---

[3]　江武昌，〈臺灣布袋戲簡史〉，《民俗曲藝》第 67、68 期（1990 年），頁 88-126。

[4]　卓克華，《清代台灣的商戰集團》（台北：臺原版，1999 年 1 月 1 版），頁 16-17。

[5]　黃得時，〈新莊街の歷史と文化〉，《民俗臺灣》24 期（1943 年），頁 46。

顯，如「小花園」高文波拜師「小世界」許來助，邱樹師承「錦上花樓」王
定。

基本上，這些劇團的表演，在日治後期為新莊地區帶來豐厚收入。據《臺
灣日日新報》記載：「臺灣布袋戲，盛於新莊。新莊老大市街，自乘合車通
行而後，商界愈益不振。獨布袋戲收入一途，年統計之得五、六萬圓之正資，
自他方流入，宛然若華僑由海外送金於本國者，其裨益於地方繁榮，正自不
少。」[6]然從臺北城市聚落的發展來看，隨著新莊河道的日淺，新崛起的艋舺
迅速取代新莊，成為臺北的政治經濟中心，也成為當時最負盛名的南管布袋
戲之大本營。

在南館布袋戲中有兩位傳奇人物童全與陳婆，童全（1854－1932）外號
「鬍鬚全」，雖不識字但記性好，聲音宏亮，操弄偶戲技術一流。據早期研
究布袋戲甚有成就的文學家吳逸生記載：「光看他問案時那副動作，對於兩
造，時而怒目而視，時而好語相慰，時而沈思推理，手中那把摺扇搖來晃去，
有板有眼，的確夠你瞧了。看他演那個推車的，動作的優美自然，在布袋戲
中實難得一睹。」[7]

另一布袋戲大師陳婆，其成就相較於童全，可說不遑多讓，陳婆，泉州
人，因為麻臉，外號「貓婆」。陳婆是讀書人出身，擅長南管布袋戲，演出
文辭優雅，出口成章，其對布袋戲最大貢獻是傳承一批以後臺灣的布袋戲大
師，如「小西園」的許天扶，其師父林金水；和「亦宛然」李天祿父親許夢
冬，都是陳婆的拜門徒弟。[8]

臺灣布袋戲在日本時代最為蓬勃發展，此與日本政府對臺灣民間文化的
態度有關，除 1940 年代的「皇民化時期」外，基本上，貫穿整個日治時代，
日本政府對臺灣的民間戲劇，無論是歌仔戲或布袋戲，都採取一種相對包容

---

[6] 《臺灣日日新報》（1933 年 7 月 6 日）。
[7] 吳逸生，〈一代藝人──鬍鬚全〉，《臺北文獻》（直）33 期（1975 年），頁 101-102。
[8] 呂理政，《布袋戲筆記》（台北：臺灣風物雜誌社，1991 年出版），頁 88。

的態度，尤其對曲館活動更是鼓勵，也因此使得北管亂彈音樂非常盛行，一些原本非北管後場音樂系統的掌中劇團，也紛紛加入這一流行趨勢。[9]

戰後，對臺灣布袋戲最大變化的轉折點，為「2‧28 事件」後所帶來之巨變，當時政治氛圍恐怖肅殺，風聲鶴唳，由於實施「戒嚴」，嚴禁民間廟會等活動，深怕人潮眾多就會「非法集會」，使得原來靠廟會酬神活動演出的布袋戲，其表演空間受到嚴重壓縮，不得不從搭野臺演出的外臺戲，轉入戲院內演出，如此乃促成臺灣布袋戲「內臺戲」的崛起，以及陸續成立專門表演布袋戲的商業劇場戲院。[10]當時赫赫有名的此班戲院如雲林斗六世界戲院、雲林虎尾戲院、嘉義文化戲院、大光明戲院、彰化八卦山戲院、豐原光華戲院等。

三、布袋戲之類別與表演特色

嚴格說來，臺灣布袋戲的類別有南管布袋戲、北管布袋戲、潮調布袋戲與外江布袋戲四大類。南管與北管是臺灣兩大傳統戲曲音樂，是臺灣傳統戲曲不可或缺之要素。所謂的南管戲，廣義指的是在中國南方語系地區流傳之劇種；而現今在臺灣流傳的南管戲，則係專指閩南語系中以南管所演唱的戲劇。

南管布袋戲的劇本均為文戲，內容則以男女情愛為主，無武打動作；唱腔部分使用南管，曲詞和說白均以泉州方言為主，伴奏自然也是以泉州管弦音樂為主，風格優雅纏綿。此外，南管戲的表演型式，如「進三步，退三步，三步到臺前」；「舉手到目眉，分手到肚臍，指手到鼻尖，拱手到下顎」等

9　陳龍廷，《臺灣布袋戲發展史》，同註1，頁59。

10　呂理政，＜臺灣布袋戲的傳統與展望＞，張炎憲主編，《歷史文化與臺灣》4（台北：台灣風物雜誌社，1996年3月初版），頁25。

動作，基本上是受到傀儡戲的影響。[11]

臺灣的南管由閩南傳入，最初流行於澎湖、嘉義、鹿港等地。後來臺灣
各地陸續設館學南管，並特地從唐山聘請藝師來臺傳授唱曲及器樂演奏。日
治時期臺灣的南管戲逐漸改良，加入大量武戲內容，唸白也開始以本地方言
發聲，而成為演唱的「九甲戲」、「白字戲」的戲班。[12]不過南管布袋戲在臺
灣似乎維持沒有幾年的好光景，主因除了南管後場樂師凋零外，最主要的是，
不合乎臺灣人「愛熱鬧」的口味，在文化生態的影響下，臺灣人較推崇「亂
彈戲」，於是乎，不論是林金水、盧水土或許天扶，都競相將布袋戲改為北
管，象徵臺灣北管布袋戲的到來。

北管戲又稱「亂彈戲」，與南管一樣是臺灣民間最盛行的劇種。廣義言，
北管係指流行於中國北方的戲劇；南管則為中國南方戲劇在臺灣保存之部
分。北管內容包含甚廣，如崑腔、吹腔、梆子腔、皮黃及一些民間小戲、雜
曲等，這也是清初花部腔調戲曲的特色，而花部戲曲因為包含有京腔、秦腔、
弋陽腔、梆子腔、羅羅腔、二黃腔等種類繁多的腔調，所以也稱之為「亂
彈」。[13]

至於北管於何時傳入臺灣，可能在乾、嘉時期，此時花部戲曲正盛行，
所以很有可能隨著移民潮渡海來臺。當時傳入臺灣的亂彈戲，除了保留花部
原型外，也帶來了皮黃系統的漢劇和徽調，它們也都成了臺灣亂彈戲的一部
分。一般而言，臺灣的亂彈戲有福路與西皮兩大系統，依傳入的先後作區分。
福路屬於老梆子腔戲路，被稱為舊路，主要樂器為殼子弦（椰胡），信奉西
秦王爺；西皮（皮黃）為新路，樂器為吊鬼仔（京胡），信奉田都元帥。臺
灣有句俗諺：「吃肉吃三層，看戲看亂彈」，可見亂彈在臺灣受歡迎程度於
一般。

---

[11] 詹惠登，《古典布袋戲演出形式之研究》（台北：中國文化大學藝術研究所碩士論文，1979 年）。

[12] 廖瑞銘，〈南管戲〉，《台灣文化事典》（台北：國立臺灣師範大學人文教育研究中心出版，2004
年 12 月初版），頁 527。

[13] 廖瑞銘，〈亂彈戲〉，《台灣文化事典》，同上註，頁 843。

　　清領臺時，亂彈戲已是臺灣最普遍的劇種，不但職業劇團林立，業餘劇團也相當多，甚至連布袋戲、傀儡戲也用亂彈作後場音樂，而演員、樂師很多亦是亂彈子弟，當時臺灣中北部的天師正乙派，不僅深習亂彈，其科儀中亦使用了不少亂彈戲的關目排場。日治時期，臺灣亂彈戲已十分風行，全臺各地都曾發生子弟團分類對抗的情形，各劇團之間競爭非常激烈。[14]

　　至於北管戲的音樂，它是屬於較熱鬧喧雜的音樂，所以曾被片面地界定為迎神賽會或喪葬之鼓吹樂，確實若以音樂系統言，舉凡迎神賽會或喪葬的陣頭式鼓吹、道教及釋教儀式後場樂；甚至歌仔戲、布袋戲之後場樂等，都以北管音樂演奏為主。當時的北管布袋戲已經成為流行的演出形式，早期臺灣有句俗諺：「食肉食三層，看戲看亂彈」這句話的意思是：上等的肉類，要五花肉才好吃；看戲，就要看樂聲昂揚激越的北管亂彈戲才會熱鬧精彩。[15]總之，北管布袋戲以其鑼鼓喧天的熱鬧氣氛，較能貼近臺灣人的口味，故深受臺灣人喜愛。戰後，臺灣的北管布袋戲，分別以李天祿及黃海岱兩大布袋戲天王為代表。

　　潮調布袋戲在臺灣歷史亦相當久遠，至遲在清嘉慶年間就已經在臺灣落地生根了。在臺灣的地方戲曲生態中，潮調曲館並不普遍，潮調布袋戲一開始大多傾向家族傳承方式為之。潮調布袋戲也是以北管音樂為主，所謂「北管好暗頭，潮調好暝尾」，意指潮調音樂節奏輕緩，悠揚悅耳，文辭婉約，適合在夜深人靜時細細品味。潮調布袋戲流行於臺灣中南部，雲林斗六、西螺，彰化員林、埔心，臺南麻豆、中營等，都是潮調布袋戲的發展重鎮，著名戲班有竹山「鳳萊閣」陳君輝，集集「永興閣」張仁智，西螺「新興閣」鍾任祥，「福興閣」柯瑞福，彰化員林「新平閣」詹其達等。[16]

---

[14] 邱坤良，《舊劇與新劇：日治時期台灣戲劇之研究（1895--1945）》（台北：自立晚報社文化出版部，1992年），頁151-160。

[15] 石光生，《鍾任壁布袋戲的傳承與技藝》（台北：行政院文化建設委員會文化資產總管理處籌備處，民國98年12月初版），頁35。

[16] 謝德錫，〈臺灣閣派布袋戲的承傳與發展〉，（傳統藝術中心委託計畫報告書，1998年）。

潮調戲曲風格，在臺灣流行並不廣泛，潮調門徒出師後，後場音樂也是採用北管演出，僅保留少數自己的潮調音樂，由此可見，潮調布袋戲雖是臺灣布袋戲的四大類別之一，但並非臺灣布袋戲的主流。至於「外江布袋戲」是戰後「亦宛然」的李天祿，將北管西皮系統（西皮派的戲曲音樂，其實是比較接近京戲）仿京戲的後場與戲齣，轉換為布袋戲的表演，而號稱「外江布袋戲」。[17]

除南北管布袋戲外，臺灣布袋戲中還有所謂的武戲，此類武戲脫胎於武館文化。武館在臺灣開發史上，有其重要的社會功能，清代臺灣「械鬥」盛行，農村子弟為保衛家園，利用閒暇時學習拳術、陣法等技藝。布袋戲主演結合這樣的民間文化，進一步孕育出純粹以武打取勝的布袋戲，此即所謂的「武戲」。武戲演出時以刀、槍、藤牌為主，當中翹楚以臺南關廟黃添泉的「玉泉閣」和西螺鍾任壁、鍾任祥的「新興閣」為代表。[18]此外，布袋戲類別中，還有一種敘事戲，其表演特色是以音樂抒情的美感為主，木偶的表演純粹只是搭配的次要角色，這種表演也符合一般戲劇界所稱的「三分前場，七分後場」的戲碼，南投陳俊然的「新世界掌中班」，是開臺灣敘事布袋戲的先河，其演出的後場配樂，堪稱一絕。陳俊然出版後場配樂的唱片，可說是從日治時代到戰後臺灣民間樂師對後場音樂改革的時代里程碑。[19]

值得一提的是，戰後臺灣的布袋戲，有一段時間很流行「劍俠戲」，這種表演不是光憑故事就足夠，還必須搭配舞臺來「變景」，演出時常會設計一座「機關樓」或「活動機關」，由「變景師——電光手」來操控特效功能。如此千變萬化的技巧，不僅增加布袋戲的可看性，也將布袋戲的表演層次，提升到更高的層級。若從舞臺劇場概念或舞臺技術發展來看，臺灣的布袋戲演出可區分為傳統戲與金光戲兩類。傳統布袋戲指的是民間俗稱「彩樓」的

---

[17] 李天祿，《布袋戲李天祿藝師口述劇本集》第一冊（台北：教育部，1995 年），頁 53。

[18] 黃順仁，〈談關廟玉泉閣：敬悼一代宗師黃添泉〉，《民俗曲藝》36 期（1985 年），頁 62-71。

[19] 陳龍廷，〈戲園、掌中班與老唱片：南投布袋戲的生態〉，《南投傳統藝術研討會論文集》（宜蘭：國立傳統藝術中心出版，2005 年），頁 242-256。

木雕小戲臺，唯表面上他們雖採用傳統的彩樓，但實際上舞臺設計的觀念，卻是另有創新，不全然因襲傳統。與傳統布袋戲大異其趣的是金光戲，其演出最大之特色，是由一連串布景組合式的布袋戲舞臺，一律稱做「金光戲」。[20]

除表演舞臺布景的變化外，布袋戲也從傳統戲曲吸收不少養分，為配合劇本內容的演出，布袋戲也會針對劇中特殊角色配與適當戲曲音樂。早其布袋戲師傅如黃海岱、黃俊雄父子等，都會親自操刀演唱，後來則逐漸將曲牌交由後場師傅演唱或者歌手助唱，以便在這段時間內，主演者得以暫時休息。當時布袋戲音樂多由日本東洋歌曲改編，歌手也大半是布袋戲班出身，如本名劉麗真之西卿，即是由黃俊雄掌中戲班出身，最後下嫁給黃俊雄。[21]

至於表演場地也有分，基本上，布袋戲在戲園商業劇場中演出者稱之為內臺戲，而在酬神祭祀劇場的演出叫做外臺戲，或民戲、民間戲、棚腳戲、野臺戲等稱呼。一般而言，布袋戲的演出時間，分為日戲和夜戲，日戲有兩場，因觀眾群年紀較大，故演出戲碼以古冊戲為主。夜戲為一場，以其觀眾較多年輕人，所以劇團通常會安排自行創作的戲劇以增加其精彩度。

總而言之，若從表演技法及內容言，臺灣布袋戲所呈現的美學內涵有二：一種是以音樂抒情的美感為主的布袋戲，木偶的表演純粹只是搭配的音樂，故事並不是最重要的，這種審美態度與西洋的歌劇相似。另一種是以欣賞故事情節為主，觀眾的注意力都集中在懸疑的情節，木偶的表演是為了描述曲折離奇的故事，音樂變成陪襯或烘托氣氛的角色，這樣的審美態度與臺灣民間的「講古」類似。[22]

---

[20] 林勃仲、劉還月合著，《變遷中的台閩戲曲與文化》，（台北：臺原版，1990 年 10 月 1 版），頁 49-50。

[21] 戴獨行，＜布袋戲捧紅了歌星西卿＞，《聯合報》（民國 60 年 8 月 25 日）。

[22] 陳龍廷，《臺灣布袋戲發展史》，同註 1，頁 77-78。

四、李天祿「亦宛然」的布袋戲人生

綜觀近百年來臺灣著名的布袋戲大師，許天扶、許王（新莊小西園）、鍾任祥（西螺新興閣）、鄭一雄（寶五洲）、廖英啟（進興閣）、黃海岱（虎尾五洲園）、李天祿（大稻埕亦宛然）、黃添泉（關廟玉泉閣）、鄭全明（林邊全樂閣）、陳俊然（南投新世界）等，都是布袋戲界引領風騷的代表性人物。

臺灣布袋戲系統，大體分成「閣」、「園」兩派，閣派好武戲，園派好文戲，「園」、「閣」相鬥戲；或「南有黃海岱、北有李天祿」兩大派別。[23] 李天祿與黃海岱，長期以來，被譽為臺灣布袋戲界南北兩大天王，現即以這兩位天王的布袋戲傳奇，簡介其生平事蹟，並從彼輩對布袋戲的貢獻，來探討其藝術成就。

李天祿，臺北人，生於 1910 年，7 歲入「同文齋」習漢文，後讀臺北市第二公學，奠定國學初基。10 歲從父學藝，師承一代布袋戲宗師陳婆傳統。13 歲在父親「華陽臺」劇團任副手，磨鍊出一身好本事，為以後事業打下堅實基本功。1931 年，李天祿因私淑「宛若真」盧水土的平劇叫腔，將自己籌組的劇團取名為「亦宛然掌中劇團」，隱含亦宛然若真之義，為其戲劇人生踏出關鍵之一步。[24]

臺灣光復後，睽違已久的大陸平劇又帶至臺灣，李天祿初見這種特殊唱腔和身段之平劇，十分感興趣，便大量汲取平劇精華，改進其布袋戲的表演元素，如引進平劇的鑼鼓唱腔、身段，帶領布袋戲至另一領域，人稱「外江布袋戲」，其本人亦以「外江派」的演技精湛而聞名。當時他的布袋戲劇團

---

[23] 林鋒雄，《布袋戲「新興閣鍾任壁」技藝保存計畫報告書》（台北：中國文化大學藝術研究所出版，1999 年）。

[24] 李秀美，〈掌中閩功名——布袋戲藝師李天祿〉，《台北人物誌》第參冊（台北：台北市政府新聞處發行，民國 89 年 11 月），頁 172。

可是風靡北臺，與「小西園」、「宛若真」並列為臺北市三大名班。[25]

李天祿雖已打響名號，但為求戲劇的突破，他還特別跑到上海去觀摩學習，1947 年返臺後，改編了＜清宮三百年＞、＜少林寺＞為布袋戲上演，轟動全臺，間接也催化傳統布袋戲之質變。爾後布袋戲的面貌隨時代潮流一再改變，呈現不同的風貌，豐富了臺灣人的生活。總計從 1945－1955 的十年間，是「亦宛然」劇團的全盛時期，時因「宛若真」劇團後繼無人而解散，李天祿的「亦宛然」遂與「小西園」並稱臺北城的「龍虎籠」平分天下。[26]

李天祿除以婉約細膩的演技馳名外，更開風氣之先，1974 年起，他先後收法籍班任旅、尹曉菁、陸佩玉為弟子，開收外國學生來臺學習布袋戲之先河，並將臺灣布袋戲推向國際表演舞臺，賦與布袋戲從事文化交流之使命。1978 年，李天祿因年事已高，體力漸衰，宣佈封箱退隱。可喜的是，在其法籍弟子班任旅的積極引薦下，李應法國文化部之邀赴法教學，開啟晚年傳奇的一生，也留下「師渡徒，徒渡師」的一段佳話。[27]

1984 年起，李天祿帶領「亦宛然」團員無怨無悔的付出，在薪傳工作上更是成績斐然。李天祿不吝傳授技藝於國內外個人及團體，如板橋莒光國小之「微宛然」、法國班任旅之「小宛然」等。另外也在士林平等國小、格致國中、文化大學等校，傳授布袋戲技藝及傳習推廣，讓布袋戲在學校紮根，成果均受各界肯定，而在長期耕耘下，弟子亦遍佈海內外，真可謂桃李滿天下。為使臺灣傳統文化精華的布袋戲能永續發展，憑其毅力和使命感，李天祿在萬般艱難的情況下，於 1997 年籌建全臺第一座布袋戲專業館「李天祿布袋戲文物館」，進行布袋戲文物保存、相關資料蒐集、人才培育等傳統布袋戲推廣基礎工作，該布袋戲文物館未幾即對外開放參觀，唯文物館的擴充尚

---

[25] 陳文芬，＜李天祿辭世，走過九十載戲夢人生＞，《中國時報》（民國 87 年 8 月 15 日 11 版）。

[26] 李宗慈，＜李天祿的布袋戲生涯＞，《中央月刊》第 24 卷第 6 期（民國 80 年 6 月）。

[27] 周昭翡，＜掌中乾坤大，人生亦宛然──布袋戲大師李天祿＞，《中央日報》（民國 86 年 11 月 19 日 18 版──中央副刊）。

未臻完備，是令其憂心之處。[28]

　　1998 年，一代大師李天祿逝世，劇團演出及營運，跳脫家族式經營，由第三代弟子負責執行，而眾弟子們亦能體察李天祿薪傳的苦心，努力奮發不辱師門，各個均能獨當一面，成為國內少數年輕一代，有完整能力演出布袋戲的一群，為臺灣傳統布袋戲留下傳承火種。近二十年來，「亦宛然」劇團先後出國巡迴表演二十餘次，足跡遍佈四大洲，堪稱臺灣最佳的文化藝術大使，透過文化表演交流，將臺灣國粹布袋戲推展至世界各地。[29]

　　綜觀李天祿豐富的一生，創「外江流派」，引導布袋戲內發性的質變，將臺灣布袋戲推向國際舞臺且大放異彩。難能可貴的是，他以身作則力挽狂瀾的拯救傳統布袋戲在時代洪流中的微絲命脈，並加以發揚光大介紹於世界各地。他以一介平民，創下極不平凡的文化偉業，為臺灣布袋戲傳承的繼往開來，立下無可搖撼的歷史豐碑。

五、「五洲園」通天教主的黃海岱

　　黃海岱，1901 年 12 月 25 日生，祖籍福建詔安，世居雲林西螺，父黃馬（北管傀儡戲師傅，師承蘇總，人稱馬師）。1911 年，黃海岱至西螺詹厝崙私塾習漢文，勤讀歷史古書及章回小說，奠定日後能親自編演戲目之遠因。1914 年，在父親黃馬的「錦春園」戲班當二手學徒（助手），為充實戲曲涵養，兼亦向西螺北管名師蔡慶及王滿源的「錦城齋」習北管樂，奠定深厚的戲曲基礎，練就布袋戲基本功夫「五全」。（所謂「五全」係指：吹嗩吶、打鑼鼓鈔、拉胡琴、唱北曲、演布袋戲；又言文武戲——演技、唱唸——曲、口白、吹——簫、笛、嗩吶、打——鑼、鼓、拉——弦、琴等五種技藝全能），

---

[28] 曾郁雯，＜把傳統留下來——掌中戲大師李天祿＞，《交流》21 期（民國 84 年 5 月）。

[29] 曾郁雯，《戲夢人生——李天祿回憶錄》（台北：遠流版，民國 80 年）。

人稱「萬靈師」，自此一生均以「錦城齋」子弟自居。[30]

　　1917 年，黃海岱升為「頭手」，已可獨撐演出，遂開始與父親分團演出，而在布袋戲中演唱北管戲曲，堪稱其獨門絕活，其後暫時離開父親戲班，至雲林各地「練戲膽」。1925 年，因父親生病，黃海岱開始接掌「錦春園」戲班。1929 年，以「錦春」諧音有「撿剩」之意，將戲團改名為「五洲園」，寓「揚名五洲」之意，正式開班授徒。1932 年，因黃海岱的口碑，虎尾「五洲園」的「海岱師」已和關廟「先仔師」黃添泉、麻豆「田師」胡金柱、「西螺祥」鍾任祥、關廟「崇師」盧崇義同享「臺灣布袋戲五大柱」之美名（一岱、二祥、三先、四田、五崇），而黃海岱是以「公案戲」和「好文詞」聞名。[31]

　　1937 年，中日戰爭爆發，布袋戲演出受到極大限制，且因無法進口戲偶（以前均從福建進口），黃海岱乃說服彰化佛具店老板徐祈森兼做布袋戲偶，從而間接促成「臺灣第一木偶雕刻師：阿三師」的聲名，至今黃海岱後人仍與阿三師後代維持良好合作關係。1942 年，日本在臺推動「皇民化政策」，黃海岱雖申請加入「臺灣演劇協會」，但因演出傳統劇遭吊銷劇照而無法演出。1945 年 8 月，日本戰敗投降，二戰結束，臺灣光復，民間一切風俗文化復原，五洲園戲路應接不暇，黃海岱開始廣收門徒以增加演出人才。[32]

　　1946 年，長子黃俊卿正式分團成立五洲園掌中班第二團，黃俊雄隨團司鼓及助演，新港鄭一雄正式拜師黃海岱學藝。1947 年，「2‧28」事件後，政府不准民間外臺戲的演出，布袋戲受到牽連，只能偷偷往內臺戲院演出，此無心插柳之舉，對臺灣布袋戲產生革命性的影響，它直接造成連臺本戲以及

---

[30] 黃俊雄口述，廖俊龍整理，＜我心目中的「師父」——亦師亦父文化百歲人＞，《掌中巨匠——黃海岱的藝術》（台北：正因文化，2003 年 4 月）。

[31] 蔡文婷，＜掌上風雲一世紀——布袋戲通天教主黃海岱＞，《台灣光華雜誌》27 卷 9 期（2002 年 9 月）。

[32] 羅詩城，＜布袋戲一代宗師——黃海岱掌上見乾坤＞，《遠見雜誌》198 期（2002 年 12 月）。

傳統布袋戲走向金光布袋戲的發展；以及戲臺、偶戲大小的變革。1951 年，黃海岱愛徒鄭一雄出師回到嘉義新港組成「寶五洲掌中班」，而更早出師組團的廖萬水亦以「省五洲」為名，此後出師徒弟組團掛上「五洲」團姓成為慣例。長子黃俊卿以＜清宮三百年秘史＞布袋戲盛名於臺中一帶，並逐漸發展出金光布袋戲的雛型；次子黃俊雄亦分出「五洲園三團」，而門徒的旁支分團亦陸續成立。當年在雲林嘉義一帶能與五洲園分庭抗禮的，僅有西螺鍾任祥的「新興閣掌中班」，鍾任祥亦以戲好、徒眾和五洲園均勢，而五洲園更勝一籌。[33]

1957 年，黃俊雄「五洲園第三團」演出發生爆炸，引起火災，劇照被吊銷，重新申請劇團登記執照，改名為「真五洲掌中劇團」，引發五洲園名稱之紛爭，乃出現「正五洲」、「真正五洲」團名以示「真」、「假」之風波。1958 年，黃俊雄的「真五洲劇團」與「寶偉影業公司」合拍臺灣第一部布袋戲電影《西遊記》，這也是全球第一部布袋戲黑白電影，曾參加法國坎城及威尼斯影展。布袋戲電影《西遊記》並以進口唱片音樂配樂，亦帶動布袋戲後場音樂革命性的新發展，同業紛紛跟進。此後，五洲園逐漸成為第二代子弟擅場的時代，黃海岱亦漸退居幕後。[34]

1960 年代，灌錄布袋戲唱片開始蔚為風潮，五洲園系下亦出版眾多布袋戲唱片，尤以黃俊雄最多。及至 1970 年代以後，布袋戲界對五洲園第二、三代，開始有所謂「上五虎」、「下五虎」之稱，這是以當時布袋戲界的票房賣座而論。所謂「上五虎：五洲二團黃俊卿、真五洲黃俊雄、寶五洲鄭一雄、新五洲胡新德、省五洲廖萬水。下五虎：輝五洲廖昆章（黃俊雄徒）、洲小桃源孫正明（鄭一雄徒）、正五洲呂明國（黃俊雄徒）、五洲第四黃俊郎、第一樓林瓊斑（黃俊卿徒）」。1970 年，黃海岱所創人物史艷文及＜雲州大

---

[33] 翁瑜敏，＜偶戲傳家一世紀——黃海岱和他的布袋戲家族＞，《經典雜誌》20 期（2000 年 3 月）。

[34] 徐志誠、江武昌整理，＜黃海岱大事年表＞，收錄於黃俊雄等著，《掌上風雲一世紀——黃海岱的布袋戲生涯》（台北：INK 版，2007 年 3 月初版），頁 227-228。

儒俠＞，由黃俊雄於臺視演出 583 集，創下電視史上 97％的瘋狂超高收視率
紀錄，成為家喻戶曉的戲碼，自此電視布袋戲的時代展開，三家電視臺紛紛
開播布袋戲節目。[35]

　　1974 年，因電視布袋戲節目內之打歌、食品和藥品、商品廣告的「置入
性行銷」情形嚴重，且布袋戲劇情也引發新聞負面報導，而布袋戲的高收視
率也對政府當時推行的國語政策有不利的影響，在政府的干預下，三家電視
臺以「妨害農工正常作息」為名，全面禁播電視布袋戲。1980 年，華視午間
閩南語連續劇開播＜黃海岱的故事＞，是第一齣以布袋戲藝人生涯為劇情的
電視劇節目，唯因當時畢竟是臺語連續劇式微時期，又是午間播出，故沒有
引起太大的注意。1982 年，電視布袋戲復播，五洲園第三代黃強華、黃文擇、
黃文耀以及洪連生（黃俊雄徒）陸續投入電視布袋戲行列。[36]

　　1983 年，黃海岱應邀參加行政院文建會舉辦的第二屆「民間劇場」演出，
此為其首次參與官方主辦之文化活動。1984 年，黃海岱應邀參加文建會主辦
「中華民國第一屆亞太偶戲觀摩展」及第三屆「民間劇場」的演出，而當年
民間劇場活動節目是以布袋戲各名家為主，在臺灣文化團體掀起一股探討布
袋戲的熱潮，唯黃俊雄演出的創新型布袋戲仍不為文化學術界所肯定，批評
撻伐之聲不絕於耳。1986 年，黃海岱獲教育部頒發「民族藝術戲劇類薪傳獎」。

　　1988 年，「88」大壽，邱坤良譽黃海岱為臺灣布袋戲王。1991 年，邱坤
良教授於國立藝術學院戲劇系開設「傀儡劇」課程，敦聘黃海岱、林讚成、
許福能擔任藝術教師。4 月起，由雲林縣同鄉會策劃，《聯合報》出資主辦「慶
祝聯合報創刊四十週年：史艷文重現江湖」演出活動，黃海岱領著五洲園掌
中劇團在全臺二十餘縣市演出三十餘場「史艷文」布袋戲。[37]

　　1993 年 10 月，文建會聘請黃海岱率五洲園掌中劇團至美國紐約中華文化

[35] 江武昌，＜五洲江山代有人才出──台灣布袋戲王黃海岱＞，《新活水雜誌》（2006 年 7 月）。
[36] 紀慧玲，＜台灣布袋戲的百年傳奇──黃俊雄家族＞，《傳藝》63 期（2006 年 4 月）。
[37] 邱坤良，《真情活歷史──布袋戲王黃海岱》（台北：INK 版，2007 年 3 月初版），頁 38。

中心演出，前後十天，是黃海岱五洲園掌中劇團首次出國公演。1995 年赴法
國演出，同年夏，參加文建會主辦，邱坤良教授執行策劃的「臺北國際偶戲
節」演出。自法返國後，文建會提出「重要民族藝師保存與傳習計畫」，選
定黃海岱等五人為重點保存人選。是年年底，因黃海岱支持省長宋楚瑜，激
怒反對黨的支持者而抵制其「霹靂布袋戲錄影帶」，讓其損失慘重。唯此事
也讓黃家興起要有自己的播放頻道，就在有線電視臺開放登記時，霹靂電視
臺於焉成立，以錄影帶和霹靂電視布袋戲，展開了新的電視布袋戲的黃金時
代，也開啟了臺灣布袋戲另一新紀元。[38]

　　2000 年，黃海岱 100 歲，獲頒行政院文化獎。2002 年，獲國家文化藝術
基金會頒發「國家文藝獎」。10 月，由國立臺北藝術大學校長邱坤良頒授「戲
劇學榮譽博士」學位，此事，不但是臺灣傳統戲劇界第一人；也是全世界獲
頒榮譽博士學位最高齡者。同時，臺北藝術大學亦舉辦一場「黃海岱藝術研
討會」。霹靂衛星電視臺也以黃海岱為主題的紀錄片《掌中風雲一世紀回憶
錄》於霹靂衛星電視臺首播。2006 年，行政院新聞局舉辦「票選臺灣意象」
活動，布袋戲被選為代表「臺灣意象」。2007 年，Discovery 頻道和行政院新
聞局合作的紀錄片「臺灣人物誌第二集」，將介紹包括黃海岱在內的臺灣六
位名人。1 月 2 日，國立傳統藝術中心與雲林縣文化局舉辦「民族藝師黃海岱
107 歲慶生會」，雲林縣議會並通過將當天訂為雲林布袋戲日。2 月 11 日，
於虎尾家中安詳辭世，享壽 107 歲。

六、黃海岱的布袋戲風格與特色

　　細究「五洲園」黃海岱的布袋戲風格及特色有以下六點：

---

[38] 吳佩，〈一家四代扛一口布袋──黃海岱布袋戲家族〉，《表演藝術》52、53 期（1997 年 3、4 月）。

1.「五音分明」，各種角色獨特的聲音區分清晰，而透過角色所創造的音色，往往令人印象深刻。

2.五洲派在戲劇表演中，偏好穿插「謎猜」、「對聯」等文字趣味遊戲的情節段落，形成一種文言、白話交錯的風格。如最有特色的「四唸白」（定場詩），「詩書宜廣讀，今古事多知；富貴皆有命，榮華自有時。」、「大將生來性高強，在家做事累爹娘；今日三聲來思想，未知何日轉歸鄉。」、「長安雖好，不適久居；成人者少，敗人者多。」、「奉旨把守重任，不敢稍細非輕；南北提防準備，不日惹動軍兵。」、「休添心上火，只作耳邊風。」、「孤貧百歲不死，富貴三十早亡。」、「富貴貧賤莫相欺，你騎駿馬我騎驢；回頭又看推車僕，比上不足下有餘。」、「情當怨家結連理，想思蛋餅來止飢；卜知他人能此做，待晚無嫁更便宜。」、「嘴吃黃蓮總不甜，苦在心頭誰得知。」、「悶魚長江水，滾滾不停流，雨滴芭蕉葉，點點在心頭。」、「米鹽水酒醬醋柴，七者具在別人家；不得不愁愁不得，依然踏雪尋破缸。」、「我君一去心不安，未知何日回家山；親像連針吞長線，刺妾腸腹割心肝。」、「一妹不如二奶嬌，三寸金蓮四寸腰；買的五六七錢粉，粧得八九十分妖。」等，充滿哲理與人生況味。[39]

3.黃海岱的表演有很濃的「即興風格」，使看似千篇一律的劇情活絡起來，在戲劇界稱這種表演方式為「做活戲」。

4.口白相當口語化，且與時俱進，不時加入新語彙，給觀眾的整體觀感相當新鮮靈活；操偶技藝高超，變化萬千。所謂的一舉，二拇，三才合一，四（賜）五（我）操弄乾坤。

5.後期霹靂布袋戲的轉變，已由口頭表演邁入劇本文學，變革與影響已相當大。

6.創作戲齣眾多且劇中人物突出，如大家耳熟能詳的史豔文、怪老子、天生散人、六合、冷霜子、哈麥二齒、劉三、苦海女神龍、藏鏡人、女暴君、

---

[39] 石光生，《鍾任壁布袋戲的傳承與技藝》，同註14，頁201-202。

小金剛、黑白郎君、網中人、荒野金刀獨眼龍、刀鎖金太極、素還真、一頁
書等等，每個角色皆栩栩如生，令人印象深刻。[40]

　　而經由五洲園創作成名之戲齣更是不勝枚舉，如＜玉神童大鬧百魔
教＞、＜文中俠血戰乾坤山＞、＜武林奇俠＞、＜白俠胭脂虎＞、＜儒俠奇
傳＞、＜怪影雙頭鶯＞、＜神馬客大戰九龍教＞、＜奇俠怪老人＞、＜怪俠
追風客＞、＜血染金邪島＞、＜青史英雄傳＞、＜神行俠血濺陷空島＞、＜
七雄傳＞、＜雙夜流星月＞、＜七海神童＞、＜荒山劍俠＞、＜神行俠血戰
骷髏幫＞、＜天山十八俠＞、＜過江龍血戰蝴蝶派＞、＜聖俠血染金邪島＞、
＜五虎星血染武家坡＞、＜神行俠血戰沖門島＞、＜飛劍明珠傳＞、＜血沖
奇人國＞、＜五龍十八俠＞、＜神州三俠傳＞、＜明清八義傳＞、＜龍虎
劍＞、＜六合定干戈＞、＜六合七真傳＞、＜六合大忍俠＞、＜六合九流
傳＞、＜六合神劍傳＞、＜六合大戰七才子＞、＜六合傳＞、＜雲州大儒俠
史豔文＞、＜白馬風雲傳＞、＜賣唱生走風塵＞、＜達摩鐵金剛＞、＜達摩
金剛榜＞、＜一代琴王和平傳＞、＜儒俠小顏回＞、＜劉伯溫現面大開殺＞
等等，計有上百部之多，堪稱臺灣布袋戲之最。[41]

　　7.傳承弟子遍及南臺灣，勢力龐大且影響深遠。布袋戲在臺灣中南部，以
雲林、臺南兩地最盛。在諸家名輩中，最具影響力的，仍屬虎尾「五洲園」
的黃海岱。自臺灣光復迄今，布袋戲界中，擁有戲班最多，派系力量最強的
當屬「五洲園」集團，黃海岱是該集團的開派宗師，超過半個世紀，黃海岱
隨緣傳徒，故門生弟子遍全臺，派下戲班亦遍及臺灣各地，鼎盛時期，號稱
全臺有三百多班，超過臺灣布袋戲之半，成為布袋戲界最大之流派。黃海岱
兒子黃俊卿、黃俊雄、黃俊郎等，自小就傳習布袋戲，同為戲界俊彥，其中，
尤以次子黃俊雄，繼承衣缽最為有名。[42]

[40] 江武昌，＜虎尾五洲園掌中劇團之流播與變遷＞，《國際偶戲學術研討會論文集》（雲林：雲林縣
　　立文化中心，1999 年 6 月）。

[41] 陳龍廷，《臺灣布袋戲發展史》，同註 1，頁 157-159、175-197。

[42] 紀國章，＜一生一世布袋戲＞，《世界地理雜誌》190 期（1988 年 6 月）。

　　「五洲園」布袋戲，現已傳承至第三代，由黃文擇領軍，引進現代高科技的聲光技巧，將布袋戲的視覺效果，提昇到另一境界，刀光劍影，輔以電腦特效，將布袋戲震撼張力，擴展到無限。黃文擇在第四臺製作一系列的「霹靂布袋戲」，轟動至今一枝獨秀，又利用影帶宣傳，使布袋戲的影響無遠弗屆。「五洲園」派下還有一位大師洪連生，其擅長演出戲目及形式，是相當典型的金光戲，在劇場結構、場次安排及音樂的應用，仍有其傳統獨到的功力。黃海岱派下另一出色弟子，是「寶五洲」的鄭一雄，他的戲路剛猛，擅長老生、大花等威猛角色，演來雄渾淩厲，動人心魄，吸引了大批的戲迷，曾為臺南風頭最盛的名班。其後，他又製作布袋戲廣播劇，演他的名戲「南北風雲仇」，前後風行二十餘年。[43]

七、結論：從文化觀光視角看臺灣布袋戲的前景與未來

　　藉由李天祿與黃海岱在臺灣布袋戲界的努力經營，使得布袋戲成為臺灣家喻戶曉的地方戲劇，也是臺灣文化真正的國粹，臺灣布袋戲因有黃海岱和李天祿的發揚傳統技藝，使得布袋戲終能薪火相傳下來，成為讓臺灣人至今引以為傲，「只此一家，別無分店」的傳統文化民俗。

　　然此一傳統戲劇，因受到現代社會生活型態的改變，以及各種聲光電腦多媒體的衝擊，正隨著時光流逝而成為過往陳跡。尤其是年輕一代不肯學習傳統技藝，使得傳承出現斷層現象，這是目前臺灣各類戲曲、戲劇最大的危機與隱憂，倘情況再惡化，很多的文化資產可能因此而失傳。

　　針對此一情況的改善之道，可以由戲臺上傳承布袋戲來著手，因為布袋

---

[43] 紀慧玲，〈台灣布袋戲的百年傳奇——黃俊雄家族〉，同註 35。

戲的傳承，不是用講授或手藝的指導即可達成，必須長年在演出的戲班中琢磨技巧心領神會，才有可能培養出優秀藝師。因此，建議有關單位考慮在民族藝師之外，指定尚有在演出的布袋戲劇團，配合民族藝師之傳承計畫，讓藝生有機會在不斷的演出中，體會傳統戲曲的精華，其實這正是傳統學徒的傳習方法，也是布袋戲傳習最有可能成功的方式。

不僅如此，為迎合潮流時尚，傳統布袋戲逐漸失去其精髓。往昔傳統的布袋戲，一直是文人雅士寄情消遣的一項民間藝術，其劇本大多取材於民間故事或神話傳說，演出內容多為忠孝節義之典範，具有「寓教於樂」的社會教化功能。其間的起伏波折，也正如「戲如人生、人生如戲」的況味，惜現今的布袋戲，已失去往日那分雅樸的風味，在無情歲月的淘洗之下，臺灣布袋戲的明天將走向何方？實在值得吾人低頭深思。[44]

平情說來，布袋戲雖來自於中國，但時間一久，早與臺灣風土結合，而具有臺灣特色。布袋戲的劇本，早期多出自於中國的歷史典故與文獻傳說，但當布袋戲「臺灣化」後，即新作不斷湧現，在劇團競爭、觀眾要求與時代變遷的衝擊下，作品出陳布新，屢有佳作。劍俠戲、金光戲（金剛戲）、歷史戲等表演類型的變化，不只與電視媒體結合，更申請電視臺專有頻道（霹靂電視臺），開創出新的展演藝術。這些改變脫離了傳統農業社會內臺戲或野臺戲的演戲型態，進入現代社會與現代人的生活空間，使得布袋戲成了臺灣意象的具體代表之一。

行政院新聞局曾舉辦「尋找臺灣意象」活動，票選結果，在 78 萬多人的投票者中，布袋戲以（130,266）13 萬多票拔得頭籌，其次才是玉山、臺北 101、臺灣美食和櫻花鉤吻鮭。以表演藝術項來看，布袋戲獲得總票數的 24.95%，也遠遠超過雲門舞集的 2.1% 和歌仔戲的 1.83%，成為名副其實的臺灣意象之

代表。[45]但我們也憂心忡忡，傳統戲劇在現代潮流的衝擊下，為求生存及永續發展，往往為迎合觀眾所需而作出轉型與蛻變，除與傳媒結合外，更甚者，在力求精緻化下，逐漸脫離布袋戲的基本原素「本土化」與「草根性」，這是布袋戲失去生命力的開始。

當傳統戲院沒落，觀眾流失，技藝傳承斷層時，布袋戲如何因應此一劇變。唯有年輕人繼續投入創作，新作品源源不絕，演藝者精益求精，不斷更新，結合現代藝術技巧，創作更好的戲劇美學，才有可能重拾布袋戲的活力與生命力。是以，文化唯有不斷創新，才能超越傳統，成為活生生的庶民文化，與民眾在一起。布袋戲是要成為博物館懷舊的對象，還是蛻變新生，維持強大的韌性與生命力，這是值得所有關心臺灣文化的人士，認真嚴肅去思考的一個課題。[46]

個人認為，欲求傳統戲劇復興，不論歌仔戲或布袋戲，有一途徑可以嘗試為之，即與觀光旅遊業結合，發展有臺灣特色的「文化觀光」布袋戲。近年來，國人開始重視臺灣文化資產的維護，這是一正確可喜的現象，不少民間業者積極投入布袋戲或歌仔戲文物的收藏，此舉當然值得鼓勵。但問題是，戲是用演的，不是收藏在博物館的，若不經過藝師的表演，充其量只是一堆沒有生命的木偶。所以，我們要重視的是藝師掌中舞出精湛的戲，需要保存的是在戲臺上演出的布袋戲，而非博物館裡頭珍藏的布袋戲。

當然，我們不是說博物館的珍藏不重要，我們只是希望中央或地方政府，即便要設立博物館或文物館的同時，一定要考量建立一個可以演出和觀賞的劇場或舞臺，模仿國外旅遊必看的節目秀，如到澳門必看「太陽劇團」、至巴黎必定觀賞「紅磨坊」、赴紐約會到百老匯欣賞節目一樣，來到臺灣觀光，也一定會到黃海岱或李天祿偶戲館參觀表演。如此，不僅可以讓臺灣布袋戲「國粹」發揚光大，也可以使布袋戲能永續生存，否則空有「臺灣意象」代

45 陳龍廷，《臺灣布袋戲發展史》，同註1，頁1。
46 陳正茂、陳善珮，《文化觀光：臺灣文化資產》（台北：五南版，2013年12月初版），頁225-226。

表，恐仍難挽回布袋戲沒落式微的命運。

　　另外，以創新來保存傳統布袋戲也不失為一條可行之徑，從布袋戲的發展歷程來看，特別是將布袋戲放在臺灣社會發展的脈絡中來看，僅僅默守布袋戲的傳統與陳規顯然是不行的，多元的統合發展才是王道。所以，布袋戲界自己也要力圖振作，以知識性的觀點，鼓勵知識份子的參與，藉以探索布袋戲從傳統到創新的途徑。譬如建立實驗偶戲，思考偶戲的合流，新劇場、兒童劇、諷刺劇等創作新徑，都是藝術創新的突破。

　　此外，布袋戲可以結合多媒體的創作，其表演藝術呈現方式，也要相當豐富多元，尤其是文化創意產業（creative industry）的觀點，更可以為人們提供不同的視野。另外，表演場合亦須多樣化，如傳統劇場、廣播、錄音、電視、電影等，均可嘗試為之；且劇場技術亦應與時俱進，與社會脈動和觀眾需求相結合。總之，臺灣布袋戲是否有明天，端視布袋戲劇團、戲院和觀眾三者間的互動關係，來決定布袋戲的前景與未來。

※本文曾刊載於《臺北城市大學學報》第 39 期（民國 105 年 4 月）；及收錄於《文化資產、第三勢力及政治人物——陳正茂教授杏壇筆耕集》（台北：秀威版，2019 年 1 月 1 版）一書，非常感謝秀威資訊科技股份有限公司的同意轉載。

參、作戲空看戲憨：臺灣歌仔戲文化

一、本章導言

　　自 2008 年 7 月起，政府宣布開放三通直航以來，兩岸人民來往愈趨頻繁，無論是從事探親、工作、觀光或學術交流等活動，均逐年屢創新高。其中尤以在陸客開放「自由行」後，人數更是節節攀升，相當熱絡。由於大陸經濟的快速成長，中國遊客在國際間的消費能力備受矚目，而陸客也成為來臺旅遊人數的最大宗。

　　有鑒於此，在迎接陸客來臺觀光之際，主管觀光事務的政府單位及民間旅遊業者，應如何佈局陸客來臺所帶來之商機，以及提升競爭力，實為影響臺灣觀光產業之重要課題。基本上，現在觀光客的旅遊心態，已由過去走馬看花式的「到此一遊」，轉為要求有品質的重點深度旅遊，而此深度旅遊，很大的一部分，是藉由各地方的文化資產來呈現。臺灣歷史雖短，但文化資產卻很豐富，尤其是臺灣「國粹」的代表——歌仔戲，更是「臺灣意象」的表徵之一。

　　至有關歌仔戲是臺灣國粹這一主題的各方面探討，由於過去學界先進們已有不少的研究成果，不論是專書或博、碩士論文，都有很好的成績。[1]因此，

---

[1]　在研究論文中，較著者有楊馥菱的博士論文＜臺閩歌仔戲之比較研究＞；另外，黃秀錦的＜臺灣歌仔戲劇團結構與經營之研究＞；劉南芳之＜由拱樂社看臺灣歌仔戲的發展與轉型＞；以及林素春所寫的＜宜蘭本地歌仔之研究＞；黃雅蓉撰＜野臺歌仔戲演出風格之研究＞；施如芳的＜歌仔戲電影研究＞，邱秋惠的＜野臺歌仔戲演員與觀眾的交流＞；孫惠梅的＜臺灣歌仔戲劇團經營之研究——

站在前人研究的基礎上，筆者擬於本章全文論述的重點有三：1.略敘歌仔戲在臺灣發展之歷史及演變，及其在臺灣文化上之重要象徵意涵。2.以臺灣歌仔戲百年史上，最具傳奇性的兩位人物楊麗花與孫翠鳳為例，敘說其重大成就外，亦著墨其在歌仔戲之表演形式和傳承之貢獻。3.從觀光產業視角，探討歌仔戲這項臺灣最具代表性之文化資產，在當今觀光產業蓬勃發展之際，如何與其結合，進而達到成為臺灣文化觀光產業不可或缺之重要資源。

以宜蘭縣職業歌仔戲團為例＞；蔡欣欣的＜九〇年代臺灣歌仔戲表演藝術之探討＞；林鶴宜的＜臺北地區野臺歌仔戲之劇團經營與演出活動＞等等，都是研究歌仔戲史，不可或缺的參考文章。至於探討歌仔戲傳奇人物部分，最具代表性的論著有：林美璱的＜歌仔戲皇帝楊麗花＞；楊馥菱的＜楊麗花及其歌仔戲藝術之研究＞、＜楊麗花歌仔戲之角色運用──兼論歌仔戲演員妝扮的幾個問題＞；以及臺視為捧楊麗花，於 1982 年，特別出版的＜楊麗花──她的傳奇演藝生涯＞；以及邱婷所寫的＜明華園──臺灣戲劇世家＞；和黃秀錦為孫翠鳳量身打造，所撰寫的《祖師爺的女兒──孫翠鳳的故事》，最具代表性。在專著方面，最早有呂訴上的《臺灣電影戲劇史》；以及黃石鈞、陳志亮整理付梓的《臺灣歌仔戲篩劇音樂》；林勃仲、劉還月合著的《變遷中的臺閩戲曲與文化》，以及臺大教授曾永義的《臺灣歌仔戲之發展與變遷》，曾之專著，可說是研究歌仔戲的權威之作。另邱坤良之《舊劇與新劇：日治時期臺灣戲劇之研究（1895－1945）》一書，全面探討臺灣戲劇，從舊劇到新劇的演變過程，其中亦提及歌仔戲的蛻變與轉型。在歌仔戲唱曲部分，有歌仔戲研究專家楊馥菱的＜也談臺灣歌仔戲「哭調」之緣起＞；而最詳盡的莫過於徐麗紗所撰之《臺灣歌仔戲唱曲來源的分類研究》，堪稱是全盤探討臺灣歌仔戲在「唱曲」方面的扛鼎之作。至於較通俗之著作方面，楊馥菱之《臺灣歌仔戲史》，全面對臺灣歌仔戲做深入淺出之論述，可提供研究臺灣歌仔戲史之最佳入門首選。而陳耕、曾學文的《百年坎坷歌仔戲》；大陸廈門臺灣藝術研究所編之《歌仔戲資料匯編》；林鶴宜的《臺灣歌仔戲》；行政院文建會在 1996-1999 年四年間，接連舉辦歌仔戲研討會所集結成的《海峽兩岸歌仔戲學術研討會論文集》、《海峽兩岸歌仔戲創作研討會論文集》、《臺灣新加坡歌仔戲的發展與交流研討論文集》等之全盤通俗之作；與相關歌仔戲資料之整理，都有其可觀和貢獻之處。在田野調查方面，有宜蘭縣文化中心委林鋒雄主持的《臺灣戲劇中心研究規劃報告書》、徐亞湘負責之《桃園縣傳統戲曲與音樂錄影保存及調查研究計劃報告書》、陳進傳調查之《宜蘭縣傳統藝術資源調查報告書》；以及曾永義教授的《閩臺戲曲關係之調查研究計劃》、蔡文婷等著的《弦歌不輟──臺灣戲曲故事》等，均對臺灣幾個重要歌仔戲劇團，做了相當全面及深入的調查。此外，早期作家王禎和訪問歌仔戲前輩導演陳聰明口述而成的＜歌仔戲仍是尚未定型的地方戲＞，王順隆撰稿的＜臺灣歌仔戲的形成年代及創始者的問題＞，張文義寫＜尋找老歌仔戲的故鄉＞，劉南芳之＜都馬班來臺始末＞，劉春曙的＜閩臺車鼓辨析──歌仔戲形成三要素＞，以及劉秀庭的期刊論文＜本地歌仔演藝初探：兼述歌仔戲的初期發展與影響＞；蔡秀女撰述之＜光復後的電影歌仔戲＞等諸多文章，或親訪歌仔戲導演，或研究歌仔戲形成之年代及創始，或尋根歌仔戲的原鄉，或探討歌仔戲最重要之元素「都馬調」；以及與歌仔戲淵源甚深的「車鼓陣」。總之，上述諸文都有其可觀之處，也都是後學研究者必讀的重要資料。

二、歌仔戲在臺灣的源起與演變

　　一般人咸信，流行於臺灣社會的諸多戲曲，很多都來自於移民原鄉的大陸內地，尤其是閩粵地區。但據學者指出，歌仔戲卻是唯一源於臺灣本土的傳統戲劇。[2]《臺灣省通志》記載：「民國初年，有員山結頭份人歌仔助者，不詳其姓，以善歌得名。暇時常以山歌，佐以大殼絃，自拉自唱，以自遣興。所唱歌詞，每節四句，每句七字，句腳押韻，而不相聯，雖與普通山歌無異，但是引吭長歌，別有韻味，是即為七字調也。後，歌仔助將山歌改編為有劇情之歌詞，傳授門下，試為演出，博得佳評，遂有人出而組織劇團，名之曰：『歌仔戲』。」[3]

　　另外，在《宜蘭縣志》也有類似的記載：「歌仔戲原係宜蘭地方一種民謠曲調，距今六十年前，有員山結頭份人名阿助者，傳者忘其姓氏，阿助幼好樂曲，每日農作之餘，輒提大殼絃，自彈自唱，深得鄰人讚賞。好事者勸其把民謠演變為戲劇，初僅一、二人穿便服分扮男女，演唱時以大殼絃、月琴、簫、笛等伴奏，並有對白，當時號稱『歌仔戲』。」[4]從此，大家都認定宜蘭員山結頭份是臺灣歌仔戲的發源地，而歌仔助似乎也成了臺灣歌仔戲的創始人。

　　唯按照任何戲劇發展的模式看來，其實一種戲劇的醞釀與形成，都不大可能是以一人之力而完成的，它們應該都是集體創作累積的結果，歌仔戲自不例外。根據調查，在歌仔助之前，已經有貓仔源、陳高犁等人，與歌仔助同時期，也有林莊泰、陳阿如、楊順枝、簡四匂和鱸鰻帥等人。[5]所以我們可

---

[2] 林鋒雄，〈試談歌仔戲在臺灣地區的文化地位〉，見張炎憲主編，《歷史文化與臺灣》（4）（台北縣：台灣風物雜誌社出版，1996 年 3 月初版），頁 212。

[3] 李汝和主修，《臺灣省通志》（臺北：臺灣省文獻委員會，1971 年 6 月出版），頁 15。

[4] 宜蘭縣文獻委員會，《宜蘭縣誌合訂本（壹）》（宜蘭：宜蘭縣政府，1996 年 12 月重刊），頁 35。

[5] 林素春，〈宜蘭本地歌仔之研究〉（臺北：中國文化大學藝術研究所戲劇組碩士論文，1994 年 6 月），頁 28。

以客觀的說，歌仔戲的原鄉為宜蘭，它是經由歌仔助等藝師的改良，而逐漸
形成且發揚光大的，它是臺灣移墾社會的產物，也是臺灣最具代表性的本土
文化。

　　歌仔戲是結合臺灣各種戲曲及音樂為一體的表演藝術。「歌仔戲在發展
過程中，吸收北管、南管、九甲戲和民間歌謠等音樂曲調，引進京劇的鑼鼓
點和武打動作，使用北管曲牌、服飾、妝扮和福州戲的軟體彩繪布景，並援
用各劇種的戲碼、身段、道具、樂器，發展成一種兼容並蓄內容豐富的新劇
種。」[6]由上觀之可知，歌仔戲最初僅是鄉土歌舞形成的地方小戲，後由地方
小戲汲取其他大戲的優點而發展成為大戲。[7]

　　所謂「歌仔」，就是地方上的歌謠，而其舞，乃指「踏」的部分，即所
謂的「車鼓」。經由「歌仔」音樂與「車鼓」身段的結合，發展為歌仔陣與
落地掃，並於宜蘭地區日益茁壯。據研究者言，歌仔戲是將福建泉、漳地區
流行的採茶、錦歌等歌謠，佐以臺灣的民間小調唱腔，再加入傳統的演出形
式，以閩南話演出的一種古裝歌劇。「錦歌」是流行於漳州一帶的民間小調，
是以七字或五字為一句，每四句組成一段的一種民歌，由於是用方言俚語唱
的，極為通俗易懂，因此廣為流行，臺灣歌仔戲即由閩南的錦歌演變而來。[8]

　　其實，所謂的「錦歌」，就是我們一般認知的「歌仔」，早期民間藝人
多賣藝走唱「歌仔」，也有人稱之為「乞食歌仔」。臺灣移民多來自漳、泉，
這種「歌仔」即隨移民傳入臺灣。[9]歌仔傳入臺灣後，所唱的「歌仔冊」，亦
一併由閩南帶進臺灣來，清代廈門地區唱歌仔的風氣已很盛行，當時如文德
堂等眾多書局，都以經營「歌仔冊」維生。歌仔冊的內容，大多是民眾耳熟

[6]　林茂賢，《動靜皆美——歌仔戲的認識與欣賞》（臺北：國立臺灣藝術教育館，1995 年 6 月），
　　頁 3。

[7]　林茂賢編撰，《福爾摩沙之美——臺灣傳統戲劇風華》（臺中：行政院文化建設委員會中部辦公室
　　出版，民國 89 年 3 月 1 版），頁 75。

[8]　邱坤良，《中國傳統戲曲音樂》（臺北：遠流版，1981 年 11 月初版），頁 85。

[9]　楊馥菱，《台灣歌仔戲史》（台中：晨星出版社發行，2004 年 11 月 2 刷），頁 35。

能詳的故事，如＜陳三哥＞、＜英臺歌＞、＜陳世美不讓前妻＞、＜王昭君冷宮全歌＞等；另有簡單情節故事的民歌，如＜過番歌＞、＜底反＞等。[10]這些來自閩南的歌仔冊，即為臺灣早期歌仔戲說唱的唱本，由於歌詞通俗易懂，深獲臺灣人喜愛，它們對於歌仔戲的形成，有非常重大的貢獻和意義。如早期歌仔戲的兩大劇目＜山伯英臺＞和＜陳三五娘＞，即源自於歌仔冊唱本，而＜雪梅教子＞、＜孟姜女＞、＜白蛇傳＞等劇目，同樣也是脫胎於歌仔唱本。[11]

歌仔戲構成的重要元素，除歌仔外，歌仔戲的身段「車鼓」，更是不可或缺的部分。「車鼓」屬於歌舞小戲，盛行於福建民間，後隨移民播遷來臺。歌仔戲之「歌仔」，最初只是坐唱形式，並沒有人物的妝扮與身段動作，不合乎「演員合歌舞以代言演故事」的基本條件，因此不是所謂的真正戲曲表演。直到歌仔戲採用了車鼓戲的場面與身段和動作後，歌仔戲的雛型才算大體具備，它們於迎神賽會或廣場空地即興演出，稱之為「落地掃」。[12]車鼓戲又稱「車鼓弄」或「弄車鼓」，一般是由丑、旦合歌舞以代言演出調笑逗趣的故事，屬於二人小戲。[13]當車鼓出現在民間陣頭遊行行列中，就形成我們所熟悉的「車鼓陣」。

車鼓戲是車鼓藝人作戲劇妝扮，配合身段在舞臺空間的一種表演，演出劇目泰半為大家所熟悉的＜桃花過渡＞、＜五更鼓＞、＜點燈紅＞、＜番婆弄＞等。車鼓戲的丑角扮相以滑稽逗趣為原則，手執「敲仔」當敲擊樂器之用；旦角扮相則以妖媚為主，左手拿手帕，右手拿摺扇。演出方式為丑、旦且歌且舞、相互對答，至於動作皆相當簡單，丑、旦兩人動作通常是互為相

---

[10] 羅時芳，＜近百年廈門「歌仔」的發展情況＞，收錄於《閩台民間藝術散論》（廈門：鷺江出版，1991年），頁298-299。

[11] 曾學文，＜歌仔戲傳統劇目與閩南歌仔曲目的關係＞，收錄於《海峽兩岸歌仔戲學術研討會》（台北：行政院文建會出版，1996年），頁12-13。

[12] 楊馥菱，《台灣歌仔戲史》，同註8，頁39。

[13] ＜車鼓戲＞，收錄於林初乾、莊萬壽、陳憲明、張瑞津、溫振華總編輯，《台灣文化事典》（台北：國立台灣師範大學人文教育研究中心出版，2004年12月初版），頁424。

反，丑前旦退一前一後互為搭配，整個演出型態仍屬於「踏謠」的表演階段。[14]

受到車鼓戲表演風格的影響，「歌仔」也由單純的坐唱，而為迎神行列作歌仔陣的沿街表演，到達定點後即作「落地掃」的演出，由此可見歌仔陣的「落地掃」與車鼓戲必定有非常密切的關係。據研究臺灣歌仔戲史的楊馥菱談到：「車鼓陣與歌仔陣的表演幾乎是相容並行，而歌仔陣、醜扮落地掃的表演又與車鼓陣、車鼓戲近乎同轍。而唯一不同之處，恐怕就在於曲調音樂，也就是在主要的曲調『歌仔』的唱念上。」[15]「落地掃歌仔陣」可說是歌仔戲的原型，「歌仔」在宜蘭發展成為「本地歌仔」後，又模仿車鼓戲的表演型態，演出滑稽詼諧的民間故事，隨神轎遊行，稱為「歌仔陣」。「落地掃歌仔陣」是屬於歌舞小戲的表演，演出地點多在廟埕空地即席演出，或隨遊行陣頭行進至廟口廣場，簡單的以四支竹竿圍出表演區就可表演。落地掃演出之劇目僅有＜山伯英臺＞、＜什細記＞、＜呂蒙正＞、＜陳三五娘＞等四齣。演員以丑、旦為主，多半不著戲服，也無繁雜身段，甚至於表演者多非職業演員。表演內容簡易，曲調音樂簡單，通常以一首或少數曲調重複進行，明顯看來，其趣味性遠高於藝術水準的要求。[16]

因為原本以坐唱形式演唱的「歌仔」，在結合車鼓身段動作後，簡單的敘事性音樂便不敷使用，必需要有所變革，「七字調」、「大調」、「雜念仔」等戲曲唱腔，即由此應運而生，而這也就成為爾後歌仔戲的基本表演形式。[17]換言之，歌仔戲是在吸收「車鼓陣」的藝術形式，以滑稽調弄的舞蹈身段輔助演唱，變成了「歌仔陣」，迄於清末，歌仔陣在臺灣大為流行，且從

---

[14] 楊馥菱，《台灣歌仔戲史》，同註 8，頁 41-43。

[15] 楊馥菱，＜有關台灣車鼓戲之幾點考察＞，「兩岸小戲大展暨學術會議」（台北：國立台灣大學發表，2000 年 12 月）。

[16] 楊馥菱，《台灣歌仔戲史》，同上註，頁 44-45。

[17] 徐麗紗，《臺灣歌仔戲唱曲來源的分類研究》（台北：學藝出版社出版，1992 年 6 月初版），頁 104。

平地逐漸搬到舞臺上表演，觀看群眾甚為踴躍。

　　如前所述，臺灣歌仔戲的原鄉是宜蘭，歌仔戲之所以會誕生於宜蘭，與宜蘭的移民有很大的關係。基本上，宜蘭移民以來自漳州人居多，在移民過程中，漳州人將原鄉的「歌仔」也帶至宜蘭，且廣為傳唱。當時流行於臺灣各地的「車鼓戲」，以用南管或閩南歌謠來演唱，但在宜蘭卻被改用「歌仔」來演唱，逐漸形成只有宜蘭地區特有的「本地歌仔」（老歌仔戲）藝術。[18]「本地歌仔」因其表演內容豐富，相當有味道，因此頗受觀眾喜愛，並很快傳開，最終發展成為大戲。[19]

　　本地歌仔戲不僅參考了車鼓戲的表演，在音樂上也以歌仔為基礎，吸收老白字戲和車鼓戲的俚語歌謠，如「七字調」、「雜唸」等曲調，來表達戲劇情境，讓歌仔戲能參照各戲精華，逐漸產生蛻變。[20]日治初期，歌仔戲又更上一層，它又學習了「四平戲」及「亂彈戲」的服裝與身段，從而更豐富了表演的內容與形式，最終風行成為地方大戲。[21]歌仔戲形成「野臺歌仔戲」大戲後，除逐漸向城市發展外，為增加表演的豐富性，壯大演出內容，其演出劇目也多了起來，而演員為了補唱腔之不足，乃紛紛吸收其他戲曲之腔調，如＜留傘調＞、＜送哥調＞、＜串調子＞、＜青春調＞、＜月月按＞、＜三月三＞、＜腔仔調＞、＜慢頭＞、＜五開花＞、＜牽君手上＞等，都是車鼓戲、亂彈戲、高甲戲、梨園戲等之樂曲。[22]

　　《臺灣省通誌》曾有如下之記載：「民國十二年以前，各歌仔戲班所吸收的演員，大部份是亂彈戲、九甲戲的班底，當時有『日唱南管，夜唱歌仔戲』或『日唱歌仔，夜唱北管』的現象，此時所演的歌仔戲全屬文戲。」[23]這

[18] 林素春，＜宜蘭本地歌仔之研究＞，同註4，頁7。

[19] 劉秀庭，＜本地歌仔演藝初探──兼述歌仔戲的初期發展與影響＞，《復興劇藝學刊》第21期（1997年10月），頁23-33。

[20] 徐麗紗，＜落地掃小戲時期＞，見其著，《臺灣歌仔戲唱曲來源的分類研究》，同註16，頁21-26。

[21] 楊馥菱，《台灣歌仔戲史》，同註8，頁65。

[22] 陳耕、曾學文合著，《歌仔戲史》（北京，光明日報出版社出版，1997年3月），頁75-76。

[23] 杜學知等纂修、廖漢臣整修，＜學藝志·藝術篇＞第一章戲劇，《臺灣省通誌》卷六（南投：臺灣

是 1923 年以前的情形，到了 1923 年以後，歌仔戲又兼容並蓄向京劇汲取臺步身段與鑼鼓點；向福州戲班學習布景和連臺本戲，萃取各家精華，不斷成熟進步。期間，歌仔戲班還請這些京班、福州班的演員指導武戲，從而使得歌仔戲開始有了武戲劇目，未幾即成為臺灣民間最受歡迎的鄉土戲劇。關於當時歌仔戲流行之程度，1926 年 6 月 27 日《臺灣日日新報》有如下之記載：

「近來思想複雜，習尚不辨雅俗，言動多趨卑鄙。觀于歌仔戲之流行可知。去歲以來，此樣歌仔戲，勢如雨後筍，層出不窮。聞某菊部改良一班，某鄉村新學一團，及製造工場，亦藉此以籠絡工人。乘佳辰月夕，則登臺試演，廣邀觀玩，不惜其精神誤用反多獎賞之。有心世道者。每隱憂及之。」[24] 從有心世道者的憂心，可以想見當年歌仔戲在臺灣流行之一斑。而這樣的演戲文化，也成為民間糾紛罰戲謝罪的方式之一。1927 年 4 月 2 日《臺南新報》即有一篇報導：「前報霓生社女優班主周生夫婦唆使惡漢橫暴。誤毆邱浩等二、三觀客。致惹街民公債責其於媽祖廟前演戲一檯以為謝罪，並賠償損害品及醫療料等，始為息事。」[25] 從要求「演戲賠罪」之事可以看出，發展成大戲的歌仔戲，以野臺形式演出，深受民眾喜愛的程度。

三、臺灣歌仔戲的進程四重奏──由內臺歌仔戲迄於現代劇場

談起歌仔戲在臺灣演進之歷史，可追溯自百餘年前，基本上，臺灣歌仔戲源於清末，日治時期逐漸茁壯發展，國府遷臺後開始轉型蛻變，期間曾一度遭受打壓而沉寂；迄於 20 世紀八〇年代，因威權體制崩解，臺灣本土意識

省文獻委員會，1971 年）。

[24] ＜桃園禁演歌仔戲＞，《臺灣日日新報》第 9392 號（1926 年 6 月 27 日）。

[25] ＜朴子通信・女優賠罪＞，《臺南新報》第 9037 號（1927 年 4 月 2 日）。

高漲，為歌仔戲的蓬勃帶來新契機。由於外在環境的改變與政治社會的影響，臺灣歌仔戲不僅重獲再生，也產生了新類型。[26]

有清一代長期的統治臺灣，臺灣成為中國的俗民社會，日本殖民統治以後，因著社會階級的分化，除統治者外，被殖民的臺灣人之間，階級逐漸有平等化的趨向。在此之前，臺灣承襲清朝之社會階層，仍具有濃厚的封建性質，例如歌仔戲團的演員和樂師常被視為賤民，社會地位極低，直到 1920 年代的「大正民主」時期，因文化啟蒙運動的展開，臺灣社會開始步入現代化，民智漸開，人們較能以理性眼光看待演戲工作者，歌仔戲的社會地位逐漸受到重視。[27]

1920 年代，臺灣的政經社會在朝向現代化之際，在此之前，原本依附於農閒之暇的歌仔說唱，發展成為民間廟會遊街遶境的「歌仔陣」。日治初期形成「本地歌仔」，到二○年代已發展成「野臺歌仔戲」的大戲過渡。在整個社會氛圍改變後，歌仔戲亦逐漸走向精緻化及商業化，職業劇團紛紛成立，一個以賣票方式維持劇團營運的「內臺歌仔戲」的時代於焉來臨。而大都會的環境，亦給了歌仔戲良好的發展空間，促進了歌仔戲第一次黃金時代的到來。迄於日本治臺末期的「皇民化運動」，臺灣歌仔戲因遭受到政治力的蠻橫干預，統治當局宣布禁演，歌仔戲的盛況才歸於沉寂。[28]

1945 年，臺灣光復後，沉寂已久的歌仔戲如久旱逢甘霖般，又再度冒出蓬勃的生命力，全臺歌仔戲班紛紛成立，並進入戲院演出，觀眾人山人海，迎來了歌仔戲的第二波黃金時期。[29]1949 年，國府遷臺後，實施土地改革及經濟發展計劃，使得臺灣社會快速邁入工業化，而臺灣社會由農業轉型為工業

---

[26] 楊馥菱，《台灣歌仔戲史》，同註 8，頁 23。

[27] 陳紹馨，《臺灣的人口變遷與社會變遷》（台北：聯經版，1992 年第四次印行），頁 127；頁 522-523。

[28] 楊馥菱，《台灣歌仔戲史》，同註 8，頁 25-26。

[29] 蘇桂枝，《國家政策下京劇歌仔戲之發展》（台北：文史哲出版社出版，民國 92 年 12 月初版），頁 103。根據 1958 年臺灣省教育廳的公佈，當時全臺歌仔戲團數量為二百三十五團。林勃仲、劉還月，《變遷中的台閩戲曲與文化》（台北：台原出版社，1990 年），頁 103。

後，連帶著也改變了人民的生活、消費與娛樂習慣。五〇年代收音機逐漸普遍，廣播電臺看好歌仔戲的廣大觀眾群，於 1954 年，臺灣開始有了「廣播歌仔戲」。而歌仔戲業者對於新興媒體亦抱持高度興趣，除與電臺合作外，也跨足電影，拍攝起「電影歌仔戲」來。六〇年代，電視進入家庭，歌仔戲更是獨具慧眼，早早與電視臺媒合，錄製「電視歌仔戲」，從此歌仔戲更是深入臺灣各個家庭，不僅締造歌仔戲的第三度黃金時代，其影響力更是無遠弗屆。[30]

七、八〇年代，臺灣在遭受一連串的外交挫敗後，國府於國際間的處境日益孤立，於此之際，臺灣人開始深刻思索自己國家的前途與自我文化認同，本土意識逐漸高漲。1973 年，林懷民創立「雲門舞集」，1976 年，「鄉土文學論戰」爆發，雲門首先引進西方劇場的演出制度與技術，用布幕構成基本舞臺環境等劇場觀念，從而改變臺灣的劇場文化。[31]於此西方新思潮的衝擊下，本土歌仔戲亦趁勢而起，朝精緻化戲路前進。1982 年，政府為推動文化資產之維護與民族藝術之弘揚，連續幾年舉辦「民間劇場」的演出，其中歌仔戲所帶來的熱潮，及萬人空巷的情景，令人振奮和印象深刻。[32]此外，歌仔戲也開始進入現代劇場，登上國家藝術殿堂演出，結合現代劇場的科技，歌仔戲的精緻藝術終於轉型成功和完成。現依此演變進程略敘如下：

（一）紅遍全臺的內臺歌仔戲

歌仔戲的藝術表演形式有了長足進步後，1925 年以後，開始進軍都市戲館演出，成為所謂的「內臺歌仔戲」，並發展神速，全臺各地內臺歌仔戲團紛紛成立。歌仔戲進入內臺演出後，以其語言上的優勢，加上劇情角色的多變；以及舞臺調度的豐富等，對歌仔戲的進步與影響是無庸置疑的，而觀眾

---

[30] 楊馥菱，《台灣歌仔戲史》，同上註，頁 26-27。

[31] 林懷民，《高處眼亮——林懷民舞蹈歲月告白》（台北：遠流版，2010 年 10 月初版），頁 16-17。

[32] 1982 年之「民間劇場」委託邱坤良教授策劃製作，1983－1986 年的「民間劇場」則由曾永義教授負責。

亦報以熱烈的迴響。1926 年 2 月 8 日，《臺南新報》提到：「臺南大舞臺假
演歌仔戲以來，連續四個月，每日夜座席幾滿，可謂盛矣。」[33]內臺歌仔戲風
行後，使得來自中國的京劇票房，受到嚴重影響，於是京劇便與歌仔戲同臺
演出，「日演京劇，夜演歌仔戲」成為當時普遍的模式，也是一種饒有趣味
的現象。

歌仔戲走入內臺後，各項藝術內涵亦相對提升，音樂也隨之要求更豐，
歌仔戲的重要元素「哭調」即興起於此時。「哭調」的產生與 1920 年代歌仔
戲的走入戲館演出有關，當時歌仔戲開始有女演員的演出。[34]由於女姓聲音的
柔美悽愴，直接造就哀怨吟詠特質「哭調」的產生，與之對應的是歌仔戲的
劇本，不得不增加許多文戲或愛情戲的演出。這種纏綿悱惻悲歡離合的劇碼，
大受女性觀眾的青睞，藉由劇情內容，更多的女性產生自我認同和自我意識，
對於提高女權運動，歌仔戲「無心插柳」多少是有點貢獻的。[35]

1940 年代，太平洋戰爭爆發後，日本在臺灣雷厲風行推動「皇民化政策」，
歌仔戲的演出遭受到嚴重的影響，當時歌仔戲在戲院演出時，日本警察即坐
在舞臺旁臨場監督，察看演出內容是否與申報劇目吻合，大凡演出傳統戲被
日本警察查獲，就難逃被勒令解散的命運。彼時臺灣只有少數僅存的歌仔戲
班能夠演出，而且還是演些不倫不類的日本戲，如此一來，不但歌仔戲演出
遭到箝制，而且樣板的演出，只能宣揚日本皇民思想，如此氛圍，不僅歌仔
戲快速沒落，臺灣人也不想看那變調的歌仔戲了。[36]

1945 年臺灣光復後，擁有旺盛生命力的歌仔戲再度復活，並以驚人的聲

---

[33] ＜藝界消息＞，《臺南新報》第 8619 號第 6 版（1926 年 2 月 8 日）。

[34] 歷來哭調被視為是日本殖民政府禁止歌仔戲演出，臺灣民眾故意「以哭當歌」，來宣洩對日本殖民
政府的不滿。陳豔秋，＜譜出臺灣女性堅貞純情嬌媚的旋律：訪作曲家陳秋霖＞，《臺灣文藝》第
85 期（1983 年 11 月，頁 195-201。

[35] 楊馥菱，＜也談臺灣歌仔戲【哭調】之緣起＞（高雄：「民俗與文學學術研討會」：1998 年 11 月
15－16 日）。

[36] 楊馥菱，《台灣歌仔戲史》，同註 8，頁 97。

勢風靡全臺，而臺灣人看戲風潮也十分熱烈。[37]從 1949 至 1956 年臺語片興起前，全臺歌仔戲班估計有五百團，委實非常可觀。當時歌仔戲的演出以內臺為主，演出方式千變萬化，立體化、機關化的變景，除了有各式軟景外，還有種種的機關布景，乃至鋼索吊人等噱頭都有，令觀眾看了歎為觀止。[38]也因此戲院一票難求，買不到票的觀眾，常在每天下午快散戲時，待戲院大門一開衝入「看戲尾」，聊過戲癮，形成一有趣畫面。[39]戲團在戲院演出是有固定的檔期，通常是以十天為一檔期，但也有因為演出大受歡迎，而一再連演個不停。「明華園」團長陳明吉曾回憶當年盛況：「光復後歌仔戲恢復演出，民眾因睽違已久甚是懷念。明華園曾應邀到臺南府城『龍館』戲院演出……連演五十二天才下戲。……真是十足風光熱鬧。」[40]

　　就在歌仔戲的顛峰時刻，「都馬劇團」的來臺表演，為發展已然有瓶頸現象的歌仔戲，又注入了新元素。歌仔戲研究學者楊馥菱即提到：「都馬劇團」在臺灣長年的演出，對歌仔戲也產生了幾點影響：首先是「都馬調」（即邵江海等人所創的「雜碎調」和「改良調」）日益盛行，豐富了歌仔戲的音樂；其次是都馬班向越劇學習古裝妝扮，取代了傳統的京劇路線。1954 年，「都馬劇團」開拍臺灣第一支歌仔戲電影＜六才子西廂記＞，雖然票房口碑不是很成功，但卻開啟了電影歌仔戲的時代。[41]於此同時，政府也開始重視歌仔戲，於是掀起一波歌仔戲改良運動。1950 年 12 月「臺灣歌仔戲改進會」舉

---

[37] 曾任台視歌仔戲導演的陳聰明，在民國 38 年時已是歌仔戲演員，他在接受訪問時即回憶道：「民國 38 年前後是歌仔戲的黃金時期，當時約有三百多團在全省各地上演。」王禎和，＜歌仔戲仍是尚未定型的地方戲——訪問陳聰明導演＞，《臺灣電視週刊》第 742 期（1976 年 12 月）。

[38] 以雲林「參寮拱樂社」為例，當時「該社舞台上之設備最值得注意，有立體之布景與逼真活動走景，一般通稱的機關變景，使觀眾恍如置身電影戲院，所看到的盡是實景。且電光配置、映照得宜，增加演劇效果不小。」＜劇團介紹欄＞，《臺灣地方戲劇月刊》第 1 卷第 2 期（民國 41 年 9 月），頁 15。

[39] 林美容，＜聽歌仔的心路歷程＞，見其著，《台灣文化與歷史的重構》（台北：前衛版，1996 年 8 月初版），頁 259-260。

[40] 陳國嘉，＜明華園經營策略之探討＞，收錄於《海峽兩岸歌仔戲學術研討會論文集》（台北：文建會出版，1996 年 6 月）。

[41] 楊馥菱，《台灣歌仔戲史》，同註 8，頁 102。

行座談，決定歌仔戲將以新型劇本及導演形式出現。1951 年政府公布歌仔戲
改良原則，基本上以配合國策，各劇團應加強革新組織，籌設歌仔戲促進會
等為主旨。1952 年正式成立「臺灣省地方戲劇協進會」，同年開始實施每年
一次的地方戲劇比賽。

基本上，政府開始重視歌仔戲劇本的內涵，有意改進「作活戲」的習性，
立意雖好，但其真正目的，在於將歌仔戲納入文化宣傳的行列，倡導所謂「民
族藝術是文化的利器」，進而引導歌仔戲走向反共抗俄的政令宣導，政治色
彩相當濃厚，但仍不足以改變歌仔戲的演出生態，官方大力推動歌仔戲的
改良，但畢竟不敵民間自由演出的風氣，「自由」終究還是最重要的表演土
壤。[42]

（二）廣播與電影歌仔戲的時代

內臺歌仔戲的蓬勃景象，一直持續到電視歌仔戲開播才逐漸沒落，在此
之前，其實內臺歌仔戲已先受到廣播歌仔戲的挑戰。歌仔戲走入廣播界，大
概在 1954-1955 年間，當時臺灣收聽收音機廣播已十分普遍，這與內臺歌仔戲
已無市場有很大的關係。廣播歌仔戲剛開始要先作內臺錄音，再由電臺播放，
但因有時音效不佳，便改由電臺自行成立廣播歌仔戲團，直接在錄音間邊唱
邊錄。[43]1960 年代，是廣播歌仔戲的黃金年代，當時較著名的團有民生電臺的
「金龍歌劇團」、民本電臺的「九龍歌劇團」以及正聲的「天馬歌劇團」。
其中，1962 年成立的「天馬歌劇團」更是將廣播歌仔戲推到最高潮，後來名
揚臺灣的歌仔戲皇帝楊麗花，早期即是該團的成員。[44]除楊麗花外，廖瓊枝、
王金櫻、翠娥等，也都是唱電臺歌仔戲起家的。由於廣播歌仔戲的盛行，以
往的曲調已不夠用，不得已只有轉向吸收流行歌曲，拿流行歌曲中具有起承

[42] 呂訴上，《臺灣電影戲劇史》（台北：銀華出版社出版，1961 年），頁 269-281。
[43] 楊馥菱，《台灣歌仔戲史》，同註 8，頁 118。
[44] 林美璱，《歌仔戲皇帝──楊麗花》（台北：時報版，2007 年 9 月初版），頁 98。

轉合的七言四句型來唱，這些參考國、臺語流行歌曲或自編新創曲調，不僅豐富了廣播歌仔戲的內涵，也為歌仔戲添加了許多新的生命，當時歌仔戲演員均稱這種曲風為「新調」或「變調」。[45]

廣播歌仔戲走下坡後，在電視歌仔戲還未大行其道前，還有一過渡階段，此即電影歌仔戲的時代。1955 年，「都馬劇團」拍攝臺灣第一支電影歌仔戲＜六才子西廂記＞，6 月 23 日該片在萬華大戲院首映，由於克難完成，諸多技術問題無法解決，再加上燈光不足，畫面模糊，影像和聲音搭配不良等缺點，使得觀眾大失所望，造成「都馬劇團」的巨大損失。[46]＜六才子西廂記＞雖然失敗，但不減臺灣民眾對電影歌仔戲的期盼與熱情，陳澄三與何基明導演，以「拱樂社」為班底開拍＜薛平貴與王寶釧＞，有鑒於＜六才子西廂記＞的前車之鑑，為追求品質，不論外景、前製、後製作業，都慢工出細活，儘量要求盡善盡美。1956 年 1 月，該片放映造成觀眾人山人海大爆滿的景象，兼以宣傳得宜，成功營造出氣勢，應觀眾需求，還接二連三的拍攝續集、三集，掀起一股拍攝電影歌仔戲的熱潮。[47]有鑒於＜薛平貴與王寶釧＞的成功，許多歌仔戲班也紛紛拍起電影歌仔戲，1955-1959 年是電影歌仔戲的黃金時期，但也因為一窩蜂的跟拍，資金短缺、粗製濫造的片子不少，造成電影歌仔戲觀眾的快速流失，很多戲班因為無法負荷成本而倒閉解散，電影歌仔戲雖然風光一時，但終究走入歷史。

（三）曾經輝煌的電視歌仔戲

臺灣進入電視時代始於 1962 年，是年 10 月，臺視首先開播電視歌仔戲，推出由廖瓊枝飾演白素真，何鳳珠扮演小青的＜雷峰塔＞。[48]其後，臺視又推

---

[45] 楊馥菱，《台灣歌仔戲史》，同註 8，頁 120-121。

[46] 蔡秀女，＜光復後的電影歌仔戲＞，《民俗曲藝》第 46 期（1987 年）。又見劉南芳，＜都馬班來台始末＞一文中，對丁順謙先生的訪談。《漢學研究》第 8 卷第 1 期（民國 79 年 6 月）。

[47] 楊馥菱，《台灣歌仔戲史》，同註 8，頁 123-124。

[48] 王明山，＜談談歌仔戲的連台好戲——雷峰塔＞，《電視週刊》第 5 期（1962 年 10 月）。

出＜山伯英臺＞、＜乾隆皇與香妃＞等歌仔戲節目。當時電視歌仔戲採「實況錄製」的作業方式，只不過將舞臺搬移到室內的攝影棚，演員必須配合播映的字幕當場演出。不過由於在草創階段，兼以彼時電視並不普遍，所以開播後仍不敵廣播歌仔戲。其後，隨著電視的逐漸普及，電視歌仔戲前景看好，臺視見有利潤市場，便開始闢不同時段演出歌仔戲，也吸引如「正聲天馬歌劇團」、「聯通廣播歌劇團」、「金鳳凰廣播劇團」等原本是廣播歌仔戲團，轉進電視歌仔戲團的演出。

電視歌仔戲到楊麗花演出＜雷峰塔＞後，聲勢達到最頂點，楊出身於宜蘭，未進入電視歌仔戲前，曾是「宜春園歌劇團」和「天馬歌劇團」演員，她是從內臺、廣播、電視歌仔戲一路走來，憑其天份與獨特魅力，俊美的扮相和優異的唱做，成為歌仔戲皇帝，享譽全臺歷久不衰。[49]1969 年中視開播，歌仔戲進入競爭期，為和臺視抗衡，中視首推以連續劇的方式播出歌仔戲。「中視歌劇團」推出由柳青與王金櫻主演＜三笑姻緣＞當先鋒，除與楊麗花的臺視拼陣外，最大贏家是全臺觀眾，又多一臺電視歌仔戲選擇的機會。

1971 年華視成立，見電視歌仔戲正夯，也馬上加入競爭行列，而三臺歌仔戲也逐漸三分天下，各自擁有自己的收視群。但不久，因黃俊雄布袋戲的強力挑戰，讓歌仔戲觀眾流失不少。[50]為挽回頹勢，網羅三臺歌仔戲菁英，1972年夏天成立了「臺視聯合歌劇團」，包括楊麗花、柳青、葉青、小明明四大天王；及許秀年、王金櫻、青蓉、林美照、黃香蓮、高玉珊、翠蛾、洪秀玉等大咖。從此三國歸一統，三家電視臺只剩臺視有歌仔戲節目。聯合後的電視歌仔戲首推＜七俠五義＞，由楊麗花演展昭，葉青飾演白玉堂，播出後立

---

[49] 何貽謀，《台灣電視風雲錄》（台北：商務版，2002 年 1 月初版），頁 61-66。楊馥菱，《楊麗花及其歌仔戲藝術之研究》（台中：東海大學中文研究所碩士論文，1997 年）。

[50] 當時布袋戲風靡的程度，簡直到不可思議的地步，當時報紙曾報導：「播放布袋戲節目以來，給鄉下觀眾帶來一陣熱潮，尤其學生們更是入迷，每逢有布袋戲節目時，大家無心上課，等不得放學，就奔向有電視機的人家去。」筆者當年正值讀小學五、六年級，確實自己也有過這樣的經驗。＜從電視布袋戲荒誕的劇情說起＞，《臺灣日報》第 6 版（民國 59 年 5 月 10 日）。

即一砲而紅，大受觀眾歡迎，也將電視歌仔戲推至顛峰狀態。[51]

於是臺視乘勝追擊，又推出＜薛仁貴征東＞、＜西漢演義＞、＜萬花樓＞、＜隋唐演義＞、＜楊家將＞、＜三國演義＞、＜孟麗君＞、＜忠孝節義＞、＜大漢英雄傳＞、＜洛神＞、＜陸文龍＞、＜趙匡胤＞等一系列歌仔戲。其中，＜西漢演義＞和＜忠孝節義＞都創下播出百集以上的佳績，顯見當時電視歌仔戲受歡迎的程度，那也是電視歌仔戲最風光的美好時光。[52]可是這種聯合只維持短暫時間，由於天王間的暗中較勁，不能精誠合作；加上新聞局對閩南語節目的設限，使得電視歌仔戲有每況愈下的趨勢，「臺視聯合歌劇團」被迫於 1977 年宣布解散，電視歌仔戲也進入寒冬期。

1979 年，電視歌仔戲又再度重出江湖，首先是楊麗花在臺視推出＜俠影秋霜＞、＜蓮花鐵三郎＞、＜青山綠水情＞等三部歌仔戲，獲得觀眾熱烈回應，播出時段且從中午移至晚間，顯見電視歌仔戲對收視觀眾有信心。另一歌仔戲天王葉青則轉戰華視，並於 1982 年成立「神仙歌仔戲團」，一連推出＜瀟湘夜雨＞、＜霸橋煙柳＞、＜岳飛＞等膾炙人口好戲，為電視歌仔戲再創高峰。而原本在華視的小明明，不得不離開華視到中視去發展，但成效不如預期。而華視午間空檔就由離開臺視自立門戶的李如麟所獨佔，所推出的＜龍鳳姻緣＞、＜嘉慶君遊臺灣＞、＜浪子李三＞等，造成午間時段的高收視率，華視成了電視歌仔戲的最大贏家。

相對於臺視、華視，中視的歌仔戲節目顯的欲振乏力，為與其他兩臺爭雄，先是請「明華園歌劇團」擔綱，唯「明華園」以野臺戲為主，志不在電視，直到 1988 年，中視聘請「河洛歌劇團」，其歌仔戲才稍有起色。「河洛」為中視推出＜漢宮怨＞、＜正德皇帝遊江南＞、＜江南四才子＞、＜大漢春秋＞等歌仔戲，吸引不少觀眾收看。其後，黃香蓮繼「河洛」入主中視，亦演出＜羅通掃北＞、＜大唐風雲錄＞、＜逍遙公子＞等戲碼，收視效果也不

---

[51] 何貽謀，《台灣電視風雲錄》，同註 46，頁 119-121。

[52] 林美璱，《歌仔戲皇帝──楊麗花》，同註 41，頁 144-145。

錯。[53]

1994 年，楊麗花所主演的＜洛神＞，創下歌仔戲諸多紀錄，包括遠赴國外出景、號稱最浩大的戰爭場面、力邀港星馮寶寶演正旦，且首次於晚間八點檔黃金時段播出，在在均創下收視高潮。[54]1997 年，楊麗花再推出＜紅塵奇英＞，自己已退居幕後，擔任製作人，而由弟子陳亞蘭擔綱演出。葉青則自1992 年起，開始強調重質不重量的歌仔戲演出，1992 年＜玉樓春＞的「金蓮舞」排場；以及 1994 年與孫翠鳳合作的＜皇甫少華與孟麗君＞，都是歌仔戲的新嘗試，因此廣受好評。[55]

總之，有了電視傳媒後，歌仔戲更是利用此傳播利器，新編劇本，推陳出新，曾經有其走紅輝煌歲月，惜在媒體開放與多元化的影響下，電視歌仔戲已不若往昔風光；兼以閩南語連續劇及本土劇的興起後，電視歌仔戲的經營更加困難。一些歌仔戲演員甚至轉行到閩南語劇和本土劇演出，1997 年後，三臺已很少製作電視歌仔戲，2000 年公視的＜洛神＞，及 2001 年民視的＜鳳冠夢＞；和葉青於公視演出的＜秦淮煙雨＞等，可說是電視歌仔戲結束前的絕響之作，想來令人不勝唏噓。

（四）邁向精緻的現代劇場歌仔戲

1970 年代對臺灣而言，是個詭譎多變的時代，臺灣在遭遇一連串國際外交挫敗後，島內要求改革的呼聲日益高漲，不僅如此，文化認同的危機，也帶來傳統改革的浪潮。1973 年，「雲門舞集」創團，引進西方的劇場演出制度。1979 年，「雅音小集」的成立，首創於國父紀念館演出＜白蛇與許仙＞，開啟臺灣傳統戲曲進入國家藝術殿堂演出之先聲，此舉不但激起藝文界人士

---

[53] 林茂賢編撰，《福爾摩沙之美：臺灣傳統戲劇風華》，同註 6，頁 90。

[54] 林美璱，《歌仔戲皇帝──楊麗花》，同註 41，頁 254-256。

[55] 林茂賢，＜臺灣的電視歌仔戲＞，《靜宜人文學報》第 8 期（台中：靜宜大學文學院，1996 年 7月），頁 36。

的關心與注意，也影響了歌仔戲的轉型與發展。[56]1981 年，楊麗花在國父紀念館演出＜漁孃＞歌仔戲，即是受到「雅音」之影響。＜漁孃＞的演出，後來被視為是歌仔戲邁入現代劇場的開始。

　　1983 年，「明華園歌劇團」參與「國家文藝季」，從傳統野臺戲登上國父紀念館，演出＜濟公活佛＞，頗獲觀眾好評。1984 年，「新和興歌仔戲團」也以＜白蛇傳＞和＜媽祖傳＞在國父紀念館演出，觀眾依舊報以熱烈的掌聲。基本上，在野臺跨向現代劇場，「明華園」和「新和興」都致力於歌仔戲的突破，例如對情節之構設，相當重視敘事手法，以豐富的想像力，顛覆歌仔戲既定之形象和概念，肆意嘲弄人情世態，突顯鮮活人性等，都頗獲學術藝文界肯定。但天下事就是「物極必反」，在「明華園」縱橫劇壇多年後，一股反思的聲音漸起，歌仔戲是否應該回歸傳統風貌說法再度引起劇壇討論。1989 年，廖瓊枝成立「薪傳歌仔戲團」，先後推出＜寒月＞、＜王魁負桂英＞、＜黑姑娘＞、＜三個願望＞等戲碼，細膩唱腔與做功的表演特色，與「明華園」的瑰麗炫奇和熱鬧風格，恰成明顯對比。

　　而由劉鐘元領軍的「河洛歌仔戲團」亦不落人後，1991 年起，連續兩年以＜曲判記＞和＜天鵝宴＞，進入國家戲劇院演出，也引起很大的轟動。至此，現代劇場歌仔戲，有別於野臺戲，逐漸受到官方、學者與藝人的高度重視。事實上，上述三個歌仔戲團，其差異鮮明的表演風格，也正是臺灣現代劇場歌仔戲不同的發展面向。1991-2000 年，可說是臺灣現代劇場歌仔戲的成熟期，無論在劇本主題、音樂燈光、舞臺布景以及演員之表演，都達到前所未有的高度，將歌仔戲的藝術內涵發揮到極致。而在現代劇場歌仔戲當紅之際，昔日電視歌仔戲天王楊麗花、葉青、黃香蓮等，亦寶刀未老躍躍欲試，楊於 1991、1995 及 2000 年，分別推出＜呂布與貂嬋＞、＜雙槍陸文龍＞、＜梁山伯與祝英台＞三戲，於國家戲劇院演出。葉青則以＜冉冉紅塵＞再現

---

[56] 有關「雅音小集」創新京劇之相關研究，學者王安祈有相當完整的論述，見其著＜文化變遷中臺灣京劇發展的脈絡＞，收錄於《傳統戲曲的現代表現》（台北：里仁書局出版，1996 年）。

高潮，黃香蓮是＜鄭元和與李亞仙＞、＜前世今生蝴蝶夢＞、＜新寶蓮燈＞、
＜三笑姻緣＞等贏得口碑。總之，不論老幹新枝，在現代劇場歌仔戲盛行之
際，她們都為臺灣歌仔戲的精緻化，貢獻心力良多。

　　值得一提的是，1992 年成立的「蘭陽戲劇團」，有別於上述大卡司的豪
華亮麗場面，而是改走肩負歌仔戲藝術保存與薪傳之使命，所演劇目雖多數
以傳統戲碼居多，但因長駐宜蘭，以開創民間商機和拓展觀光產業為主。2002
年，該團亦力求轉型，聘請著名小說家黃春明為其量身打造，推出一系列＜
杜子春＞、＜愛吃糖的皇帝＞、＜小李子不是大騙子＞等精彩好戲，老少咸
宜，為歌仔戲注入一股活力。[57]

　　1993 年 3 月 10-12 日，臺大教授曾永義在《聯合報》副刊，針對現代劇
場歌仔戲，提出「精緻歌仔戲」的幾點看法，包括：深刻不俗的主題思想、
明快緊湊的情節安排、醒目可觀之排場、妙趣橫生的口語、豐富多元之音樂
曲調和技藝精湛的演員等六大訴求。[58]以此檢視這三十餘年來之現代劇場歌仔
戲，不可諱言，其進步確實是有目共睹的。總之，歌仔戲從演員為中心的表
演體制，到走向以劇本為基底，導演為中心，演員為依歸的結合方式，提煉
出歌仔戲精緻的藝術品味，而目前的現代劇場歌仔戲，即朝此方向邁進。[59]

四、歌仔戲的表演藝術與結構

　　歌仔戲是一種屬於歌劇類型的表演藝術，身段和唱腔是其中非常重要的
構成元素，所謂「有聲皆歌，無動不舞」正是歌仔戲的表演特色。歌仔戲的
表演特色在其唱腔與音樂，在故事情節上，主要以歌謠及唱腔來陳述，其發

[57] 楊馥菱，《台灣歌仔戲史》，同註 8，頁 182-216。

[58] 曾永義，＜臺灣歌仔戲之近況及其因應之道＞，《聯合報》（民國 82 年 3 月 10－12 日）。

[59] 楊馥菱，《台灣歌仔戲史》，同註 8，頁 177。

聲方法使用「本嗓」，唱詞則是閩南語白話，親切通俗易懂，鮮有詞藻華麗的文詞。此外，歌仔戲中亦經常會出現臺灣俚語俗諺，以及句尾押韻的「四唸白」，充分展現臺灣話語的俗諺之美。另外，身段更是歌仔戲的另一欣賞重點，將日常生活中的動作轉化為戲劇演出，均須經美化與象徵，再以另一種藝術形式表現之，民間即將此身段稱之為「腳步手路」。[60]

歌仔戲之演出因受限於舞臺空間，演員必須在有限的空間內呈現劇情，且還要講求戲劇的美感，所以身段做表更顯重要。以「捲珠簾」這項身段為例，通常由花旦表演，因昔日簾幕以竹製成，所以必須用捲的，其象徵動作為「踏左腳蹲下，雙手放低平，大姆指、食指、中指共同往上捲動」，其後還要以手於簾幕兩端做打結的動作。[61]而首次演出的演員出場，需要正衣冠「跳臺」亮相，使觀眾能清楚了解演員於劇中之造型扮相，且要親自報姓名與身世，讓觀眾知道其在劇中的背景和角色，然後再簡明扼要地說明劇情綱要，之後才能進行演出，這是歌仔戲相當有意思的地方。歌仔戲的講求身段源於車鼓戲，其中如主角的展扇花、駛目箭（送秋波）；丑角的闈雞行（半蹲行進），以及演員出場的「踩四角」走方位，都與車鼓戲相同。[62]後來歌仔戲又吸收北管戲、南管戲與京戲的一些動作，逐步完成完整的舞臺動作。

至於歌仔戲的戲劇結構，有劇本、腳色、服裝、道具等要素。以前歌仔戲演員，因缺乏受教機會，故教育水平較低，是以在演出前，通常先由先生講解劇情大綱，分場段落、分派角色，然後上臺。上臺後，演員可以根據劇情自由發揮，較結構嚴謹的劇本活潑許多，深受演員與觀眾喜愛。目前臺灣仍有諸多野臺歌仔戲，堅持不採用劇本演出，僅少數大型劇團使用劇本。在演員方面，以前歌仔戲就是由小生、小旦和小丑三種角色組成的「三小戲」，後來又從北管戲引進大花臉，才形成所謂生、旦、淨、丑四種角色。

---

[60] 林茂賢編撰，《福爾摩沙之美：臺灣傳統戲劇風華》，同註6，頁77-78。

[61] 吳成瑤、邱寶珠、許美智、鄭英珠等著，《臺灣戲劇館專輯》（宜蘭：宜蘭縣立文化中心，1993年5月初版），頁62。

[62] 林茂賢，《動靜皆美——歌仔戲的認識與欣賞》，同註5，頁5。

　　「生」即戲中的男性角色，有文生、武生之分，而依劇中角色年齡，又有小生、老生之別。「旦」是戲中女性角色，同樣依年齡有小旦與老旦，但依性質則有正旦和花旦，其中正旦就是京劇中的青衣，因常演悲劇角色，因此又稱為「苦旦」，這也是歌仔戲特有的角色。小生、小旦的表演，非常重視眉目傳情的眼神，因此臺灣俗諺有所謂的「小生小旦，目尾牽電線」的趣談。「丑角」係劇中的甘草人物，在歌仔戲中分為三花和老婆。男丑叫「三花」，女丑稱「老婆」，如王婆、媒婆都是屬於劇中「三八型」的女性角色。老婆與京劇中的彩旦相類似，通常由男性反串，以增加戲劇趣味和效果。丑角的任務為搞笑，因此在舞臺上，丑角可以突破時空限制，任意說話製造笑料。由於丑角演出是「犧牲色相」，臺灣俗諺中的「上臺小，落臺大」，意謂丑角在臺上任人打罵嘲弄，下臺後為彌補其委屈，大家對他要多加忍讓。

　　在服裝上，歌仔戲的戲服與其他劇種，其實並沒有太大的差別，戲服主要以角色身份和性別作區分，無須因劇中朝代不同而分類，換言之，在歌仔戲中，演漢代和清代的戲碼，演員所穿的戲服，可能是一樣的。歌仔戲在「落地掃」後，戲服逐漸講究，由於受到京劇和大陸「都馬班」的影響，汲取各劇種菁華；兼亦受到時代和環境之因素，歌仔戲的戲服開始大量使用亮片，因服裝華麗可增加舞臺戲劇效果，現代劇場時代後的歌仔戲戲服，更是朝亮麗、豐富、多元方向發展。[63]

　　而至於在妝扮方面則頗為費時，演員在演出前，依角色要化妝抹粉，通常都是濃妝艷抹以突顯其五官，誇大色彩使遠距離觀眾亦能看清演員扮相及表情。以造型言，旦角及青衣要貼頭片，這是受到京劇的影響。但因歌仔戲較貼近本土社會，晚近歌仔戲已改成不貼頭片，不梳大頭，而是以髮髻造型亮相，小生則綁水紗，後來又演變成戴頭套，猶如古裝之造型。[64]在以前野臺

---

[63] 林茂賢編撰，《福爾摩沙之美：臺灣傳統戲劇風華》，同註6，頁78-81。

[64] 明華園雜誌社，〈歌仔戲服裝淺談〉（上），《明華園》86年4月號（臺北：明華園雜誌社，1997年4月）第8版。

戲的時代，基本上戲服色系較樸實，充滿野趣。電視歌仔戲中期的神仙劇，因是科幻劇，所以服裝變化萬千，各種如蓬裙、大圓裙、金蔥布、水轉等都有，「葉青歌仔戲團」即為一例。[65]而「楊麗花歌仔戲團」則以亮片和繡花著名。

　　音樂是歌仔戲相當重要的元素，一般可分為曲調的分類、運用及後場等方面。歌仔戲的原始曲調來自漳州的「歌仔」，後由歌仔逐步演變改編成「七字仔」、「大調」和「雜唸仔」等曲調。其後，歌仔戲又吸收其他劇種的曲調和民間歌謠，使其音樂更加豐富。例如歌仔戲中的「吟詩調」是源自於九甲戲、「梆仔腔」則學習北管戲、「送哥調」與「留傘調」脫胎於車鼓戲、「紹興調」來自紹興戲；還有如「三步珠淚」、「秋夜曲」、「思想起」和「農村曲」等係引自於民謠。[66]另外，歌仔戲在發展過程中，亦創作許多新曲調，此種新編曲調，有的是歌仔戲班自行創作，如「文和歌劇團」的「文和調」，「南光歌劇團」的「南光調」，「寶島歌劇團」的「寶島調」等；但也有是因劇情需求而創作，如「茶花女」、「狀元樓」、「深宮怨」等等，都屬於後面一類。

　　基本上，歌仔戲曲調的運用，並無固定模式，通常依劇情安排而安插曲調，但以「七字」和「都馬調」居多，「七字」和「都馬」常使用於一般敘述性場合，長篇則常用節奏輕快的「雜唸仔」，其他曲調則視劇情而定。譬如歡愉情境用「狀元樓」；哀怨用「望鄉調」；激動憤怒唱「藏調仔」；遊樂賞景誦「青春嶺」；串場用「百家春」；部分若祝壽、謝幕、打鬥等用廣東音樂。值得一提的是歌仔戲的哭調，哭調有兩種，一種是地方哭調，有「宜蘭哭」、「彰化哭」、「臺南哭」、「艋舺哭」等多種；另一種是節奏哀怨緩慢的哭調，如「七字哭」、「白水仙」、「破窯調」、「都馬哭」、「嘆煙花」等曲調。此外，尚有「陰調」、「吟詩調」、「走路調」、「江湖調」、

[65] 明華園雜誌社，＜歌仔戲服裝淺談＞（上），同上註。

[66] 林茂賢，《動靜皆美──歌仔戲的認識與欣賞》，同註5，頁10。

「卜卦調」、「乞丐調」等等，不一而足，大體都依其不同劇情或人物角色，而有其專門曲調。[67]

在歌仔戲的唱腔中，有獨唱、對唱及齊唱三種，獨唱是一人單獨唱完一首樂曲，於歌仔戲中最常見；對唱是對答式歌唱，由演員一前一後以歌唱對答；齊唱是由兩人以上，齊唱同一樂曲，但因為歌仔戲演唱依靠口傳，同一樂曲，每個人所唱的音高及節奏並不相同。在後場方面，歌仔戲與其他劇種一樣，分為文平（文場）和武平（武場）。文場是絲竹雅樂，包含椰胡、大廣絃、笛子、月琴、簫、嗩吶等樂器；武場打擊樂器則有單皮鼓、堂鼓、梆子、鑼、鈔、搖板等樂器。目前有些歌仔戲團甚至增加笙、中阮、琵琶、南胡等國樂；有的還加上大提琴、電子琴、爵士鼓、電吉他、薩克斯風等樂器，這無外乎是為了增強歌仔戲的音樂效果。[68]後場人員編制甚為簡單，一般大約是四、五人，武場為鑼鈔手和打鼓手各一人，文場也是一人兼奏數種樂器。大型劇團後場則有二、三十人，不過為節省成本，這種排場並不多見。

五、臺灣歌仔戲的一代奇葩：楊麗花其人其事

假如我們對臺灣中老一輩的人，問他們：臺灣歌仔戲的代表人物為何人時？相信絕大多數的人都會說是：「楊麗花」。確實，楊麗花這位當代歌仔戲傳奇人物，對臺灣人而言，她就是歌仔戲，歌仔戲就是楊麗花。楊麗花所領軍的歌仔戲團，其團員包括：小鳳仙、許秀年、陳亞蘭、李如麟、紀麗如、潘麗麗、青蓉、洪秀玉等，均為臺灣歌仔戲界的一時之選。

其實，楊麗花歌仔戲之所以能名揚臺灣，也是受電視傳媒之助。1966 年楊麗花首次參與電視歌仔戲演出，從此，持續在臺視演出歌仔戲近四十年，

---

[67] 張炫文，《臺灣歌仔戲音樂》（臺北：百科文化事業股份有限公司，1982 年 9 月初版），頁 72。
[68] 林茂賢，《動靜皆美——歌仔戲的認識與欣賞》，同註 5，頁 11。

迄今為止，已推出一百多齣戲碼。楊麗花歌仔戲最大特色是，演出內容多變，不拘泥單一戲路，所以許多膾炙人口的作品，至今仍令人印象深刻，如 1979 年，楊麗花改走「新潮武俠路線」，接連推出＜俠影秋霜＞、＜蓮花鐵三郎＞、＜青山綠水情＞等，因內容清新，造成觀眾熱烈迴響。[69]

　　1944 年楊麗花出生於歌仔戲的原鄉宜蘭，4 歲時即第一次隨母登臺，6 歲與父親學唱「7 字調」，七歲跟母親同臺演出「安安趕雞」，落落大方毫不怯場，「小安安」名聲不脛而走。1955 年，因執意學戲，乃加入「新光興」歌仔戲班，與京劇師傅王小山學武藝，允文允武的楊麗花，戲臺上的俐落翻滾跳打、舞槍弄棍的一身好本事，都是當年王小山師傅為她紮下的基本功，真是「臺上一分鐘，臺下十年功」，楊麗花對於嚴師，總是流露難忘之情。而母親教導每天清晨「哈」古井練笑功，也讓楊麗花練就一身渾厚流暢的唱腔。1958 年，楊麗花演出「孫臏下山」的少年孫臏，初試啼聲即一鳴驚人。1960 年，首挑大樑主演「陸文龍」，就贏得滿堂采，觀眾如雷的掌聲，更奠定其舞臺小生的地位。

　　1961 年，參加「賽金寶歌劇團」，為赴菲律賓公演而加緊練習，1963 年，公演大獲成功，自菲律賓載譽歸國。1965 年，楊麗花加入「天馬歌仔戲團」，開啟其廣播歌仔戲之路，當時每天分兩個時段共四小時播出歌仔戲，把歌仔戲優美的曲調，透過收音機傳送到大街小巷，山邊海港，聽眾可邊工作邊聽戲，一舉數得，霎那間，臺灣掀起一波廣播歌仔戲的狂潮，這樣的庶民文化，流傳快速，連帶的也讓楊麗花迅速走紅。

　　1966 年，是楊麗花歌仔戲生涯的轉捩點，因為她在臺視演出電視歌仔戲「精忠報國」岳飛一角色，扮相俊美大受歡迎而受到各方矚目。其後，臺視隆重與其簽約，從此展開與臺視長達四十餘年的合作關係。是年 7 月，其飾演「王寶釧」中之薛平貴，唱腔演技風靡觀眾，電視歌仔戲紅小生之名聲無人能及，全省可謂「花迷」滿天下，此後又有「雷峰塔」、「狀元及第」等

[69] 楊蓮福、褚塡正編著，《圖說臺灣名人》（台北縣：博揚版，2008 年 4 月初版），頁 202-203。

戲碼演出。1967 年，跨足電影，演出「碧玉簪」、「雙珠記」、「雨」、「回來安平港」等臺語片，另有國語片電影「我恨月常圓」，由她和關山主演；而電視歌仔戲則有「鎖麟囊」等十四部。

　　1968 年，首度登臺演出「蝴蝶盅」舞臺歌仔戲，而電視歌仔戲每年都有十部以上的演出。1969 年，楊麗花擔任「臺視歌仔戲團」團長一職，其後數年，不論是拍攝國、臺語電影；還是舞臺歌仔戲的表演，及電視歌仔戲、慈善義演等活動，楊麗花無不全力以赴，賣力演出。1971 年，臺灣電視步入彩色世代，楊麗花主演第一齣彩色歌仔戲「相思曲」，往後數年間，她還陸陸續續演出「情恨天」、「再生緣」、「碧血情天」、「三千金」、「忠孝節義」等膾炙人口歌仔戲。

　　演了二十餘年的歌仔戲，到了 1975 年，楊麗花累了，她逐漸淡出電視歌仔戲的演出，也開始認真思索歌仔戲的轉型與改革。1976 年，帶團到新加坡公演「孟麗君」，因演出精湛，檔期一延再延。1977 年，「臺視聯合歌仔戲團」解散，臺灣電視歌仔戲進入沉寂階段。1979 年，臺視推出由楊麗花、狄珊、陳聰明這嶄新鐵三角組合的第一支歌仔戲「俠影秋霜」，播出後所向披靡。接著又趁勢製作「蓮花鐵三郎」，也創下收視紅盤，不僅收視高，收視群也回流了，楊麗花成了臺視的「鎮臺之寶」。1980 年，全臺巡迴公演歌仔戲「唐伯虎點秋香」，演出百餘場，很多地方都出現一票難求的盛況。1981 年，是楊麗花歌仔戲生涯豐收的一年，首先是臺視將「臺視歌仔戲團」更名為「臺視楊麗花歌仔戲團」，一般簡稱「楊麗花歌仔戲團」。該年 7 月，第一期歌仔戲班團員開訓，薪傳工作於焉展開。

　　1981 年 2 月，楊麗花開啟歌仔戲登上國家藝術殿堂的先河，受邀在國父紀念館公演「漁孃」劇碼，把歌仔戲表演藝術推上新的高峰，再度提升歌仔戲的文化層次。1982 年，歌仔戲演員班結訓，結業作為「雙燕歸來」，日後得意門生有潘麗麗、紀麗如、陳亞蘭等人，其中陳亞蘭更是楊麗花的真傳弟子。此後數年，楊麗花又演出「西江月」、「萬花樓」、「梁山伯與祝英台」、

「韓信」、「薛剛」、「狂花飄雲夢」等電視歌仔戲；兼亦多次出國美、日、
馬、新、菲等國公演，僕僕風塵，為推展歌仔戲於國際不遺餘力。1988 年，
楊麗花更以＜王文英與竹蘆馬＞，榮獲金鐘獎的戲劇節目「傳統戲曲連續
獎」，為臺灣本土歌仔戲，贏得第一座金鐘獎。1993 年，由楊麗花擔綱主演
的＜洛神＞，首開八點檔方言節目之先河。1996 年，她又以單元劇方式，演
出＜四季紅＞，將劇情以四個單元，進行幽默詼諧的演出，深受觀眾喜愛。
2003 年，楊麗花將之前的＜王文英與竹蘆馬＞重新製作，推出以優美唱腔、
寫實佈景取勝的＜君臣情深＞，頗受佳評。

　　除上述傲人成就外，1980 年代以後，楊麗花也努力提升歌仔戲，使其朝
精緻化路線發展。1981 年應「新象國際藝術節」之邀，在國父紀念館演出＜
漁孃＞一戲，佳評如潮，也是歌仔戲首次進入現代劇場演出，開歌仔戲於國
家藝術殿堂表演之先聲。1991 年，楊麗花又在國家劇院主演＜呂布與貂蟬＞；
1995 年演出＜雙槍陸文龍＞；2000 年演＜梁山伯與祝英台＞，可說是其近四
十年來，歌仔戲生涯的告別秀；2007 年，楊麗花為兩廳院二十週年紀念，特
別演出「丹心救主」大戲，這可說是其告別歌仔戲的「安可秀」。總之，回
顧近四十年來，臺灣歌仔戲的歷史，「楊麗花歌仔戲劇團」無疑有其一定的
歷史地位。[70]

　　總結楊麗花及其劇團之貢獻，據楊馥菱的研究，可歸納為：（1）、創新
電視歌仔戲的表演風格。（2）、演唱曲調廣為流傳，豐富歌仔戲曲調。（3）、
嘗試讓歌仔戲結合新科技媒體。（4）、推廣臺灣歌仔戲於世界。（5）、傳
承培育歌仔戲藝術。[71]誠哉斯言，此五點，的確恰如其分的道出楊麗花的貢獻，
及其劇團在臺灣歌仔戲史上的地位。

---

[70] 林美璁，＜大事件年表＞，《歌仔戲皇帝——楊麗花》，同註 42，頁 316-319。

[71] 楊馥菱，《楊麗花及其歌仔戲藝術之研究》，同註 46。楊馥菱，＜楊麗花歌仔戲團＞，收錄於林
　　初乾、莊萬壽、陳憲明、張瑞津、溫振華總編輯，《台灣文化事典》，同註 12，頁 883-884。

六、明華園歌仔戲團孫翠鳳的耀眼成就

　　在臺灣歌仔戲劇團中，明華園是個頗具傳奇色彩的劇團。它是一個以家族成員為骨幹，而發跡的劇團，創辦人陳明吉先生，育有七子一女，現今擔綱演出生、旦、丑角色者，皆為其第二代子女。其他兒媳子女，有的負責行政經營，有的專管服裝佈景及道具製作，有的對外接洽，有的兼演武生、老生等。由於家族式兄弟妯娌間，分工合作緊密結合，加上對外吸收很多學員，使得明華園成了今天，國內最具知名度的歌仔戲團。[72]

　　從 1929 年草創至今，明華園歷經千辛萬苦才立穩腳跟，期間曾幾度面臨改組及解散的危機，但憑著陳明吉團長的堅持與毅力，終能挺住難關熬了過來，充分展現該團堅韌的生命力。明華園一度默默無聞，但也曾連續三年獲得地方戲曲比賽冠軍。但該團真正嶄露頭角，得到各方注意的是 1982 年，當年的地方戲劇比賽，由於評審名單加進一批年輕學者，在大膽創新求變的氛圍下，以往的模範樣板劇團，幾乎全部名落孫山，而明華園則以衝突性強的新劇本及緊湊的表演脫穎而出。賽後，新舊裁判還在報刊論戰，召開記者會說明，此舉，反而更為明華園打響知名度。

　　基本上，明華園的崛起，除了實力外也加上幾分運氣，當時臺灣民間正興起一股民俗熱潮，明華園在當時已看出傳統野臺戲侷限，乃虛心求教，邀請學者專家對歌仔戲的轉型求變提出建言，在各方學者大力肯定下，1983 年，繼楊麗花之後，明華園初試啼聲，在國父紀念館演出，打下以後美好江山。誠如觀察者王嵩山指出「他們不僅有企圖心，也是有備而來的」。明華園從野臺到內臺的演出，看起來是更上一層樓，但其實它們的付出不是一般人所能想像的，舉例而言，一次大公演，雖然國家劇院提供上百萬的製作費，但

---

[72] 邱婷，《明華園——台灣戲劇世家》（台北：獨家出版社，1996 年），頁 4。廖瑞銘，＜明華園歌仔戲團＞，收錄於林衡乾、莊萬壽、陳憲明、張瑞津、溫振華總編輯，《台灣文化事典》，同註 12，頁 444-445。

明華園花的更多，像「紅塵菩提」就投資三百萬在硬體上，全新的道具、服裝、佈景給人煥然一新的感覺。而在軟體方面，進入現代劇場，劇情也必須跟上時代精彩緊湊，才能滿足觀眾的需求。

明華園老闆陳勝福還有一個遠大的目標，目標是全臺灣 319 個鄉鎮，他說：「投資是必要的，也是值得的，我們的目標要放得遠，也放得大。」希望有朝一日，明華園能全臺演透透，319 個鄉鎮都能巡迴演出。所謂「作戲呆，看戲憨」，前者是演戲的投入，後者是看戲的瘋狂。陳勝福認為越是偏鄉，越能展現歌仔戲的魅力；而歌仔戲除了作為一種娛樂，其實更能因其親和的本土性，發揮教育的功能。

明華園頭家陳勝福很有生意頭腦，也很能掌握社會脈動，他認為社會太複雜了，歌仔戲的戲碼不能老是教忠教孝、才子佳人，歌仔戲其實可以用反諷暗示等方式來呈現題材，畢竟人性還有更多可以表現的。例如在「濟公活佛」這齣戲中，明華園的表演刻意對人性提出了質疑，劇中狐精為了人間情愛，捨去千年修煉功夫，剝下毛皮為聘禮，無奈人間道長卻苦苦相逼，於是濟公活佛唱出「禽獸有情比人可貴，人若無情畜牲不如」，反諷意味十足。「楚漢相爭」新戲中，也是以同情項羽為主，演他性情真情至愛的一面，無奈時不我予，反而敗給陰險狡詐的劉邦。

為因應社會的變遷和觀眾之需求，明華園的演出也開始創新突破，它一改傳統以歌仔調為主的唱腔，而以念白為主，尤其重視丑角功能，以其能帶動全場的滑稽效果。明華園又汲取電影的分場技巧，使劇情高潮迭起生動緊湊。而演員戲服之華麗、舞臺聲光效果之佳，燈光佈景多變快速、排場之豪華壯盛，都是明華園演戲之特色，這種過於現代化、「金光化」的演出，多少失了傳統歌仔戲的味道，也是其倍受矚目及引人非議的地方。

基本上，明華園最大的特點是其經營方式，整個戲團由一個三代同堂的家族在共同經營，所以說它是家族企業亦不為過。舉凡從演出、佈景、道具製作、編導乃至宣傳等，均能一以貫之作業，無需假借外人之手。明華園可

說是，傳統表演團隊，因應市場變遷，順利轉型成功的例子。其所編排演出之戲，有一傳統與現代結合的特徵，即有著傳統戲曲表演之精髓，又有著現代戲劇編導之巧思，並大膽採用現代的劇場技術。

從這個角度觀之，明華園是一個傳統家族劇團，也是現代企業化團體。明華園是國內第一個，被邀進入國父紀念館演出的民間歌仔戲團；也是第一個代表地方戲曲在國家劇院獻演；更光榮的是代表地主國臺灣參加「1993 年臺北世界戲劇展」並擔任壓軸大戲。這些年，明華園將表演舞臺伸入國際，曾在新加坡、東京、馬尼拉、美加和法國巴黎等地表演，甚獲好評，尤其明華園之當家臺柱孫翠鳳，更儼然已成為臺灣歌仔戲的最佳代表人物。[73]

孫翠鳳北士商畢業後，原本是個臺北快樂的上班族，但二十四歲那年，她嫁給了明華園的陳勝福，從此人生發生了重大改變。為學歌仔戲，孫翠鳳發奮學臺語，在其努力認真頑強的心理和態度之下，終於突破語言障礙與身體極限，成為明華園的當家小生，後來更以優異的演技，跨足電影、電視，成為歌仔戲及影視雙棲全能藝人。

1981 年，是明華園發展關鍵的一年，是年，明華園贏得全省地方戲劇比賽的總冠軍。隔年，在臺北藝文界的極力推薦下，文建會邀明華園參加文藝季，到國家級劇院——國父紀念館演出「濟公活佛」。而孫翠鳳也由「插花客串」演員，到 1986 年成為劇團臺柱，箇中甘苦，實不足為外人道也。孫翠鳳不僅痛下苦功，學藝有成，更以其人生歷練來豐富表演情感。1986 年，於臺北藝術季演出歌仔戲「劉全進瓜」，首度擔任女主角，為其歌仔戲生涯的重大轉折。1988 年，在國家劇院推出新戲「紅塵菩提」，其後又應文建會邀，參加「優良劇團下鄉巡迴演出」。1989 年應邀參加臺北市傳統藝術季，於社教館演出「財神下凡」、「真命天子」等新戲；後來亦參與教育部主辦的「大專院校巡迴公演」；另外，也響應國泰企業發起的「深入鄉鎮，回饋社會」

[73] 蔡文婷，〈野台戲新江山——小西園、明華園登堂入室〉，見蔡文婷等著，《弦歌不輟——台灣戲曲故事》（台北：光華畫報雜誌社出版，民國93年1月初版），頁38-54。

活動，在全省各文化中心巡迴演出歌仔戲。

　　1990 年，亞運在中國北京進行，並同時舉辦「亞運藝術節」，明華園代表臺灣赴北京參加，演出「濟公活佛」，整個北京戲劇界給予佳評如潮。大陸劇評家曲六乙說，「濟公活佛」劇情結構緊密完整，運用現代劇場技術精緻而獨特，在傳統中加入創新，明華園的整體效果表現已經超出大陸的嘗試。劇作家吳祖光則非常吃驚，「濟公活佛」可以用喜劇手法表現悲劇題材；另一劇作家喬羽也特別讚許明華園陳勝國的編導實力，認為劇情緊湊，幽默感十足。而其他如戲劇名伶魏喜圭；劇評家周桓等，也都給予高度的肯定和稱讚。[74]明華園首度出國演出，就為國爭光，一砲而紅，成功的向大陸展示臺灣傳統戲曲的成就。

　　1992 年，孫翠鳳更進一步於國家劇院演出「逐鹿天下」新戲，獲得國家文化總會的頒獎，肯定其對推展歌仔戲的貢獻。其後，又有「李靖斬龍」、「界牌關傳說」等戲碼推出。1994 年，對孫翠鳳言，是個榮耀的一年，當年除了演出「薛丁山傳奇」、「鴛鴦槍」外，最主要是親赴法國巴黎圓環劇場演出歌仔戲，為百年以來，臺灣歌仔戲首度登上歐洲舞臺。事後，團長陳勝福不無得意的說，法國之行，明華園讓巴黎人知道臺灣還有一種「通俗劇」，跟大陸京劇是不一樣的，它的生命力旺盛，雅俗共賞，它叫做「歌仔戲」。[75]1995年，為推展歌仔戲，孫翠鳳更是風塵僕僕巡迴日本東京、大阪、福岡、廣島、名古屋、橫須賀等六大城市演出，每到一地都造成相當轟動。1996 年，演出「燕雲十六州」，並榮獲「十大傑出青年」；隔年亦獲得紐約華僑藝術協會頒予的「亞洲最傑出藝人獎」殊榮。1999 年演出新戲「武松打虎」。

　　透過出國公演的機會，將歌仔戲藝術推展至全世界，使歐美、日本、東南亞和中國大陸等地，能充分了解臺灣傳統藝術之美。但是孫翠鳳最念茲在茲的事，還是歌仔戲的薪傳工作，如何將歌仔戲文化散播出去。孫認為，不

[74] 黃秀錦，《祖師爺的女兒——孫翠鳳的故事》（台北：時報版，2000 年 11 月初版），頁 189-190。
[75] 黃秀錦，《祖師爺的女兒——孫翠鳳的故事》，同上註，頁 194。

是人們不喜歡歌仔戲，而是沒有接觸的機會，在明華園戲劇學校尚未成立前，她願意跑遍全臺灣去做薪傳的工作。首先，在游錫堃縣長邀請下，第一站到歌仔戲的原鄉宜蘭吳沙國中，去帶領孩子學戲。兩年在吳沙國中薪傳之工作，讓孫翠鳳累積很多教學經驗，對其後她在臺北師院、藝術大學、文化大學等大專院校的教學，都大有裨益。也因孫翠鳳的努力，投入薪傳工作的貢獻，讓她先後得到文化總會、國民黨文工會的表揚，1996 年更榮獲「十大傑出青年」殊榮，獲得李登輝總統的褒揚。

除了在專業歌仔戲努力打拼外，孫翠鳳亦跨足影視舞臺等領域，1983－1995 年，她曾在中視、華視演出「父子情深」、「千里姻緣路」、「一見情」、「鐵膽英豪」；以及和葉青合作的「皇甫少華與孟麗君」等電視歌仔戲。其後也擔任女主角演出「施公奇案」、「大姊當家」、「女巡案」、「雨中鳥」等電視連續劇。期間，她亦擔任節目主持人、電影「我的一票選總統」女主角；「大地勇士」、「人肉戰車」、「女學生與機關槍」、「金水嬸」、「桂花巷」等電影客串演出，及蘭陵劇坊「戲螞蟻」擔綱女主角。1991 年凌波告別演出「梁山伯與祝英台」黃梅調舞臺劇，孫飾演祝英台一角色。綜觀孫翠鳳的傲人成就，可謂集歌仔戲、舞臺、影視雙棲、主持等各領域之大成，堪稱是位多才多藝的全方位藝人。[76]

七、結論：酷愛看戲的臺灣文化與歌仔戲的未來

當年來自閩、粵的「羅漢腳」，到臺灣這塊新天地時，拋妻棄子，離鄉背井，其生活的孤寂艱辛可想而知。唯一能消解鄉愁的，便是從故鄉帶來的歌謠戲曲，聽聽故鄉的歌，看看故鄉的戲，成了這些「唐山客」心靈最大的

---

[76] 本節主要參考黃秀錦，〈孫翠鳳年表〉，黃秀錦，《祖師爺的女兒——孫翠鳳的故事》，同上註，頁 283-285。

安慰與享受。也因此，代代相傳，養成臺灣人愛看戲、愛演戲的傳統。

有關臺灣人愛看戲的習性，可謂淵源久遠，在《臺灣省通志》引《臺灣外記》一書中，提到荷蘭時代之通事何斌「家中又造下兩座戲臺；又使人入內地，買二班官音戲童及戲箱戲服，若遇朋友到家，備酒食看戲或小唱觀玩。」[77]《諸羅縣志》＜風俗志＞即說到：「家有喜，鄉有期會，有公禁，無不先以戲者；蓋習尚既然。又婦女所好，有平時慳吝不捨一文，而演戲則傾囊以助者。」；又云：「演戲，不問晝夜，附近村莊婦女輒駕車往觀，三、五群坐車中，環臺之左右。有至自數十里者，不艷飾不登車，其夫親為之駕。」[78]上述記載，道出臺灣人愛看戲之狂熱，已到如當今「追星族」的地步，婦女猶為甚者，要到丈夫親自駕車，送其往觀的情況，想來不禁令人莞爾。《臺灣縣志》亦載「俗尚演劇，凡寺廟佛誕，擇數人以主其事，名曰『頭家』，斂金於境內，演戲以慶，鄉間亦然。」[79]臺灣縣即今臺南縣、市一帶，是最早漢移民定居之地，其民間風俗特別愛好演戲和觀戲，不管城裡或農村，都一樣熱心演戲之事，而且每次演出都是由幾位「頭家」輪流收錢，並聯戲團演出，已成慣例。

臺灣民間的戲劇演出大致可分為節日娛樂和祭神，雖然緣由不同，但能大家聚在一塊，欣賞故鄉風味的各種戲劇，亦是人生一大享受。節日演戲大致在除夕、春節、元宵、中元、中秋等時節演出，有些村社，每到除夕有演出「避債戲」的習俗，演出時債主不可以去向債務人催債，否則會引起公憤。另外，在元宵節也有扮戲觀慶的習俗。中元普渡的盂蘭會更是重頭戲，一般而言，「頭家」或廟住會請藝人演戲到七月底，俗稱「壓醮尾」。8 月 15 中秋節，更是要歡慶，除祭報當地土地神一定要演戲外，還有「山橋野店，歌

---

[77] 《台灣省通志》，卷六＜學藝志──藝術篇＞，同註 22，頁 1。

[78] 周鍾瑄，＜風俗志＞，《諸羅縣志》第二冊──臺灣文獻叢刊第 141 種（臺北：臺灣銀行經濟研究室編印，民國 51 年 12 月出版），頁 147、149。

[79] 陳文達，《臺灣縣志》；轉引自胡友鳴、馬欣來合著，《台灣文化》（台北：洪葉文化事業有限公司發行，2001 年 1 月初版），頁 244。

吹相聞」的「社戲」。[80]

　　年節外，敬天求神等宗教祭祀也常以戲劇儀式演出，這是臺灣移民有趣的心理，認為神靈同己一樣愛看戲劇，好像聽了戲後才能心滿意足的去保佑移民們。《臺灣府志》曾記載：「二月二日，各街社里逐戶斂錢宰牲演戲，賽當境土神；名曰『春祈福』。」春天以「演戲」給土地公過生日，討他歡喜，帶來吉祥如意。「中秋，祀當境土神。蓋古者祭祀之禮，與二月二日同，春祈而秋報也。」[81]春天演戲取悅土地公，中秋時節答謝土地公，仍是以演戲方式為之。由此可見，戲劇在臺灣這塊土地的重要性，漢移民透過演戲與臺灣土地的緊密結合，形成塑造臺灣人形象的特殊常民文化。

　　臺灣人愛看戲，什麼戲都有人看，《安平縣雜記》＜風俗現況＞有云：「酬神戲傀儡班。喜慶、普渡唱官音班、四平班、福路班、七子班、掌中班、老戲、影戲、車鼓戲、採茶唱、藝旦唱等戲。」[82]臺灣人愛看那麼多類型的戲，對於歌仔戲那就更情有獨鍾了。基本上，臺灣的歌仔戲有本地歌仔戲、野臺歌仔戲、電視歌仔戲和現代劇場歌仔戲等四大類型。本地歌仔戲現僅在宜蘭地區還有傳習，至於電視歌仔戲因抵擋不住流行文化的衝擊，幾乎已走入歷史，而野臺歌仔戲雖然生命力十足，但存演於民間也已乏人問津，只有現代劇場歌仔戲，因力求突破，朝精緻化路線去走；兼以透過媒體力量的傳播，現仍一枝獨秀且碩果僅存。

　　重點是，不管歌仔戲是沒落式微，還是逆境求新求變，迎合大環境與觀眾的需求才是王道。在媒體開放的今天，面對陸劇、韓劇、本土臺語片以及其他洋片的衝擊，歌仔戲如何突破重圍，個人以為有幾點可以思考：

　　1.政府應該輔導補助歌仔戲團的經營，透過篩選機制，去蕪存菁，留下來

---

[80] 高拱乾，《臺灣府志》第三冊——臺灣文獻叢刊第 65 種（臺北：臺灣銀行經濟研究室編印，民國49 年 2 月出版），頁 192。

[81] 高拱乾，《臺灣府志》第三冊——臺灣文獻叢刊第 65 種，同上註，頁 191-192。

[82] ＜風俗現況＞，《安平縣雜記》——臺灣文獻叢刊第 52 種（臺北：臺灣銀行經濟研究室編印，民國 48 年 8 月出版），頁 15。

的給予經費補助，使其無後顧之憂，而能全心全意去追求更高品質的歌仔戲。

　　2.政府對發展臺灣「國粹」歌仔戲，宜作紮根的工作，要從基礎教育去培養歌仔戲人才，而不是到高等教育，才聊備一格有個歌仔戲學習的科系，這是絕對不夠的。為了歌仔戲不要青黃不接，人才養成刻不容緩，否則臺灣歌仔戲將有斷層的危機。

　　3.政府應該多提供歌仔戲演出的平臺與機會，雖然說，民主時代，一切自由化，政府也儘量不干預媒體，但歌仔戲的發展，關係臺灣文化資產的傳承與存續，絕對不可等閒視之。是以政府應該某種程度介入媒體，指定或調撥時段，供歌仔戲常態性演出，如此不僅可恢復過去電視歌仔戲的榮光；也可逐步找回失去的歌仔戲迷。

　　4.展望歌仔戲的未來，還是要朝向「傳統化」和「精緻化」發展，歌仔戲必須回歸到「歌劇」的原始屬性，讓唱腔重新取代對白，演唱技巧也要精進，運用豐富的曲調以加強歌仔戲的音樂性。

　　5.舞臺身段亦須美化，回復歌仔戲注重身段的傳統本質，才能展現歌仔戲的戲劇之美。[83]

　　6.在精緻方面，劇本要能感人，劇情宜合理，結構嚴謹節奏緊湊，能帶來戲劇張力。

　　7.繼續發揮歌仔戲過去優良傳統，融合其他劇種長處，如身段、武打、曲調及劇目等；劇團方面也要跟上時代潮流，在燈光、音響、佈景及舞臺設計等，求新求變，以迎合觀眾之口味。

　　總之，歌仔戲是唯一源起於臺灣的劇種，它有其獨特的風格，其演出因能貼近臺灣這塊土地，所以過去深受臺灣人民的喜愛，但自從電視歌仔戲沒落後，歌仔戲的未來，實令吾人感到憂心忡忡。歌仔戲研究者林鋒雄在＜試談歌仔戲在臺灣地區的文化地位＞一文中，對歌仔戲在臺灣後期的演變，深有所感的說到：「特別是最近十年間（按：指 1983－1993 年）的歌仔戲，完

---

[83] 林茂賢，《動靜皆美——歌仔戲的認識與欣賞》，同註59，頁14。

全在歷史宮廷劇，以及神話劇中打轉，沒有辦法再深層表現我們的共同經驗，這是歌仔戲的危機。能否再深刻表達不同族群間的生活經驗，是歌仔戲能否浴火重生與重獲生命力所真正要面對的課題。假如一個劇種不能表現觀眾經驗中的世界，這個劇種一定會被淘汰，不是用任何感情可以取代的。」[84]確實如此，觀乎後來臺灣歌仔戲的快速式微，除「明華園」等少數劇團還在苦撐外，昔日歌仔戲的黃金歲月已然逝去，如何重振歌仔戲的過去榮景，或許轉型與文化觀光產業相結合，這是一條值得思考及可以嘗試為之的路向。

※本文曾刊載於《臺北城市大學學報》第 40 期（民國 106 年 4 月）；及收錄於《文化資產、第三勢力及政治人物——陳正茂教授杏壇筆耕集》（台北：秀威版，2019 年 1 月 1 版）一書，非常感謝秀威資訊科技股份有限公司的同意轉載。

---

[84] 林鋒雄，〈試談歌仔戲在臺灣地區的文化地位〉，見張炎憲主編，《歷史文化與臺灣》（4），同註 1，頁 219。

肆、悠揚戲曲時光穿越：臺灣傳統京劇的傳承

一、本章導言

　　基本上，我們現在臺灣多數觀光客的旅遊心態，可以說已由過去走馬看花式的「到此一遊」，轉為要求有品質的重點深度旅遊；然而此一深度旅遊，其實有很大的一部分，是藉由各地方的文化資產來呈現。此因臺灣歷史雖短，但文化資產卻頗豐富，尤其是臺灣的戲劇，不僅內容豐富且繽紛多元，其中除臺灣的「國粹」歌仔戲與布袋戲外，更有傀儡戲、高甲戲、皮影戲、四平戲等；尤其是頗具「中國意象」表徵的京劇，從清領到日治迄於戰後，因特殊之時代背景，使其在臺灣劇壇，曾經有過輝煌燦爛之歲月，所以本書特增此一章，好讓大家有所瞭解。

　　我們須知，京劇（或稱平劇）在臺灣本地，原是最具「中國意象」的劇種，並且過去學界也有不少的研究成果問世，其中不論是其專書或博、碩士論文，都可說已有很好的成績。[1]

---

[1] 譬如，與戲曲藝術或史料相關的專門著作，王士儀的《戲劇論文集──議題與爭議》；在反映戲曲與環境的論述上，王安祈的《傳統戲曲與現代表現》二書，都有精闢的分析與探討。至於在專書方面，早期有呂訴上的《臺灣電影戲劇史》，該書是最早論及臺灣電影與戲劇的基本入門之作，書中列有〈臺灣平劇史〉、〈臺灣光復後由大陸來臺的各種各類戲曲史〉等章節，對日治時期來臺的上海京班有所著墨；而許丙丁的〈臺南地方戲劇（三）〉，也曾言及當時上海京班在臺南的演出情形。當然提到日治時期，中國京班在臺演出情況，研究最深入者，當推徐亞湘的《日治時期中國戲班在臺灣》一書，此書係其博士論文改寫而成，重點在詳論日治時期，中國京劇戲班在臺灣之表演，並

　　綜上所述，在前人研究的基礎上，本論文的論述重點有三：1.略敘京劇之源流、內容、發展與演變。2.敘述京劇在臺灣發展之歷史，及其對臺灣戲曲所產生之影響。3.討論京劇在臺灣已然沒落的今天，其式微之因何在？及如何振衰起蔽之道。4.提出建議，在當今觀光產業蓬勃發展之際，探討京劇如何與之結合，並進而達到成為臺灣文化觀光產業不可或缺之重要資源。

分析其對爾後臺灣京劇發展之帶動，以及對臺灣地方戲曲的深遠影響。另邱坤良所撰的《日治時期臺灣戲劇之研究──舊劇與新劇（1895-1945）》一書，於論述臺灣京劇時，也提到來臺京班的活動情形及臺灣民眾的反應。而溫秋菊之《臺灣平劇發展之研究》，後易名為《臺灣京劇史》，亦以當年來臺之上海京班為其論述重點。至於通論性的著作，除溫秋菊的《臺灣京劇史》外，王安祈之《傳統與創新的迴旋之路──臺灣京劇五十年》與毛家華的《京劇二百年史話》二書，堪稱是對京劇源流、歷史演變以及在臺發展過程的代表之作。其中，毛著的《京劇二百年史話》，除介紹京劇變遷之歷史外，亦簡述自清末民初以降，中國和臺灣具代表性的知名京劇演員之生平梗概，為一淺顯易懂之作。由宜蘭「傳統藝術中心」出版的《臺灣京劇五十年》，厚厚兩巨冊，詳述京劇在臺灣半世紀的演變與傳承。而大陸馬少波主編的《中國京劇發展史》和蘇移所寫的《京劇二百年概觀》，亦皆內容詳實豐富，有其可參考之處。此外，在京劇內容的介紹上，于瑛麗、張耀笱、趙之碩等三人合著的《中國傳統京劇服裝道具》一書，對京劇演員及角色扮演的服裝道具，有非常詳細之考究與敘述。而吳同賓之《京劇知識手冊》，係泛論京劇的初學之書，同性質著作尚有嚴明編著的《京劇藝術入門》；及國立臺灣藝術教育館所出版的《國劇的認識與欣賞》一書。中國大陸則有李克總策劃，周曉孟、沈智主編的《國人必知的 2300 個京劇常識》，更是如同「百科全書式」的引路之書，分門別類，非常易於查閱。對京劇藝術的評論，邱坤良的《臺灣劇場與文化變遷》一書，多方面的探討文化政策對於戲曲發展的影響，對於政策與戲曲的互動關係，提供多元良好的思考方向。大陸知名作家余秋雨的《中國戲劇文化史述》，對中國傳統京劇之優缺點，亦有專業深刻的剖析。另外，朱棟霖、王文英合撰的《戲劇美學》專書，於京劇的美學呈現，也有深入的探討。關於京劇議題的研究論文，較著者有：蘇桂枝的博士論文＜國家政策下京劇歌仔戲之發展＞，該論文是以京劇和歌仔戲作比較，探究國家政策對此二劇種的影響及其後之消長情況。高小仙的＜從三民主義文化建設我國文藝發展──以 1950 年－1990 年我國國劇發展為實例＞，高度肯定以三民主義精神作文化建設的基礎，有助於國劇之發展，其中匯集了諸多軍中劇隊發展及培植人才資料，是研究戰後至當代，臺灣京劇發展的重要參考資料之一。另周慧玲的＜「國劇」、「國家主義」與「文化政策」＞論文，係以國劇流變說明其與國家主義論述的契合，引申國府藉國劇之發展，來強化其代表中華文化傳統道統之合法地位。鍾寶善出版的《公營京劇團隊之回顧與展望──經由國立國光劇團之設置與營運藝文政策與京劇團隊之走向》，是以臺灣京劇團隊龍頭國光京劇團作個案探討，其論文採實務性探討，研究其藝文政策，有其前瞻性的看法。劉先昌的碩士論文《論軍中劇隊在臺灣京劇史上的影響──以陸光國劇隊為析論範圍》，則是以陸光國劇隊為案例，深入探討軍中劇隊對臺灣京劇史的深遠影響。外籍人士則有 Nancy A. Guy 所撰的＜臺灣所謂「國劇」的京劇＞，主要敘述國府以重視國劇作為對中共文革的諷刺，其觀點並無特殊之處，與一般國人的看法無異。

二、梨園春秋——京劇的名稱、源起與發展

　　京劇亦稱「平劇」，其前身為徽劇。「道光年間，漢調進京，被二黃吸收，形成徽漢二腔合流。光緒、宣統年間，北京皮黃班接踵去上海，因京班所唱皮黃與同出一源、來自安徽的皮黃不同，而且更為動聽，遂稱之為『京調』，以示區別。」[2] 其後，京班掌握上海梨園，京皮黃改稱「京戲」；皮黃戲正式成為新劇種後，乃稱為「京劇」，亦即以皮黃為主，輔之以吹腔、崑腔、撥子及南鑼等多聲腔的完整體系。1928 年，國民革命軍北伐成功後，北京易名為北平，京劇也隨之改為「平劇」；1949 年中共建國後，北平復改回北京，京劇又恢復原名。[3]

　　近百年來，京劇風靡於中國各地，在發展演變過程中，各地稱京劇名稱亦有多種，如「皮黃戲」、「二黃」、「京調」、「京戲」、「平劇」、「國劇」等均屬之。政府播遷來臺後，京劇在臺灣又形成另一種發展，臺灣習慣將京劇叫做「平劇」、「國劇」或「外江戲」、「正音」等稱呼。[4] 說起京劇之發展，須溯源至清初，乾、嘉之世，正逢大清帝國由盛轉衰之際，亦是中國近世戲劇發展拉開大幕的時候，起源於民間的地方戲曲，正開始蓬勃發展。當乾隆盛世，宮廷流行崑、弋大戲時，被統稱為花部或亂彈的各地戲曲，如梆子、皮黃等也逐漸興起，在本地商業幫會的支持下，以各大城市的會館為據點，隨著商業活動四處流傳。[5] 基本上，這些地方戲曲，比起崑曲更有鮮活的生命力與包容力，其戲劇形式採較活潑自由的「板腔體」，曲詞用較生活

---

[2]　轉引自溫秋菊，《臺灣平劇發展之研究》（台北：學藝出版社，1994 年 6 月初版），頁 181。

[3]　《中國大百科全書・戲曲・曲藝＜京劇＞》（北京：中國大百科全書出版社出版發行，1988 年 9 月第 2 版），頁 158。

[4]　齊如山，＜京劇之變遷＞，見《齊如山回憶錄》（遼寧：遼寧教育出版社出版，2005 年 10 月 1 版），頁 237。

[5]　周明泰，＜清昇平署存檔事例漫抄＞，轉引自唐文標，《中國古代戲劇史初稿》（台北：聯經版，民國 74 年 5 月第 2 次印行），頁 118。

化的「詩讚體」，並融合崑曲及其他民歌小曲的藝術特色，以嶄新的風貌呈現。其後，安徽、湖北的亂彈（當時稱為徽調與漢調）藝人先後到北京表演，又不斷吸收各種戲曲精華，逐漸提昇其藝術層次，形成皮黃戲，也就是後來的京劇（平劇）的表演體系。[6]同治以後，京劇不僅流行於京師舞臺，也流傳於天津、上海等地，成為近世中國最具代表性的劇種。所謂「輾轉流傳，競相仿傚，即蘇州、揚州向習崑腔，近有厭舊喜新，以亂彈為新奇可喜，轉將素習崑劇拋棄。」[7]

由上可知，京劇的勃興，主要還是在晚清的咸、同、光三朝，這又與朝廷帝后的酷愛與鼎力支持有關。當時清廷國勢已衰，列強侵略欺凌紛至，然朝廷的演劇活動仍不稍歇。舉例言之，當英法聯軍攻打北京（1860），咸豐帝倉惶逃奔熱河行宮之時，仍傳旨「昇平署」員工趕赴行宮，接著又挑選民間藝人到熱河當差承應。而咸豐帝妃慈禧，更是京劇發展的最大功臣，慈禧在晚清掌權近四十年，宮中演劇從不間斷，在耳濡目染之下，同治、光緒二帝也都熱愛此道。光緒 34 年（1908）慈禧逝世時，宮中有習藝太監組成的班底，擔任「內廷供奉」的民籍教習達八十九人，幾乎網羅了當時北京最傑出的京劇演員。[8]

當然，除高層掌權者的倡導與酷愛外，近代京劇的急遽發展，也與都市

---

[6] 「徽班進京確實與京劇形成有直接關係，但其時尚無『京劇』之名。經過五、六十年的演變，京劇才正式產生。徽班以慶壽名義入京，但並非至御前表演，內庭演戲例有南府承應，民間戲班入都參加萬壽盛典，只能在西直門外，臨時所搭的戲台演出。但由於徽劇本身有著豐富優美的聲腔曲調，再加上生動感人的表演，同時又擁有題材廣泛、通俗易懂的劇目，不數年間，即在北京劇壇取得優越的地位。嘉慶 3 年（1798），朝廷再次頒發亂彈、梆子、弦索、秦腔等戲禁演，此一禁令雖影響甚大，但對徽班的殺傷力並不大。揆其因乃徽班本來在『崑曲』方面就有很多人才，不演花部，轉演崑曲更好，當時徽班中有漢劇演員余三勝，他是老生行當的奠基人。之前北京劇壇是旦角的天下，余三勝後則為老生為主的新天下。」蔣星煜，＜歐陽予倩研究戲曲聲腔的成就＞，蘇關鑫編，《歐陽予倩研究資料》（北京：中國戲劇出版社出版，1989 年 1 月 1 版），頁 385。

[7] ＜蘇州老郎廟碑＞，轉引自林秋臨，＜清季社會與戲劇改革運動＞，《歷史月刊》第 11 期（民國 77 年 12 月 1 日），頁 50-51。

[8] Colin P. Mackerras 著，馬德程譯，《清代京劇百年史》（台北：中國文化大學出版部印行，民國 78 年 8 月出版），頁 179。

商業經濟的繁榮發展有關。清中葉後，中國各城市工商業在列強控制下，發展出空前的繁榮，作為市民主要休閒場所的茶館，是戲劇表演的主要平臺。當時茶館京劇可是名角輩出，各擅勝場。據張肖傖的《菊部叢譚》言：「幾於生旦淨丑，色色如春筍怒出。」而私人堂會的京劇演出亦甚頻繁，成為當時權貴商紳的重要社交與娛樂活動。在大清帝國一步步走向滅亡之際，以京劇為代表的戲劇，正呈現空前的蓬勃發展，這與現實社會顯得極不諧和。[9]

　　總之，京劇之所以於有清一代獨霸劇壇，歸納其因有四：其一、京劇由民間進入宮廷，經過皇家不遺餘力的倡導支持，其本身也力求精進變化氣質，綜合各種腔調之所長，成為一種極精美的曲調，新腔一出，技壓各腔，漸成君臨天下之勢。其二、京劇人才輩出，康、乾盛世，宮中已有南府藝人千人之多，其後又從民間戲班選調藝人當差，知名藝人為求青睞，銳意進取，努力創新技藝，於是產生一批出類拔萃的人才，如程長庚、譚鑫培等，他們的技藝，風靡了上自皇親貴冑，下至市井小民，誠所謂至使至尊動容，侯王交納，公卿論友，天下之美幾若薈於是焉。其三、京劇劇本格調高雅，宮廷上演劇本，多為文人所寫，這些文士喜與藝人交往，文人藝術修養高，善製新腔，對京劇的推進助力不少。其四、宮中演戲，服裝道具樂器等均極考究，特別是戲衣，繡工上乘，堪稱藝術極品，至於戲中刀槍劍戟，打造精良，其美觀猶勝真品。[10]

---

[9]　郭富民，《插圖中國話劇史》（山東：濟南出版社出版，2003年8月1版），頁10。

[10]　毛家華，《京劇二百年史話》（台北：行政院文化建設委員會出版。民國84年5月出版）。頁10。

三、京劇的內容和表演藝術及其戲劇結構

（一）京劇的裝扮、服裝與道具

　　廣義的裝扮，包括演員面部的化妝與戲裝穿著，通稱戲裝或叫「行頭」，京劇稱為「扮戲」；狹義的裝扮係專指老生、武生、淨臉，俊扮的稱為「抹彩」，淨腳、花臉，小花臉又稱「勾臉」。[11]通常在演戲時，京劇演員都以濃妝艷抹亮相，如此方能使遠處的觀眾看清演員的五官和表情，舞臺燈光之強弱也是一門學問，燈光強時，胭脂眉眼必須化的濃些，以避免讓遠處觀眾無法看清；此外，在燈光彩色顯著時，則臉色就不能化的過濃。[12]京劇角色的化妝，也極盡美化之能事，它不僅要表現人物的性別、身份、年齡、性格和職業特點外，還要富有獨特的民族風格，以誇張美化的手法，突出人物的精神面貌並予以褒貶。不同的腳角行當有不同的化妝方式，例如生、旦角色化妝，只要略施粉彩即可，因此稱為「素面」或「潔面」；而把塗面畫臉譜的稱為「花面」。中國戲曲的傳統精神，喜歡朝「類型」方面發展，無論角色的安排，衣著的規定，莫不希望在演員一出場時，即讓觀眾能夠一目瞭然其身份與性格，臉譜的目的，也不外乎這一點。[13]

　　大體上，京劇演員裝扮都自己打理，當然大牌演員會有專人侍候。一般而言，臉部化妝主要考量個人臉型，並無一定成規。例如旦腳貼片子、畫眉毛、眼睛等，均可依演員臉型特色加以調整，諸如臉型大者，應將片子往前

---

[11] 孟瑤：《中國戲曲史》（第三冊）（台北：文星版，民國54年4月初版），頁501。

[12] 林茂賢編撰，《福爾摩沙之美──臺灣傳統戲劇風華》（台中：行政院文化建設委員會中部辦公室出版，民國89年3月出版），頁93-94。

[13] 孟瑤：《中國戲曲史》（第三冊），同註10。臉譜的由來，歷史悠久，唐代已有塗面的記載，宋代的面部化妝已有潔面、花面兩種類型，南戲和北戲把潔面化妝用之於末、生、旦，把花面化妝用之於副淨、丑，不過宋、金雜劇的花面樣式還很簡單，不像現在臉譜的譜式繁多，皮黃興起之後，劇目日增，臉譜也隨之進步而更多樣化。王國維，＜古劇腳色考──塗面考＞，轉引自高戈平著，《國劇臉譜藝術》（台北：書泉出版社出版，2003年9月二版），頁3-5。

貼；臉型較小的，則須將片子往後貼等等。（旦腳、青衣貼頭片，為京劇舞臺上之創作）另外，在服裝上，京劇是非常講究的，京劇的戲衣，五光十色，極有特點。清朝的宮廷戲服，很多是用明代織繡品改製的，不僅有歷史價值，且為極珍貴之藝術品。戲劇服裝，基本上是以明代服裝為基礎，再參酌唐、宋、元、清四朝的服制加以創造的，京劇對於服裝的穿戴，非常講究規範與制度，所謂「寧穿破，不穿錯」即為此意。[14]

至於在道具上，那可是一門大學問，京劇的演出也如同其他傳統戲劇一樣，因為受制於舞臺空間，所以無法呈現戲臺上之實物，必須以象徵性的道具，配合演員的身段動作來表現。所以京劇的表演形式，觀眾要有其豐富的想像力，如此始能欣賞演員身段動作所隱含的意思。舉例言之，以戲臺的道具桌子為例，其含義端視桌面擺何物品而定，如放印信代表公案桌、如置文房四寶則是書桌；桌子除代表實物外，也可以象徵閣樓、城堡、橋樑、岸邊等等，不一而足。[15]

總的說來，即在京劇的劇場中，舞臺道具是各有其不同的象徵意義，道具本身所代表的實物，是隨劇情的需要而改變，桌子不僅代表桌子，它同時也可以象徵山丘、天庭、屋頂等。換言之，道具所代表的含義是因應劇情的指涉而變化的。京劇當中最為觀眾所熟悉的道具，莫過於交通工具了，例如演員若手持船槳，身段左右搖擺，此動作即表示伐船過渡；若演員執鞭跨馬，那就是馬上馳騁，但假如演員只是執鞭，那馬鞭還是代表馬鞭而已，所以京劇的舞臺道具，是隨演員之身段而賦予不同的意義。總之，京劇的舞臺道具所代表的意義，乃依演員身段、動作而賦予，道具可隨角色不同或場合變化而象徵不同之實物，因此道具成為提供演員表演的輔助工具，觀眾有此認知，才能發揮想像力，體會道具在劇情中的隱含意義。[16]

---

[14] 嚴明編著，《京劇藝術入門》（台北：業強出版社，1994 年 10 月初版），頁 62。

[15] 劉慧芬。《古今戲臺藝術語戲曲表演美學》（台北：文史哲出版社印行，民國 90 年 4 月初版），頁 71-84。

[16] 韓幼德，《戲曲表演美學探索》（台北：丹青圖書公司出版，民國 76 年 7 月初版），頁 42。

除舞臺道具外，其他道具如刀槍把子類有：戟、劍、錘、象鼻刀、開門刀、雙手刀、單刀、腰刀、戒刀、單槍、雙槍、大槍、小樣槍、白樣槍、荷苞槍、寶劍、雙股劍等。「砌末」指舞臺機關佈景與各種道具之總稱，如車旗、馬鞭、大帳子、小帳子、令旗、月華旗、門槍旗、素傘、紅羅傘、黃羅傘、方纛、聖旨、燭臺、酒壺及文房四寶等，種類相當繁多。[17]

（二）京劇的腔調和音樂

談起京劇的腔調，宜先從「西皮」、「二黃」入手，西皮、二黃是兩種戲曲的腔調，合稱「皮黃」，乃是京劇的代名詞。西皮起源於秦腔，清朝初年，秦腔經湖北襄陽傳到武漢一帶，與當地民間曲調結合演變而成。湖北人稱唱詞為「皮」，因而稱陝西傳來的腔調為「西皮」，也有稱「襄陽腔」的。西皮有倒板、慢板、原板、快板、散板等曲調。多用來表現慷慨激昂，或是活潑愉快的情感。至於「二黃」，也是在清初，由「吹腔」、「高撥子」在徽班中演變而成。曲調包括倒板、慢板、原板、垛板、散板等，多數用來表現淒涼憂鬱的情感。西皮是漢調的主要腔調，二黃是徽調的主要腔調，這兩者合流演變而成京劇在各地的流傳。所以，「皮黃」有時也專指京劇而言。[18]

又「花部」腔調中的「二黃」，雖被禁唱，但窮則變、變則通，一些演員就設法將其改頭換面，將「二黃」旋律加以變化，在伴奏上，改胡琴為笛子，結果演出效果更好。朝廷的禁令，意外促使「花部」諸腔更往前邁進一步。道光 7 年（1827），宣宗以儉約自命，降詔「南府民籍學生全數退出，仍回原籍。」又將南府改為「昇平署」，縮小規模，大量裁退藝人。這些遭退藝人回到民間，為生存依然重操舊業，但卻把宮中演出的精華、規模格局以及劇本帶至民間戲班，如此無心插柳，反而加速了皮黃戲「京化」的步伐，

---

[17] 于瑛麗、張耀笳、趙之碩，《中國傳統京劇服裝道具》（台北：淑馨出版社，1992 年 1 月初版），頁 2、78。

[18] 蔣星煜，〈歐陽予倩研究戲曲聲腔的成就〉，蘇關鑫編，《歐陽予倩研究資料》，同註 5，頁 379-385。

促進了京劇之成熟。[19]

　　至於說到京劇的音樂，京劇的後場分文、武場。文場的音樂為管絃樂器，主要有京胡（胡琴）、京二胡、月琴、絃子（小三絃）、笛、笙、嗩吶、海笛子（小喇叭）等；武場則以打擊樂器為主，像鼓板、大鑼、小鑼和鐃鈸皆屬之，其中鼓板更是京劇樂器之靈魂，它具有全盤指揮之作用。[20]而在京劇的曲調上，主要也是以西皮、二黃為主，另外也有吹腔、崑曲、高撥子及地方小調摻雜其中。西皮唱腔多激揚，二黃唱腔則趨低沉，二者伴奏樂器以胡琴為主；崑曲和吹腔，笛子為其重要伴奏。另外如「打花鼓」、「探家親」、「小放牛」等地方小調，也是以笛子和嗩吶為主要伴奏樂器。[21]

　　另外，值得一提的還有京劇的曲牌，即曲調名稱，俗稱「牌子」，「曲牌各有固定的名稱、句數、句格，以及曲調方面的板格式、板數、調高等，格律相當嚴謹。」[22]句格尚包括長短不等的句數，字音的平仄等。如「點絳唇」、「風入松」、「將軍令」等。還有一種係部分曲牌無唱詞，或不用原來之唱詞，如「水龍吟」、「柳搖金」等，它們僅以其曲調作為樂器演奏的吹打曲牌，可自由反復，也可中途停止；此外，也有只唸不唱的干牌子。[23]

　　總之，京劇建立了以皮黃為主調的聲腔體系，在徽班未入京前，北京劇壇是崑、弋兩聲腔的天下，但自徽班進京後，帶來了新劇目、新聲腔，形式已略有改變。接著湖北漢戲也進京，把皮黃融於徽班之中，形成徽、漢合流的局面。這時舞臺上處於諸腔競奏的時刻，除皮黃外，還兼有崑腔、吹腔、撥子、南鑼等地方戲曲腔調。當時有所謂「班是徽班，調曰漢調」的說法。即不同劇種在一起演戲，各自使用自己的聲腔曲調，缺少風格之統一及和諧

---

[19] 馬少坡等主編，《中國京劇發展史》（台北：商鼎文化出版，1991 年 8 月初版），頁 21。

[20] 吳同賓，《京劇知識手冊》（天津：天津教育出版社，1995 年 10 月初版），頁 144-145。

[21] 吳同賓，《京劇知識手冊》，同上註，頁 149。

[22] 王靜芝，〈國劇的唱腔、板排和聲韻〉，《國劇的認識與欣賞》（台北：國立台灣藝術教育館，1994 年 6 月），頁 42、47。

[23] 吳同賓，《京劇知識手冊》，同註 19，頁 149。

感，後經京劇吸收當時北京所流行的各地方戲曲聲腔，分別主從加以改造，使其諧調一致，從而形成以皮黃為主，附之以崑腔、吹腔、撥子、南鑼等一多聲腔之完整統一體系。除建立聲腔外，京劇更要求唱法的豐富與美化，京劇除保有徽戲原有的曲調優美外，又吸收了京、秦、崑曲的各調優點，使曲調更為抑揚婉轉，流暢動聽。[24]

（三）京劇的表演藝術

齊如山於＜談平劇＞文中曾言：「平劇（即京劇）有三種要素，一是扮演故事，二是有歌唱，三是有舞蹈。」[25]換言之，即京劇的表演，主要是以「唱、唸、做、打」，所謂的「四功」串聯組合成的表演形式。現分別簡述如下：

唱功：唱功表演於京劇中最為重要，唱功講求各種發音技巧，無論是四聲（陰陽上去）還是五音（喉牙舌唇齒）；甚至分尖團（舌尖舌面）及上口（某些詞用湖廣、中州字聲），都要求面面俱到、樣樣精通。京劇演員即透過這種規範化的行腔、用氣、吐字、共鳴及潤腔等技巧，表達劇中人物豐富而複雜之情感。

唸功：指的是演員的對白、獨白或是旁白等方面的功夫。唸又有分韻白、京白和方言白等，韻白近乎吟誦，注重聲音的高低起伏與抑揚頓挫；京白採北京字音，講究其清晰流利；方言白則模仿山西、山東及蘇杭等地的語言，以表現劇中人物之地域性特徵。[26]

做功：則係演員之身段與表情，在京劇中，如「水袖藝術」、「髯口功夫」、「耍翎子功夫」及「手眼身步法功夫」等，都是京劇演唱之基本功。水袖藝術如擺袖表示瀟灑自如，揮袖則示讓人離開；髯口功夫為擺弄長鬚之動作，通常用於老生，有表現人物情感性格之功能。至於翎子，是指京劇人

---

[24] 嚴明編著，《京劇藝術入門》，同註13，頁2-7。

[25] 齊如山，《北平懷舊》（遼寧：遼寧教育出版社出版，2006年11月1版），頁230。

[26] 嚴明編著，《京劇藝術入門》，同註13，頁31-32。

物中，頭冠上所插的那兩根雉尾，可顯示地位身份，如繞翎舉動則表示憤怒或決斷，很有戲劇張力。手眼身步，是代表其每一動作，在京劇表演中都各有其意思，如擺手，明顯就是代表阻止或罷了的意思。

打功：指的是京劇藝術中的武打功夫，京劇中有大量的武打劇目，如「四傑村」、「花蝴蝶」、「趴臘廟」等，都有非常多的武打戲碼。京劇中的武打，具有戲劇化及舞臺化的特點，不同於民間的武術或雜技，常用的兵器有刀、槍、劍、戟、斧、鉞、鉤等，演員精湛的演技，配上相關之兵器，常令觀眾看的目不轉睛大聲叫好。[27]

「四功」的表演，具體落實到演出之角色，就有其「規範化」與「程式化」的嚴格要求。京劇的行當繼承了中國戲曲的悠久傳統，但也有些歸併及改變。崑曲分為生、旦、淨、丑四大行當，這四者又各有分支。京劇形成之初，生有老生、小生，只是將老生、小生各分文、武兩類。此外，又細分唱功老生、做功老生。小生又有翎子生（一般側重武工，但與以武打為主的武小生又有不同）、扇子生、窮生等。旦行崑曲中分得很細，京劇則歸併為青衣、花旦、刀馬旦、武旦、老旦等。

淨行則有大花臉、二花臉和三花臉，大花臉多半是銅錘，即所謂的「黑頭」；有些行家則把三花臉歸入丑行。丑行分為文丑、武丑，文丑又稱方巾丑（或稱大丑）、茶衣丑（小丑）等。武丑亦稱開口跳，或稱三花臉。此外還有丑婆子，專演婦人，亦稱彩丑、丑旦。由於不斷的舞臺實踐，京劇在表演上不得不要求規範化和程式化，一方面為遷就觀眾欣賞習慣，同時也便於演員在戲班之間的流動，如果沒有規範化，演員就不可能改搭其他戲班演出了。

至於表演的程式化，由來已久，京劇是程式化的表演藝術，譬如臺上的一桌二椅，演員的上下場，動作方面例如開門、關門、上樓、下樓、上馬、下馬、上船、下船等，都有一定的程式，把這些程式定型、規範化，觀眾一

---

[27] 嚴明編著，《京劇藝術入門》，同上註，頁 20、32-37、40、45。

看就懂，無需加以說明。規範化的優點在於概括虛擬，提高其美感程度，它是技藝的高度結合，不是任何人所創造發明的，它是歷代伶人長期從事藝術創造的結晶，京劇在這方面集其大成，且得到豐富的發展。[28]

（四）京劇的戲劇結構

京劇腳色強調分類，此即所謂的「行當」。易言之，就是按照劇中人物之性別、年齡、身份、地位、性格與氣質來劃分。[29]透過舞臺人物所屬行當化妝、表演、服飾及聲音等特點，表現此一人物的一般共性，有助於觀眾對劇情的了解與掌握。[30]京劇的腳色，通常粗分為生、旦、淨、丑四種。生又有老生、小生及武生等，如細分之，老生有文、武老生；又有唱功老生和做功老生之分。旦分的更多，如青衣、花旦、武旦、刀馬旦、苦旦、彩旦及老旦等。淨行按唱、唸、做、打，分銅錘（黑頭、正淨或重唱），架子花臉（副淨或重做）及武淨等。如依腳色於劇中之重要性分，有大花臉及二花臉；丑行則分文丑與武丑，文丑又分方巾丑（大丑）和茶衣丑（小丑）等，武丑亦稱「開口跳」，此外尚有丑旦、丑婆等。[31]

在服飾方面，傳統京劇服裝，戲衣類主要有蟒、帔（婦女披在肩背上的衣飾）、開氅（氅：用鳥羽做的裘或外套）、官衣、褶子、宮衣、八掛衣、鶴氅、法衣、靠、箭衣、馬掛、豹衣褲、戰衣裙、龍套衣、茶衣、裙襖褲及彩褲等。盔頭類則有冠、盔、帽、巾、箍和面牌等其他盔飾。髯口即是鬍鬚，依顏色、形狀之異而用於不同的腳色，如陰陽髯為一邊黑一邊白的滿鬚，常於戲劇中扮演判官的腳色用之，象徵判官斷案要黑白分明之意。鞋靴類有分

---

[28] 予倩，〈戲劇改革之理論與實際〉，《戲劇》第1卷第1期（民國18年5月25日）。

[29] 國劇中有「七行七科」，凡粉墨登場演戲者均為「行」，幕後工作人員為「科」，而七行即生、旦、淨、丑、流、武行及上下手。王元富，《國劇藝術輯論》（台北：黎明版，1987年5月再版），頁29。

[30] 吳同賓，《京劇知識手冊》，同註19，頁111。

[31] 嚴明編著，《京劇藝術入門》，同註13，頁22。

厚底、薄底靴兩類，在舞臺上鞋底之所以加厚，主要目的在增加演員高度，便於搭配寬大、誇張的戲服，至於薄底靴子，是以扮演行動輕快演員量身打造。[32]

脸譜是中國傳統戲曲中，用各種顏色在演員臉部所勾畫出的特殊譜式圖案，用以表明人物身分、背景與性格特徵，以求達到豐富舞臺美術色彩，強化演出效果。京劇的臉部化妝，包括描眉、畫眼等，藝術特點是用極誇張與程式化的手法表現，例如線條與色彩勾勒都非常清晰濃厚，不論生或旦行，均以紅、白及黑三色為基本色系。[33]京劇臉譜之來源，除生活本身外，大部分是從評書和小說演義裡而來，臉譜通常根據某種性格、性情或某種特殊類型人物，以決定其色彩。如紅色臉譜代表忠烈義勇，黑色臉譜則表示正直剛烈或魯莽勇猛；黃色臉譜常以殘暴凶狠腳色出之，藍色或綠色臉譜泰半象徵粗暴、剛烈或暴躁之人物。水粉大白臉表陰險奸詐；油白色或表剛愎自用、亦代表陰險毒辣之腳色。[34]

四、日治時期京劇對臺灣戲劇之影響

清康熙 23 年（1684），臺灣正式納入大清版圖，隨後，來自閩粵的大批漢人亦開始移墾臺灣，在他們拓墾臺灣的同時，為解鄉愁，也將其原鄉的戲劇帶進臺灣，而成為民眾生活的一部份。這樣一種以「原鄉戲劇」移入、流傳的演劇形式，縱貫整個有清一代，並沒有太大的改變，此不僅為當時臺灣民眾閒暇時的主要娛樂，也是民俗節令、寺廟祭祀、婚喪喜慶不可或缺的儀

---

[32] 于瑛麗、張耀筑、趙之碩，《中國傳統京劇服裝道具》，同註 16，頁 1-2、58。

[33] 吳同賓，《京劇知識手冊》，同註 19，頁 260。

[34] 吳同賓，《京劇知識手冊》，同上註，頁 266-267。齊如山，＜臉譜＞，《北平懷舊》，同註 24，頁 249-253。

式。[35]

　　臺灣京劇出現歷史不長,其開始獻藝臺灣,一般咸認為光緒 11 年(1885),
巡撫劉銘傳壽誕,曾自大陸招來一京班演出,但未對外公開,僅在府衙內招
待地方士紳及官宦。因唱白均為京腔,觀者不免陌生,興致因而不高,壽誕
過後,京班亦隨即回內地。[36]又據連雅堂《雅言》一書記載,光緒 17 年(1891),
時任布政使司的唐景崧為母做壽,特招上海班來演京調,此為臺灣目前可考
最早之京劇演出記錄。[37]不管是劉銘傳還是唐景崧最早引上海京劇來臺演出,
總之,在清朝統治臺灣的最後幾年,京劇已有來臺演出之紀錄為一不爭之事
實。由於京劇完整的表演形式、豐富的演出劇目、整齊的演員陣容,皆與臺
灣傳統民間劇種形成鮮明對比,深得官商士紳的喜愛,此亦造成以後酒樓藝
妲由南管改唱京調的主因。但因這些演出,觀賞者多屬士紳階級的小眾,京
劇對此時的臺灣影響仍有限。[38]

　　當然,臺灣正式有京劇演出,還是在有了戲院之後才開始的。日治初期,
日本人為安撫臺灣人,對臺灣舊俗採取較寬容尊重的態度,並未加以干涉太
多,使得臺灣傳統戲劇,仍能保留原來的演出模式持續發展。此時大量中國
戲班渡海來臺的商業演出,進而對臺灣傳統地方戲劇帶來重大影響。[39]1895
年（按:日治以後紀元,以西元為主）,日本領臺後,首任總督樺山資紀,
將「東瀛書院」改做文武官員娛樂場所,命名為「淡水館」,但並未普及於
民眾。1897 年後,才開始有日人經營的「浪花座」、「臺北座」、「十字館」、

---

[35] 邱坤良,《日治時期臺灣戲劇之研究（1895－1945）》（台北:自立版,1994 年 7 月 1 版 2 刷）,
頁 1。

[36] 早在劉銘傳任臺灣巡撫時,即有上海演員來臺演出的紀錄,當時福州徽班「老祥陞班」應劉銘傳之
招渡台演出,除了原班徽戲演員之外,另「益之上海戲子數名」,這是目前可考上海演員來臺演出
的嚆矢。〈菊部陽秋〉,《漢文台灣日日新報》第 2499 號（明治 39 年（1906）8 月 28 日）。

[37] 連橫,《雅言》（台北:臺灣銀行經濟研究室編印,民國 48 年 3 月出版）,台灣文獻叢刊第 166
種,頁 35。

[38] 徐亞湘,《日治時期中國戲班在台灣》（台北:南天版,2005 年 4 月初版 2 刷）,頁 11。

[39] 徐亞湘,《日治時期中國戲班在台灣》,同上註,頁 1。

「榮座」等戲館逐一出現。[40]但因這些戲館多在城內，不便城外民眾觀賞，於是總督府又要求在大稻埕建一戲館，名為「淡水戲館」，凡是本地或外來的劇團，都可在「淡水戲館」上演。[41]該戲館於 1915 年後，由辜顯榮購買經營，改名為「新舞臺」，積極引進福州、上海等地京班來臺演出。[42]

「淡水戲館」在日人經營期間，曾由「得勝茶園」聘來京都「鴻福班」來臺演出〈李陵碑〉、〈楊香武三盜九龍杯〉、〈雪梅弔孝〉等大戲，票價不斐，但觀眾仍反應熱烈。[43]至於辜顯榮經營的「新舞臺」，也曾於 1916 年，重金禮聘上海京班「上天仙」來臺公演，演出〈天堂州〉、〈精忠傳〉、〈賣絨花〉、〈孟姜女〉、〈忠孝雙全〉、〈八仙飄海〉等劇目，離臺前，尚有演員王春華、趙福奎、石炳奎等三人留臺，投入戲劇行當。[44]其後，「新舞臺」復邀約北京「天勝京班」、「復勝班」、「三慶京班」、「德勝京班」；以及上海「餘慶」、「如意女班」等戲班，先後來臺演出，「新舞臺」可說一枝獨秀稱霸臺灣劇壇。[45]直到 1924 年，大稻埕第二家戲館「永樂座」開幕，因內部設備新穎，京劇演出中心才逐漸由「新舞臺」轉移至永樂座，永樂座的成立，不僅結束了「新舞臺」的獨霸局面，也開啟了京劇在臺灣演出的黃

---

[40] 《台灣日日新報》（明治 43 年（1910 年）9 月 22 日）。

[41] 「淡水戲館」為台灣商人在 1910 年與日人合資在大稻埕所建造，該戲館專演支那戲劇（京劇）。葉龍彥，《台灣老戲院》（台北：遠足文化出版，民國 93 年 2 月 1 版），頁 18-19。

[42] 「新舞台可說是日治時期台灣私人劇場的代表，1997 年，辜顯榮的後代成立辜公亮文教基金會，在台北市信義特區蓋了一座新式劇場，也取名為「新舞台」，成為台灣第一個民營的專業劇場。」《台灣文化事典》（台北：國立臺灣師範大學人文教育研究中心出版，2004 年 12 月初版），頁 866-867。呂訴上，《台灣電影戲劇史》（台北：銀華出版社出版，民國 50 年 6 月），頁 196。邱坤良，《舊劇與新劇：日治時期台灣戲劇之研究（1895－1945）》，同註 34，頁 74-77。

[43] 鴻福班亦稱鴻福京班或京都鴻福班，《台灣日日新報》第 5533 號（大正四年（1915）11 月 21 日）。

[44] 日治時期，臺灣的京劇團演出幾乎全來自上海，這些上海京劇團在臺之表演，多半僅作短期演出。1913 年 8 月，已有大陸京班來臺演出，但有確切名稱者，是 1915 年的「鴻福班」。當時，臺灣最有名之士紳辜顯榮酷愛京劇，在其成立「新舞台」後，又從上海重金禮聘許多京劇班來臺演出，這些眾多戲班中，以「鳳儀京班」和「天蟾大京班」最為赫赫有名。毛家華《京劇二百年史話》，同註 9，頁 115。

[45] 徐亞湘，《日治時期中國戲班在台灣》，同註 37，頁 74-75。

金時代。[46]

永樂座開幕，首邀「樂勝京班」來臺演出＜三搜臥龍崗＞、＜狸貓換太子＞等大戲，在臺連演四個多月，創下前所未有的佳績。不久，永樂戲院又聘請臺南的「全寶興」科班北上獻藝，「全寶興」是臺灣自辦的科班，是自己訓練出來的人才，第一次在永樂座上演，自然意義非凡，這是臺灣京劇史值得一記的事。[47]繼永樂戲院之後，臺南也出現「臺南大舞臺」；斗六也成立「斗六座」戲院；臺北萬華也有「艋舺戲院」，這些戲院都是演京班戲的。唯從此以後，京劇開始在臺灣逐漸走下坡，這是因為經濟不景氣及面臨電影和歌仔戲興起的挑戰所致。且京劇因需請外班來演，費用浩大，票價稍高，也不無影響。1925 年以後，京劇演出已寥寥可數，此現象一直持續到 1937 年，中日戰爭的全面爆發，上海及各地的京劇中斷來臺，京劇在臺灣幾乎形同絕跡。[48]

綜論日治時期的京劇，臺灣民間稱京戲（京劇）以「外江」一詞概括，臺人筆下則稱上海京班為清戲、申班、申江正戲、正音戲、上海班、支那班、支那官音、滬戲、華戲等等不一而足。其來臺演出時間集中於 1908－1936 年間，期間計有近四十團的上海京班渡臺演出，是所有來臺演出不同劇種的中國戲班中，團數最多者。豐富的演出劇目，靠的是整齊的演員陣容來完成，當時上海各流派的京劇表演藝術，如梅（蘭芳）派青衣、黃（月山）派、蓋（叫天）派武生、譚（鑫培）派、汪（笑儂）派、麒（麟童）派老生等，亦隨上海京班的來臺演出而呈現在臺人面前。[49]

當時京班來臺演出，多有布景畫師隨行，以備排演新戲需臨時畫製新布景所需。當時臺灣媒體即報導，京劇在臺演出之所以成功：「演戲之布景，將以實其事也。譬如演水門，若無佈置個金山寺，決海水，則場面平坦，貼

---

[46] ＜台北通信・永樂座落成詳況＞，《台南新報》第 7899 號（大正 13 年（1924）2 月 19 日）。

[47] 林衡道，＜永樂座——走入歷史的戲院＞，《聯合報》（民國 84 年 2 月 18 日）。

[48] 溫秋菊，《臺灣平劇發展之研究》，同註 1，頁 215-216。

[49] 蘇移，《京劇二百年概觀》（北京：燕山出版社，1989 年 5 月初版），頁 97。

幾個戲子，何足雅觀，助人興致也。今者京戲能識此意，特於布景一事，十分致力，為向來諸戲所曾未有，故能聳動一時，日夜滿園也。」[50]從此開始，來臺京班莫不競演這種在寫實布景的基礎上，加上種種活動機關以製造離奇舞臺效果的戲齣，特別有利這些藝術表現的連臺本戲於是在臺灣蔚為風潮。這些活動機關布景的運用所造成擬真的舞臺效果，場景轉換的迅速多變，都讓觀眾嘖嘖稱奇。為了滿足商業劇場觀眾求新求變的觀劇口味，來臺各班無不在布景機關的設計製作上挖空心思、推陳出新，以確保其高上座率。[51]

除絢麗的布景舞臺裝飾外，京劇在燈光與幻術的表現上，亦堪稱一絕。自光緒 8 年（1882）由上海最早引進電燈後，各京劇戲園立即採用，使得舞臺照明與燈光變化大為改觀。[52]而臺灣自 1909 年第一座專演中國戲劇的劇場「淡水戲館」落成以降，每個劇場的照明也都使用新式的電燈設備，這也為來臺的京劇「五色電光」等燈光效果的使用提供了準備。五色電光其實是一種電燈轉盤，上面裝有不同色紙的數個透光孔，一啟動開關就會有不同顏色的燈光輪流出現，給觀眾一種視覺上的刺激，對場景氛圍也起著一定程度的烘托作用。幻術手法則是於演出連臺本戲時，與機關布景搭配使用，主要是用於神怪、武俠、偵探等戲，以製造緊張、神奇的戲劇效果，多為魔術師所設計創造。[53]

日治時期，臺北、臺南都是當時京劇演出的重鎮，京劇愛好者不少，欣賞的人口也很多；尤其地方士紳亦多是京劇的支持者與愛好者，如辜顯榮、陳天來、板橋林家者，當時酒樓藝妲間都流行演唱京劇，票房皆佳。上海京班、福州戲班、潮州戲班等豐富的演出劇目，呈現在臺人面前後，隨即成為臺灣本地戲劇藝人仿傚的對象並加以移植，而改唱歌仔戲及採茶戲的曲調；另一方面上海京班及福州戲班留臺藝人，於歌仔戲、採茶戲班的搭演、排戲、

---

[50] 〈戲界月旦〉，《台南新報》（大正 12 年（1923）2 月 18 日），第 7533 號。

[51] 徐亞湘，《日治時期中國戲班在台灣》，同註 37，頁 188。

[52] 《中國戲曲志‧上海卷》（北京：中國 ISBN 中心，1996 年），頁 468。

[53] 徐亞湘，《日治時期中國戲班在台灣》，同註 37，頁 189。

傳藝之後，使得許多京劇劇目，亦逐漸為歌仔戲及採茶戲所吸收，擴大了自身的劇目內容，尤其在連臺本戲、時事戲及宮闈戲等部份。在角色分工及功能上，歌仔戲也受京劇影響，而開始發生變化。[54]

總之，京劇為臺灣戲界所帶來嚴謹的程式化動作、整套的身段表演、排場、龍套等，尤其在歌仔戲及採茶戲，在它們形成初期之有武戲，京劇及其留臺演員是功不可沒的。當時許多上海京班和福州戲班的演員留在臺灣發展，有的應邀到地方戲班、業餘音樂團或藝妲間擔任教席，有的則於地方戲班搭班演出。從這些來臺中國戲班在臺灣的演出經驗和留臺演員與臺灣戲班長期的交流與互動之中，不僅豐富了臺灣傳統戲劇的藝術內容，同時也促進了本土京班與京調票房的興起，對往後臺灣傳統戲劇的發展，更是有全面而深遠的影響。[55]

此外，京劇服裝和化妝亦為歌仔戲所模仿、借用。所以說，中國的京劇對臺灣戲劇的影響是全面且深遠的，此一情況至今仍是。[56]且日治時期的臺灣傳統戲劇，可說是由民間的鄉野廟會演出與城鎮的劇場商業演出平行發展所構成，這其中，當時來臺的京劇扮演了相當重要的角色，因為它不僅帶動臺灣城市劇場演出的風潮；也大大提升臺灣人的戲劇審美層次。[57]

---

[54] 日治時代，臺灣的傳統戲劇，大都是廟會野臺演出的社戲形式，如亂彈戲、四平戲、高甲戲、七子戲、採茶戲、歌仔戲等。上述劇種雖然蓬勃發展，但藝術形式尚未完全成熟。直到來台表演的京劇，以其整齊的演出陣容、精湛的表演藝術、新穎的舞臺美術觀念、豐富的劇目、完整的行當等藝術特色，迅速引起臺灣民眾的注意。臺灣民眾進入戲園觀賞京劇，首先是與過去觀劇經驗作一比較，而產生新的戲劇審美要求，這種氛圍的形成與凝聚，對臺灣傳統戲劇的影響非常大。尤其對歌仔戲的影響最明顯，歌仔戲即因向京劇學得很多唱腔、身段，於戰後迅即由地方小戲蔚為大戲。徐亞湘，《日治時期中國戲班在台灣》，同上註，頁 197－198。曾永義，《台灣歌仔戲的發展與變遷》（台北：聯經版，1993 年），頁 55-56。黃心穎，《台灣的客家戲》（台北：台灣書店，1998 年），頁 35。

[55] 1924 年，臺北大稻埕永樂座（永樂戲院）成立，大陸的「樂勝京班」及廣東的「宜人園」與臺灣第一個京劇班「全寶興」，都在永樂戲院盛大演出。1925 年，因上海發生「五卅慘案」，中日關係頓時惡化，上海京班無法來臺，部分滯留臺灣的京劇演員轉為歌仔戲團指導老師，旋因日人禁演歌仔戲與抗戰爆發，京班在臺灣幾乎銷聲匿跡。溫秋菊，《臺灣平劇發展之研究》，同註 1，頁 215-216。

[56] 陳耕、曾學文，《百年坎坷歌仔戲》（台北：幼獅版，1995 年），頁 58。

[57] 徐亞湘，《日治時期中國戲班在台灣》，同註 37，頁 233。

整體而言，日治時期京劇的來臺表演，不僅與臺灣戲劇交流，也對臺灣戲劇的發展，帶來重大深遠的影響，在內容形式上，它豐富了臺灣傳統戲劇漸漸演變為現今之樣貌。換言之，臺灣傳統戲劇發展至今所顯現的本土特色，一定程度上是反映在京劇的影響之上的。誠如研究者徐亞湘教授所評論的，「日治時期的臺灣戲劇史，乃是依循著廟會野臺戲演出與劇場商業演出兩條路徑平行發展，而當時至少有十二個劇種、超過六十個中國戲班的渡臺演出，他們正是後者的主要構成部分，臺灣之有商業劇場的發展與特有審美習慣的形成，他們功不可沒，今日的本土戲劇面貌，也多有當時他們深刻的內化痕跡。」[58]

五、戰後京劇在臺灣之發展

（一）戰後京劇團的分批來臺

1945 年，臺灣光復後，第一個組團來臺演出的，是客家人的「宜人京班」，該班於 1946 年 1 月 4 日至 11 日，在臺北市中山堂演出＜三國誌＞、＜封神榜＞、＜狸貓換太子＞等劇。期滿後移至永樂戲院再演，演畢離臺。那時，大陸民間劇團來臺，約可分為前後兩批，第一批集中於 1946－1947 年間，主要的劇團和演員，幾乎全都來自上海，著名角色有徐鴻培、李如春、姜小樓、馬繼良、曹晼秋、張翼鵬、韓雲峰、劉玉麟、何毓如等，由於當時電影上映尚未普及，故京劇演出，還是一項頗具號召力的娛樂，在臺灣演出也很造成轟動。[59]

1948 年後，又陸續有好幾批大陸京劇來臺，第一批是「顧正秋劇團」，

---

[58] 徐亞湘，《日治時期中國戲班在台灣》，同上註，自序。

[59] 毛家華，《京劇二百年史話》，同註 9，頁 115-116。

演員陣容最堅強，旦角有顧正秋、張正芬、梁正瑩、于玉蘭。老生有胡少安、李金棠。武生則有趙君麟；小生為儲金鵬，丑角係周金福、于金驊等人，他們經常在永樂戲院演出。[60]第二批為「戴綺霞劇團」，著名演員除戴綺霞外，尚有畹霞、徐鴻培、于占元、蘇盛軾、曹俊麟、張世春、季素春等，演出地點以新民戲院為主。[61]第三批為「中國國劇團」，由王振祖領軍，卡司也很強，如言少朋、張慧鳴、金鳴玉、李桐春、李環春、李鳳翔、熊寶森、王永春、陸錦春、沈連生、景正飛、吳德貴、牟金鐸、郭鴻田、周長華、唐鳳樓、吳懋森等人，俱一時之選。[62]

此三劇團，當以「顧正秋劇團」在臺灣知名度最響亮，「顧劇團」於1948年底來臺，原是應「永樂戲院」劉正明經理之邀，作為期一個月的公演。但因觀眾反應熱烈，臨時續約延長；兼以適值國內剿共戡亂失利，劇團無法回滬，遂在「永樂」演出五年（1948年冬－1953年夏）。「顧劇團」在臺灣之所以重要，是因為該劇團剛好填補了軍中劇團成立前之空窗期，成為聯繫中國京劇與臺灣菊壇間的橋樑。顧正秋出身上海戲劇學校，師承梅蘭芳，並曾得張君秋、黃桂秋等名家親授。她的「海派」來歷，頗為符合臺灣早期社會對於京劇的偏好。

而正宗「京派」的表演內涵，又是「京劇藝術全方位高品質的展示」。在「永樂」五年期間，顧氏這種包括集梅（蘭芳）派、程（硯秋）派、荀（慧生）派、張（君秋）派之代表劇目與流派藝術；以及黃桂秋之唱腔特色等，都整體融入顧氏的行腔轉調與演藝風格中，這種凸顯旦行全才的優質展演，更強化其作為臺灣京劇奠基者的地位。[63]檢視「顧劇團」對臺灣京劇之貢獻有

[60] 顧正秋，《休戀逝水——顧正秋回憶錄》（台北：時報版，1997年10月出版），頁288。王安祈，《台灣京劇五十年》（宜蘭：國立傳統藝術中心，2002年6月初版），頁32-40。

[61] 邱聲鳴，〈舞台生涯八十年——菊壇皇后戴綺霞的粉墨春秋〉，《傳記文學》第95卷第5期（民國98年11月），頁9。

[62] 毛家華，《京劇二百年史話》，同註9，頁115。

[63] 林衍乾、莊萬壽、溫振華等總編輯，《台灣文化事典》，同註41，頁1086-1087。

二：一則其在臺演出最久，從 1949 起到 1953 年夏，方告解散；二則其演藝精湛，唱做俱佳，能戲很多；兼有本省聞人許丙、陳清汾等人捧場，所以能一枝獨秀，其他劇團難望其項背。唯幾年下來，雖說賣座尚好，但演出劇目已臻飽和，實無法再創新突破；且演出場地僅在臺北一地，市場有限，兼以電影日漸風行，故因觀眾銳減而解散。[64]「顧劇團」解散後，永樂戲院雖仍有零星京劇演出，但大多不能持久。而中山北路的環球戲院和南陽街的大華戲院，也偶爾會有京劇演出，唯仍屬臨時性質，亦未能長期上演。

1969 年，臺北市峨嵋街有一個模仿過去上海遊樂場設置的「今日世界」，內有一個「麒麟廳」，由周麟崑負責的「麒麟劇團」在「麒麟廳」專演京劇，每天日夜兩場，日場演老戲，夜場以連臺本戲為主，演出了一段相當長的時間，雖未能帶動京劇的起死回生，但可說是京劇在臺演出的迴光返照，在「麒麟廳」最後另作他用，該劇團也隨之解體，此後，在臺灣已沒有一個專門演出京劇的民間職業劇團及演出場地了。[65]

（二）特殊現象的軍中劇團

既然民間沒有專演京劇的劇團，也無演出京劇場地的情況下，此一維持和發揚京劇傳承的重責大任，非常特殊的，居然由國軍來撐持。基本上，三軍劇團的成立，是臺灣京劇發展史上一個非常奇特的現象。[66]1949 年，國府遷臺，當時有不少京劇名伶也隨政府避秦來臺，後來這些名角即成為發展臺灣京劇的主幹。且在「顧劇團」解散後，大部分的演員也投向軍中，因此，軍

---

[64] 顧正秋，《休戀逝水——顧正秋回憶錄》，同註59，頁348。

[65] 林茂賢編撰，《福爾摩沙之美——臺灣傳統戲劇風華》同註11，頁96。

[66] 宋代軍中即有「樂營」之設。例如王棠的《知新錄》云：「考送教坊外，又有鈞容直、雲韶斑二樂。……鈞容直，軍樂也。在軍中善樂者，初各引龍直，以備行幸騎導。」；《東京夢華錄》也云：「教坊鈞容直，每遇旬休按樂，亦許人觀者。」唐文標說到，這裏的遇旬休按樂時，許人觀看，老百姓因此得與國家樂隊共同觀摩了。樂指什麼呢？可能不淨是「音樂」，而是百戲的通稱。唐文標，《中國古代戲劇史初稿》，同註4，頁133。

中劇團隊的陣容更趨壯大。[67]從京劇在臺的組團情形和任務看來，不難看出其自抵臺始，即有可能已受政府津貼補助。

　　當時各軍種幾乎都成立了自己的劇團，如傘兵有「飛虎劇團」、「百韜劇團」、「勞山劇團」等。而「大宛劇隊」、「干城劇隊」（中部）及「龍吟劇隊」（南部）也非常活躍。1950 年，著名的「大鵬國劇隊」，即是由空軍所組成，由於其規模健全，對日後臺灣京劇的發展，有相當大的影響。海軍亦不落人後，1954 年，亦跟著成立「海光國劇隊」；陸軍則在 1958 年，「陸光國劇隊」也隨之創立；而聯勤總部也於 1961 年，組織「明駝國劇隊」，於是三軍軍總和聯勤，都有了屬於自己的國劇隊。[68]茲將彼時各劇團之簡介表列如下：

劇團名稱	隸屬軍種	成立時間	主要演員	備註
大鵬國劇隊	空軍	1950 年 5 月	哈元章、馬榮祥、孫元彬、熊寶森、姜少平、孫元坡、戴綺霞、趙玉菁、馬元亮等。	原名「空軍大鵬劇團」，由原屬於空軍的「霄漢劇團」和傘兵部隊的「飛虎劇團」合併而成。該隊自己訓練人才，使「大鵬」成為陣容最堅強的劇隊，經常奉命出國表演，宣揚國粹文化，敦睦邦誼。

---

[67] 京劇團於光復後，1945 年首先組團公演者有臺灣客家人組成的「宜人京班」，1946 年由大陸來臺公演的「新國風劇團」、陸軍 95 師官兵所屬的「振軍劇團」；1948 年也有由大陸前來而滯留臺灣的「顧劇團」、「戴綺霞劇團」、「中國劇團」、「正義劇團」、「勞山劇團」等民間劇團，還有飛虎等十數個軍中劇隊，劇團的總數其實不多，但發展條件較其他戲曲還算好的。戲曲學者王安祈教授即言：「京劇是來自大陸的軍中官兵們主要的娛樂，軍中劇隊即在『軍中康樂隊』的基礎之上，經由一些高級將領的推動而逐步成立。」王安祈，《傳統戲曲的現代表現》（台北：里仁版，1996年），頁 194。

[68] 溫秋菊，《臺灣平劇發展之研究》，同註 1，頁 217-218。

海光國劇隊	海軍	1954 年	胡少安、王質彬、常醒非、孫福志、劉玉麟、高德松、陳美麟、趙原、李環春等。	該隊亦仿「大鵬」，自己訓練培育人才，陣容也不容小覷。
陸光國劇隊	陸軍	1958 年 9 月	周正榮、楊傳英、張大鵬、張正芬、李環春、張義鵬、馬維勝、吳劍虹、夏玉珊等。	該隊除從陸軍所屬的劇團中徵求人才外，也大量羅致民間京劇演員。
明駝國劇隊	聯勤總部	1961 年	曹曾禧、秦慧芬、王雪崑、牟金鐸、王鳴詠、于金驊、馬驪珠等。	該隊演員陣容亦不錯，但流動性高為其缺點；兼亦沒有附設訓練班，所以專演老戲，難出新戲，票房上受到相當影響。
大宛國劇隊	屬於國軍軍團級的藝工單位	1958 年 7 月	李桐春、王福勝、王少洲、周慧如、張慧鳴、金鳴玉、陳寶亮、李義利、陳慧樓、岳春榮、王秀峰等。	它是由「百韜」、「虎嘯」、「凱聲」三個軍中劇團合併而成。
龍吟國劇隊		1954 年	謝景莘、朱殿卿、沈復嘉、佟世忠、李宗原、唐復雄、馬驪珠、董復蘭等。	該隊是以業餘的「烽煜國劇隊」為基幹，另外也網羅若干民間京劇好手所組成。唯該劇團因僻處南部地區，故較少作公開營業性演出，主要活動以勞軍為主。

干城國 劇隊	陸軍裝甲兵 種	1953 年	徐蓮芝、周麟崑、 徐春生、張學武、 張義奎、曲復敏、 葛復中、唐復美、 曹復永、蕭復山、 林萍等。	該隊成立於臺中,它是 由原來的「七七劇團」 和「雄風劇團」合併組 成。最初名稱是「軍聲 劇團」,1960 年併入 裝甲兵的「三三劇 團」,後更名為「預光 軍訓隊」,到 1964 年 才改為「干城國劇 隊」。[69]

　　由於京劇隸屬於軍中者多,國防部總政治作戰部乃成立了「振興國劇研
究發展委員會」,陸軍總部也有「國劇研究發展委員會」的設立,空軍則有
「大鵬劇校編纂委員會」等。政府方面陸續成立的還有 1963 年「國劇欣賞演
出委員會」,由教育部「藝術教育活動指導會報」遴聘國劇界二十五人組成。
此外,1964 年成立之「中華國劇研究會」和 1972 年創立的「中華國劇協會」,
其宗旨及目的不外乎為加強推行中華文化復興運動,弘揚國粹藝術。1974 年
成立的「國劇劇本整理委員會」,更不諱言是務期主題意識能符合三民主義
之立國精神,發揚傳統民族文化,而該會的主任委員由教育部長兼任,顯見
官方主導的色彩很濃。[70]

　　除軍中京劇團外,以學校為骨幹的則有「戲專國劇團」,該團前身為「國
立復興國劇團」,成立於 1963 年,現為「臺灣戲曲專科學校」之附屬單位。
團員陣容以復興劇校為主幹,知名團員有:趙復芬、葉復潤、曹復永、曲復
敏、齊復強等資深京劇演員;青壯的後起之秀有朱傳敏、朱民玲、趙揚強、
丁揚士、夏褘、郭敏芳、莫中元、楊莉娟等,各個都能獨當一面,挑樑演出。

---

[69] 毛家華《京劇二百年史話》,同註 9,頁 116-117。

[70] 蘇桂枝,《國家政策下京劇歌仔戲之發展》(台北:文史哲出版社出版,民國 92 年 12 月初版),
頁 109-110。

他們一面繼承古典，發揚傳統戲曲；另方面則積極創新，結合現代劇場概念，創編諸多反映現代精神的新作品。

該劇團曾經多次代表國家出國展演，足跡遍及歐、亞、美、澳等地，推動文化交流、宣慰僑胞等外交使命；於國內演出，更兼顧藝術展演、社區推廣、校園示範講演等多重文教功能，對培養戲曲觀眾、厚植戲曲生存命脈、對戲曲傳承與宣揚之社教任務，不遺餘力功不可沒。[71]

另外，於 1995 年 7 月成立的「國光劇團」，表現成績也很亮眼，該團成員集合原三軍劇團菁英，同時合併原海軍陸戰隊「飛馬豫劇隊」為附屬劇團，是個以京劇為主豫劇為輔的綜合性劇團。該團演出目標兼顧「傳統與創新」，一方面保存經典劇目，同時針對傳統老戲進行整編，使其符合現代劇場精神與觀眾的欣賞取向；另方面以年度新編劇，展現京劇回歸文教體系後，戲曲現代化的創作成果。知名優秀演員有：孫麗虹、陳美蘭、劉海苑、李光玉、朱安麗、汪勝光、劉琢瑜、勝鑑、陳青河、劉稀榮、戴立吾、李佳麒等。劇團肩負文化傳成使命，雖成立僅二十二年，但全力推展京、豫劇，對臺灣菊壇仍貢獻良多，居功至偉。[72]

較「國光劇團」稍晚，於 1997 年又成立一新的京劇團「臺北新劇團」，由李寶春任團長，以「新舞臺」為據點，定期公演。李寶春是京劇名家李少春之子，自幼習藝，繼成乃父表演風格，專攻文武老生。1980 年代末自美返臺，與和信集團辜振甫創辦的「辜公亮文教基金會」合作，演出父親的代表作「野豬林」、「打金磚」等戲。1992 年「辜公亮文教基金會」成立京劇小組，邀請李寶春等多位京劇名演員合作，連續推出多檔精緻京劇，最後終於催生出「臺北新劇團」。

該劇團最大的特色，是臺灣京劇與中國京劇的深度交流、實質合作。深

---

[71] 鍾幸玲編輯，《戲專風華：國立台灣戲曲專科學校參年專輯》（台北：國立台灣戲曲專科學校，2002年 6 月出版），頁 21-23。

[72] 邱慧玲、林娟妃編輯，《國光七年》（台北：國光劇團，2002 年），頁 8-10。

度交流係透過排練、合演而得以落實；實質合作則在於幾乎每一檔戲，都會邀請一兩位大陸重量級演員來臺主演。換言之，臺北新劇團之成就，相當程度是建立在「兩岸交流」的基礎之上的，在傳統戲曲式微的年代，臺北新劇團以純粹民間劇團的經營模式，能和「國光」、「復興」兩個公立京劇團鼎足而三，可說相當不易，這也是企業界支持藝術活動成功之案例。[73]

（三）培育新生代的戲劇學校

為培養傳承新人，各軍種劇團還附設戲劇實驗學校，為京劇在臺灣的演出及發展，春風化雨貢獻心力不遺餘力，它們的薪傳做法迥異於臺灣其他的傳統戲劇，這是一個非常饒富趣味的情況。[74]現逐一介紹如下：

1.大鵬戲劇職業學校：1955 年 9 月創辦，由空軍大鵬劇團招收幼年班七人，分別是：張富椿、馬九齡、陳良俠、楊丹麗、嚴莉華、鈕方雨、古愛蓮；另外加徐露一人，此「幼年班」可謂開臺灣公開招募京劇人才之先聲。1959年，奉國防部核准，「大鵬國劇訓練班」正式招第五期學生，共錄取五十一人。1963 年 7 月，教育部同意訓練班改制為「大鵬戲劇補習學校」繼續招生。該校師資陣容堅強，除授皮黃技藝外，也教普通學科。實習主任為哈元章，教師有章遏雲、白玉薇、周銘新、張鳴福、蘇盛軾、馬榮祥、張元彬、孫元坡、馬元亮等。該校後來培養徐露、鈕方雨、嚴莉華、嚴蘭靜、邵佩瑜、朱繼平、郭小莊、張安平、高蕙蘭、古愛蓮等國內京劇界的後起之秀，在臺灣京劇界，均有舉足輕重的地位。[75]

2.國立復興劇藝實驗學校：1957 年 3 月，名票王振祖在政府及各界的贊助支持下，於北投成立「私立復興戲劇學校」，王自任校長，第一期招生一百二十人。該校學雜費用全免，學制分初、高兩級，六年畢業，實習一年。

[73] 王安祈，《台灣京劇五十年》，同註 59，頁 137-139。

[74] 溫秋菊，《臺灣平劇發展之研究》，同註 1，頁 217-218。

[75] 劉慧芬，<論富連成的京劇教育對臺灣京劇人才培育的價值與影響>《2011 跨越與實踐：戲曲表演藝術學術研討會論文集》（台北：文津出版社出版，2011 年 6 月初版），頁 84。

教師有周金福、張鳴福、丁春榮、牟金鐸、陳金勝、王鳴詠、曹駿麟、馬永祿、韓金聲、李宗原、李慧岩、張伯玉、馬慶琳、張永和、秦德海、戴綺霞、馬驪珠、秦慧芬、陸景春、張慧鳴等人。1959 年，國防部將所屬的國光戲院租給該校，作為固定演出場所。1968 年元月，該校改制為「國立復興戲劇實驗學校」，校址亦由北投遷至內湖。該校後來較具知名度的京劇藝人有葉復潤、曲復敏（擅演老旦）、崔復芝、吳興國、鍾傳幸、唐文華、章復年、王復蓉、趙復芬、閻興玉、夏興盈、徐中菲、李中芳、白傳鶯、朱傳敏、張復建、曹復永等人。

3.陸光戲劇職業學校：初名為「陸光幼年班」，於 1963 年 10 月成立，隸屬於「陸軍總部藝工大隊」，1967 年學校遷至木柵。該校也採公開招生，學制為六年畢業，實習一年，共七年。教師除「陸光劇隊」的周正榮、楊傳英、穆成桐、李環春外，另聘請秦慧芬、白玉薇、孫元坡、馬元亮、周金福、朱世友等名師。該校畢業的傑出京劇人才有胡陸蕙、吳陸君、潘陸琴、李陸齡、林陸霞、朱陸豪、劉陸勛、劉陸嫻、汪勝光等。

4.海光戲劇職業學校：1969 年成立，學制與「大鵬」同，由楊殿勤任校長，畢業學員較著者有魏海敏、劉海苑、沈海蓉、呂海琴、張海娟、王海波等。上述三個軍中劇校，於 1985 年 7 月 15 日合併為「國光戲劇職業學校」，直屬國防部，由藝工總隊長兼校長。[76]

5.臺灣戲曲專科學校：成立於 1999 年，係合併重組原有戲曲教育單位「國立復興劇藝實驗學校」與「國立國光藝術戲劇學校」兩校而成，為臺灣戲曲教育史上第一所採十年一貫制的專科學府。目前該校設有京劇科（含豫劇）、歌仔戲科、客家戲科、傳統音樂等科，並附有國劇團、綜藝團等單位。養成教育自國小五年級始，歷經國中三年、高中三年及專科兩年，成為國內頗為特殊的十年一貫制學程，積極培養傳統戲曲人才。而校方附屬之「國劇團」和「綜藝團」，更是任重道遠，每年多達數百場的展演，對規劃各類社區藝

---

[76] 毛家華，《京劇二百年史話》，同註 9，頁 119-120。

文推廣、中外文化交流等活動、傳統戲曲教育的推廣與研究，均成效卓著社
會口碑甚佳。[77]

　　此外，不屬於養成教育的還有「國立臺灣藝術專科學校」和私立中國文
化大學「國劇科」。國立藝專成立於 1955 年，創辦時即設有國劇科，由梁秀
娟負責，為臺灣京劇教育首次納入正規體系，但至 1959 年又因故停辦，共辦
四期，畢業學生為六十人，較出名的有沈灝、李居安、宋丹昂、馬渝驤等人。
該校於 1982 年，於夜間部增設「國劇組」，專門甄選「大鵬」、「陸光」、
「海光」等劇校歷年畢業生，予以進一步深造教育。[78]至於中國文化大學，早
在其為「文化學院」時代，即已在戲劇系中特設國劇組，按大學學制，四年
畢業，授予學士學位。

（四）） 七○年代以後迄今的臺灣劇運

　　1970 年代，隨著國府在國際間的外交挫敗，臺灣的國際關係發生劇變，
也激起國人開始反思臺灣的地位與文化。國府在國際間的政治合法性遭到質
疑，逼使國府不得不正視其為代表中華文化的合法性傳承，以減低政治合法
性遭質疑的窘境。[79]於此氛圍下，在臺灣的國府當局，開始重新尋找傳統文化
的精髓，各種傳統文化與戲曲音樂，再度受到重視。京劇因而成為許多傳統
戲劇汲取養分的源頭之一。[80]文化大學教授俞大綱不但呼籲大家重視京劇，對
臺灣本地其他傳統劇種與音樂，也相當重視，此一期間，由於俞大綱之影響，
郭小莊的「雅音小集」於焉誕生。[81]

　　1980 年代，由於政治、社會的變遷，觀眾欣賞選向的多樣化，使得京劇

[77] 鍾幸玲編輯，《戲專風華：國立台灣戲曲專科學校參年專輯》，同註70，頁 4-6。
[78] 毛家華，《京劇二百年史話》，同註9，頁 120。
[79] 蘇桂枝，《國家政策下京劇歌仔戲之發展》，同註69，頁 151-152。
[80] 張光濤委員（國民黨）質詢陳奇祿主委，《立法院公報──委員會紀錄》第 75 卷第 25 期，頁 157。
[81] 編輯部，〈如何讓國劇年輕起來──訪雅音小集負責人郭小莊〉，《聯合月刊》第 8 期（1982 年 3
月），頁 66。

在臺灣的發展與演出，面臨很大的困境與瓶頸。兩岸的開放與文化交流，對臺灣本地京劇劇團帶來重大衝擊，年輕世代不願意從事傳統戲劇演出，使得京劇命運如同歌仔戲一樣，快速走向沒落式微一途。如軍中劇團在國軍文藝活動中心的演出愈來愈少；於國家戲劇廳演出檔期也越來越短。[82]

　　檢視臺灣傳統戲劇沒落的現象，包括京劇在內，其主因：不外乎觀眾群的快速流失，以及演員缺乏，人才斷層後繼無人，且更未培養編導、舞臺技術及後場音樂等人才，政府對劇運的推動工作，也不夠積極所致。1999 年 7 月，國光藝校、復興劇校合併改制為臺灣戲曲專科學校，期待該校能成為一所培育臺灣傳統戲劇人才的一流學府。此外，促使現有戲劇學校與民間劇團積極交流、合作、落實臺灣傳統戲劇精緻化，培養傳統戲劇欣賞人口，將是挽救臺灣傳統戲劇的當務之急，否則，此等珍貴之傳統戲劇藝術將有可能失傳消失的一天。

　　另外，隨著兩岸文化交流的頻繁，或許也是重振傳統戲劇的管道之一，自 1992 年開放大陸表演團體來臺演出，迄今為止，已有超過百團以上的大陸戲班來臺獻藝；而臺灣的戲劇團體登陸演出也所在多有，此兩岸戲劇之交流，除相互切磋劇藝外，其交流層面的廣度與深度更勝於以往。平情說來，一部臺灣戲劇史的建構，是無法忽略對岸戲劇交流的探討，尤其是日治時期和戰後的臺灣戲曲發展，無論在劇目、表演、舞臺等形式，在在受到中國京劇的影響，而成為現今之面貌；亦即臺灣戲曲發展至今所顯現的本土特色，乃是在一定程度上反映在當初受到中國京劇影響之上的。[83]

---

[82] 林茂賢編撰，《福爾摩沙之美──臺灣傳統戲劇風華》，同註 11，頁 97。

[83] 徐亞湘，《日治時期中國戲班在台灣》，同註 37，頁 226-232。

六、結論：與文化觀光相結合——京劇在臺灣的檢討

　　已故文建會主委陳奇祿曾言：「文化是應該保存在我們的日常生活裡，精緻文化應予普及化，而常民文化應予精緻化。」[84]誠哉斯言，作為臺灣文化資產之一的京劇，也應該朝此「精緻化」、「普及化」的目標努力精進與轉型。不可諱言，傳統戲劇在臺灣的沒落，包含京劇亦如此，就是與基層民眾的生活脫節。戲劇往往不單只是表演藝術，而是社群的信仰系統和集體文化行為，是與民眾生活息息相關的社會活動。過去臺灣傳統戲劇，隨著社會環境的變遷和民眾生活的變化，分別呈現不同的風貌與時代特色，展現旺盛的生命力和包容性。但到了今日，傳統戲劇在快速變遷的臺灣社會中，觀眾已不斷流失，如何重現其魅力，成為重要的課題。

　　基本上，戲劇的演出通常具有強烈的現實意義與地域色彩，它經常隨著社會環境與民眾生活變遷，而呈現不同的風貌；尤其在今日，傳媒發展瞬息萬變，人口的移動、價值觀的多元化，不同類型、相異文化背景的表演交流越來越頻繁。於此氛圍下，戲劇的未來，包含京劇在內，不但不是封閉保守，相反的，應該是更開放與更貼近社會潮流脈動的。筆者個人非常認同戲劇研究者邱坤良教授的一段評論：「所謂臺灣戲劇者，不是以它使用的語言或演出內容作為檢視標準，而是看它能否與臺灣社會文化及民眾生活產生密切互動。換言之，能夠在臺灣本土落地生根的劇團，源自何處——中國、日本、西方或臺灣本土；也不管它所表演的情節是聖經故事、本土傳說或中國英雄傳奇，皆能視為本土劇團；他們所表演的戲劇不管其類型如何，皆能稱為臺灣戲劇。」[85]

---

[84] 陳奇祿，〈文化資產的保存與維護〉，《台灣光復四十年專輯——文化建設篇，教育文化的發展與展望》（台中市：台灣省政府新聞處，1985 年），頁 254。

[85] 邱坤良，〈台灣戲劇史的傳播網絡〉，《歷史月刊》第 158 期（民國 90 年 3 月 5 日），頁 29。

　　我們知道，戲劇的演出，是由演員團體以演出方式進行的藝術創造過程和觀眾集體產生的欣賞過程兩部分所組成的。一齣完整戲劇的演出，不單單靠演員的表演，還得靠觀眾的參與才算完成，二者無法孤立看待。尤其觀眾常常間接地影響並制約戲劇創作的過程，所以戲劇分析逐漸從過去「作者中心」、「文本中心」、「演員中心」；轉移至「觀眾」也列為另一中心的位置上來。京劇於戰後來臺，將其自身的藝術特色呈現於臺人面前，試探著臺灣人的藝術品味，而臺灣人在過去既有的傳統戲劇基礎上，接受新的藝術刺激後，又會產生一種交流後新的審美趣味，此舉亦使得京劇來臺後，必須在藝術表現上有所調適，以因應臺灣人的需求，於是就形成了一種藝術創作上的反饋流程。[86]所以，在談及京劇來臺後，這近七十年的演變歷程，特別需要加進觀眾反應這個部分，這主要是從觀眾對京劇內容、形式、愛好等角度切入，才能比較看出京劇表演的完整面向。

　　1949 年以後，大陸京劇及各地方戲劇在臺灣雖有不同程度的發展，但基本上都與民間社會隔絕，不但脫離了其在中國的成長環境，也無法融入臺灣社會，以與本地文化傳統結合，迥異於日治時期的大陸各劇種，能在臺灣扮演多種社會文化功能，並成為臺灣戲劇的一種，兩者差距何其遙遠。[87]為了使京劇能跟上臺灣新的時代，適應臺灣人的審美要求，它就必須要進行現代化的變革，也就是所謂「戲改」的工作。京劇的現代化、臺灣化的問題是多方面的，但最重要的標誌還是京劇表演如何與現代生活相契合，這是一個古老的傳統戲劇，為了維繫生存、提高表演生活能力、延續長久藝術生命，最終必需面對及解決的問題。總之，京劇要革新發展，迎合時代潮流是必然的趨勢，戲曲要能反映今天新的生活，才能深植人心，為大眾所喜愛，也才有其立足點。此即余秋雨所說的「還戲於民」的工作，京劇的興衰，關鍵在於觀

---

[86] 劉禎，〈民間戲劇：中國戲劇史的另一面──20 世紀中國戲劇史學的一種批判研究〉，《兩岸戲曲回顧與展望研討會論文集》卷一（台北：國立傳統藝術中心籌備處出版，民國 89 年 1 月出版），頁 269。

[87] 邱坤良，《日治時期台灣戲劇之研究──舊劇與新劇（1895-1945）》，同註 34，頁 362。

眾的多寡，我們常說的「戲劇危機」，也是因為觀眾銳減所致。[88]

在京劇與現代庶民生活艱難對接的此刻，個人以為，現階段京劇在臺灣之發展，有幾條路可以嘗試走走看：

1.加強劇目建設：創作出更多、更好的，具有臺灣特色和時代精神的精品劇目。在資訊無國界的今天，我們可以參考世界各國好的戲曲，加以觀摩借鏡，進而豐富臺灣京劇的內容，但在借鑒的過程中，我們要保有自己的特色，不可失去自我的主體性，否則即為失敗。

2.在戲曲文化方面，要改變京劇的性格，使其由前一時期大眾娛樂在現今的殘存，轉型為當代新興的精緻藝術。要改變京劇觀眾的結構，除傳統戲迷外，吸引藝文界人士和青年知識分子欣賞京劇。此外，在京劇的審美觀部分也宜作調整，由傳統的注重「四功五法」，轉而要求劇作整體的質量。[89]

3.普及深化戲曲教育：大力培植人才，尤其要側重高、精、尖人才的養成，臺灣只有幾間戲曲學校是不夠的，我們要在各縣市普設戲曲中學，至少每個縣市要有一兩間，不一定只是培養京劇人才，而是可以依劇種分頭發展。如宜蘭可設歌仔戲學校、雲林可置布袋戲學校，臺北以京劇為主等。此外，如編劇、導演、音樂、舞蹈、行政管理、理論研究、教師師資等相關人才的培訓，也是刻不容緩的當務之急。總之，無論理論也好，藝術實踐也好，若沒有頂尖優秀的人才，戲曲要現代化，包括京劇也是如此，都不可能深化、發展和完成。

4.京劇的庶民化與大眾化：加強京劇與人民的聯繫，還戲於民，是京劇發展的生命線，是走出困境的最終道路。至於如何做法，首先是積極扶植民間職業劇團，幫助其深入基層，政府機關及民間財團可以給予適當的補助，例如辜振甫的臺泥集團，其對京劇的支持與贊助，就是一個很好的成功例子。以京劇表現現代題材，似乎比較困難，但是，只要認真地遵循戲曲藝術特有

---

[88] 余秋雨，《中國戲劇文化史述》（湖南：人民出版社，1985 年 10 月 1 版），頁 252。
[89] 柳天依，《郭小莊雅音繚繞》（台北：台視文化公司，1998 年出版），頁 192。

的規律，精心製作，依然能大放光彩。

5.與文化觀光產業作結合：自上個世紀 90 年代以降，臺灣旅遊業的新趨勢，是與世界其他先進國家同步，開始朝向「文化觀光」（Cultural Tourism）之潮流邁進。為滿足旅客對於觀光的各種需求，文化觀光足以作為這樣的一個代表－－包括靜態的風景名勝、動態的文化性活動、含有文化特質的生活方式等。因此，世界觀光潮流已然走向於文化觀光，也唯有蘊含於觀光中的文化，才能形成一強而有力的觀光吸引力。[90]

基本上，觀光是一種對他國、他地的人文觀察，其中包括文化、制度、風俗習慣、國情、產業結構、社會型態、宗教信仰、民俗節慶等，其作用在增廣見聞、豐富知識及提高素質等。而上述所言的文化等項目，其實都可以歸類在「文化觀光」的範疇內，何謂「文化觀光」？Richard 說：「文化觀光包含歷史遺跡（過去的手工藝）和藝術觀光（當代的文化產物）。」[91]主要目的是享受一些具有文化觀光的因素，這些元素包含音樂、戲劇表演、文獻及影片放映。[92]McIntosh 言：「文化觀光是一種有趣的特殊旅行形式，基本上藉由文化的形式去吸引或激勵人們旅遊。」[93]

「聯合國教科文組織」認為：「文化觀光為一種與文化環境，包括景觀、視覺和表演藝術和其他特殊地區生活型態、價值傳統、事件活動和其它具創造和文化交流的過程的一種旅遊活動。」[94]「世界觀光組織」則將文化觀光區分為廣義與狹義兩種解釋，狹義指的是「個人為特定的文化動機，像市遊學

---

[90] 高鵬翔編著，《文化觀光》（台北市：鼎茂圖書出版，民國 99 年 1 月 1 版），頁 154。

[91] Richard,G.（2001）"The development of cultural tourism in Europe", in Richard,G.（ed.）Cultural attractions and European tourism, Wallingford：CABI,pp3-29.

[92] 參閱 Britain Tourism Association.（BTA）

[93] 參閱 McIntosh,Robert W.and Goeldner,Charles R.(1990).Tourism principles,practices,philosophies,sixth edition. John Wiley and Son. New York.

[94] National Assembly of States Arts Agencies, http：//www.nasaa-arts.org/artworks/cultour.shtml；Estonina,Latvian and Lithuanian National Commissions for UNESCO, Baltic cultural Tourism Policy Paper,UNESCO,2001-2003,p.12.

團、表演藝術或文化旅遊、嘉年華會或古蹟遺址等而從事觀光的行為。」廣義係言「文化觀光包含所有人們的活動，它為了去滿足人類對多樣性的需求，並試圖藉由新知識、經驗與體驗中深化個人的文化素養。」[95]

綜合上述解釋，吾人可以對文化觀光下個最基本的陳述：文化觀光為區域外來的觀光客，被歷史遺跡或藝術表演所呈現全部或部分的歷史的、藝術的、美感的、知識的、科學的、情感的、心理的或生活的不同形式的活動與經驗等這些面向的東西所感動。[96]

文化觀光的類型，大致可分為文化遺產觀光、事件型文化觀光、學習型文化觀光、宗教文化觀光與生活型態文化觀光五大類型。其中學習型的文化觀光，通常是指那些從事表演藝術與視覺藝術饗宴等活動類型的觀光。[97]所以，京劇表演應該歸屬於此類，保存戲曲的傳統文化，使京劇藝術能完整地延續下去，使其成為一個活的「文物戲劇」。且藉由與文化觀光的緊密結合，將此世上獨一無二的戲劇美學，中國的國粹；或已傳承至臺灣的國粹發揚光大。

所以，誠摯的建議政府，不論是布袋戲、歌仔戲或京劇等臺灣最重要的傳統戲劇，保存國粹此其時矣！只要政府有決心，拿的出具體的辦法：如改革現行戲劇體制，定期作示範、鑒賞性演出，包括外地巡演。有計劃地錄製演出錄影，經常在電視臺播放，如霹靂布袋戲一樣。創作、排練新劇目，舉辦戲曲會演或比賽，但賽事不宜過多。可以建立一個實驗性的劇團，主要進行改革實驗與創作新劇目。與觀光旅遊業合作，甚至提供經費贊助，積極推動文化觀光產業，將欣賞觀看布袋戲、歌仔戲、京劇等，列為國內外遊客，旅遊臺灣必遊的行程之一部份，而相關的配套辦法，是政府文化部門每年編列預算，提供各縣市地方政府，興建表演平臺等硬體設施，讓臺灣的戲劇展

---

[95] 高鵬翔編著，《文化觀光》，同註89，頁158。

[96] Cultural Tourism and Museums,LORD,http：//www.lord.ca/publications/articles/cul-tourism-koera.html；Stebbins（1996）,http：//www.sccs.swarthmore.edu/users/00/ckennedl/definition.html

[97] 高鵬翔編著，《文化觀光》，同註89，頁159-164、頁162。

演在質與量的部份都能有所提升。相信在上述多管齊下的改革措施，對挽回瀕臨沒落的臺灣傳統戲劇，當有振衰起敝、起死回生的作用。

※本文曾刊載於《臺北城市大學學報》第 41 期（民國 107 年 4 月）；及收錄於《文化資產、第三勢力及政治人物——陳正茂教授杏壇筆耕集》（台北：秀威版，2019 年 1 月 1 版）一書，非常感謝秀威資訊科技股份有限公司的同意轉載。

伍、地方創生與臺灣老街文化

一、本章導言

　　我們現在若有人提到想利用假日要去老街觀光，可能大家腦海中馬上呈現出某一條街；或某幾條串連而有悠久歷史的街道，其實此制式印象，對「街」之定義，可能不全然正確。國人對「街」常作「道路」來理解，指的是地面上比「路」略小的交通動線。然臺灣從清領時期起，「街」即存在著許多不同的意義。清朝時，「街」是聚落市集的統稱，如金包里街、大嵙崁街等；到了日治時代，1920 年 9 月 1 日，日人對臺灣地方制度進行改革，街是郡下管轄的行政單位名稱，如大溪街、新竹街等。所以不同時代，「街」所賦予的意義是不一樣的。[1]而所謂的老街，係指大陸移民來臺開墾後，所形成的人口聚集處，更確切的講，這些老街都是從明末清初一直到民國，論時間都有一、兩百年以上之歷史了。

二、先民之路──老街形成的原因

　　說到老街之成因，臺灣過去是個以漢移民為主的拓墾社會，隨著移民的大量湧入，以同鄉地緣為認同的聚落逐漸形成，其後在經濟發展與交通便利

---

[1]　黃沼元，＜臺灣的老街＞，《臺灣地理全紀錄》（臺北縣：遠足文化，2005 年元月出版），頁 680。

的因素下，有些地方漸次成為交易買賣市集，而在商店集中的情況下，一條以貿易往來熱絡的街道即漸漸形成，此即所謂的老街。老街都是當年曾經繁榮一時的街市，在歷史的某一年代，扮演著地區商業中心的角色。

其次是港口市街的肇興，臺灣四周環海港口眾多，尤其是西部沿海，移民一登陸臺灣，往往就選擇在港口附近居住以便往返，因此港口附近的聚落遂逐漸形成。其後移民一路北上，到臺北盆地甚至東北部的蘭陽平原，期間位於各河口、海港等水路便捷處，自然成為臺灣最早的市街地方。又此時陸運困難，臺灣各地產品之輸入輸出，均有賴港口水運；藉著兩岸間的貿易和商旅往來，吸引大量人口的匯集，碼頭周遭也迅即發展出繁榮的街肆，成為交通樞紐。如安平、鹿港、艋舺、淡水等地，早年都是因為可以停泊大量商船而發展起來的。

唯清代中葉以後，由於臺灣海港河口淤積情況嚴重，兼以陸路交通已漸發達，海路交通的重要性不復已往，交通要地逐漸轉於內陸，特別是處於平原與山地的交界處。由此促成內陸市鎮之崛起，如三峽、北埔、西螺、新化等地。日治時期，因糖業之勃興，日本於臺灣各地興建糖廠，並鋪設縱貫鐵路及森林鐵路，因地利之便，亦帶動一些新興城市的發展，如汐止、湖口、旗山、岡山等地，都是純粹因商業活動而興起。[2]

此外，如地方士紳或富商的造街活動，也會促進若干城鎮的繁榮。[3]但老街之興盛，仍以前述三點為要。即 1.曾經是水陸交通要道之區：如 1860 年淡水開港後，船舶往來頻繁，帶動了淡水對岸大稻埕迪化街的繁華；而中臺灣彰化鹿港，也因為和中國大陸的對口貿易，而促成了鹿港老街。2.過去的產業重鎮：如因金礦產業而興起的九份老街；曾是茶葉轉運的坪林老街。3.拓墾初

---

[2] 黃沼元，＜臺灣的老街＞，《臺灣地理全紀錄》，同上註，頁 681-682。

[3] 如 1889 年，劉銘傳於大稻埕新闢市廛，而規模未備。財富僅次於板橋林家的大稻埕茶商買辦李春生，乃與富紳林維源成立建昌公司，合築建昌、千秋二街洋樓店舖，出租給洋商，促進大稻埕的繁榮。吳文星，＜白手起家的稻江鉅商——李春生＞，張炎憲・李筱峰・莊永明編，《臺灣近代名人誌》第二冊（臺北：自立版，民國 77 年 5 月 2 版），頁 15。

期的移民聚落，如北埔老街、美濃老街等。換言之，老街的構成因素，產業的發展、生產力的強弱與交通的便捷，三者間是有著密切的連帶關係，尤其是商業發展條件更為重要。

三、滄海桑田──老街的演變與建築

事實上，臺灣老街的演變，是歷經了清朝移民時期的形成、日治時代的轉型與光復後的都市變遷等三個不同時期的階段。日本領臺後，因明治維新西化的影響，對於都市建築亦引進西方的觀念與技術，隨著陸續「都市改正」政策的推動，臺灣傳統漢式建築正在快速流失中，取而代之的是兩、三層的洋樓或是和式的街屋，尤其是巴洛克式山牆、騎樓和紅磚拱廊以及女兒牆等建築特色在臺灣各地蓬勃發展。如大溪、湖口、太平、西螺、新化、旗山等老街，從北到南都可以看見日治時代「都市改正」對老街轉型，所帶來脫胎換骨的深遠影響。

臺灣光復後，社會快速變遷，都市樣貌因更新而急遽改變，很多昔日繁華的老街與古建築，在求新求變的時代潮流衝擊下，成為被拆遷改建的犧牲品。而一些都市變遷緩慢的老街，則幸運的逃過一劫，被保留了下來，且隨著國人保存文化資產觀念的正確建立，透過修復與重建，老街不僅不是地方的累贅，反而是地方上重要的文化資產，以其觀光所帶來之商機，不但有效回饋鄉里，也為老街找到了存活的生命力。[4]

老街最吸引人之處，在於它大部分都已經歷百年以上的歲月，從清朝之商業起步，到日治時代的繁榮，迄於戰後的沒落與變遷，老街見證了歷史的演變，也經歷了時代的滄桑。[5]走訪老街處處可見歲月的痕跡，尤其在建築群

---

[4] 陳正茂、陳善珮，《文化觀光──臺灣文化資產》（臺北：五南版，2013 年 12 月初版）頁 71。
[5] 《一看就懂古蹟建築》（臺北縣：遠足文化，民國 100 年 2 月 1 版），頁 160。

上，不論是民宅、廟宇或街屋，都可窺見各種閩南式、洋樓式、巴洛克式、現代主義式；以及混合漢、洋、日風格的建築特色，這是老街特有的韻味，也是參訪老街最值得一看的地方。

臺灣老街現有的閩南式建築已保存不多，閩南式建築特色為紅磚牆、瓦屋頂、木門窗和屋簷下有方便行人的騎樓（亭仔腳），因日治時期的市區改正被拆毀甚多，現已非常稀少，只有老街還保留若干讓後人追憶。至於洋樓式建築，現仍有不少留下來，早期洋樓建築是以二層紅磚樓房為主，屋頂上大多建有女兒牆，牆上有花瓶欄杆，窗戶多為圓拱形。但臺灣老街現在真正有看頭的建築是巴洛克式建築，此建築風格流行於日治時期，牆面以洗石子為主，在店面上方有立體的山牆，山牆上飾有華麗的柱頭和精緻的花草紋飾，既古典又能彰顯當年店家的氣派與富貴。在 20 世紀初期，臺灣也興起一股現代主義建築風，現代主義建築強調建築的實用性與條理，對建築物不重繁文縟節，無須太多的裝飾，一切以簡化為優先，不像巴洛克式建築有華麗的山牆，現代主義式建築反而常以水平線條為裝飾花紋，一切顯得簡潔樸實大方。[6]

四、歷史記憶的印記──老街導覽

（一）迪化街

臺灣老街最有名者大概就屬迪化街，國人最熟悉的也是迪化街，因為它是臺灣最著名的年貨大街，也是南北貨的集散地。迪化街早期稱作大稻埕，清咸豐年間萬華發生頂下郊拼械鬥，落敗的同安人移居大稻埕，其後因淡水開港，利用淡水河的大稻埕碼頭，隨之發展成以茶葉、布料為主的商業貿易

---

[6] 沈文臺，《臺灣老街圖鑑》（臺北：貓頭鷹出版，2002 年 4 月初版 7 刷）頁 4-17。

中心。各國商人在沿河的貴德街、南京西路上設立洋行，從事茶、糖、樟腦運銷，迅速造就了大稻埕的財富。日治時期，大稻埕易名為永樂町，街市亦擴展到圓環附近，是臺灣南北貨及紡織品的批發集散地。戰後，永樂町改名為迪化街，仍然是臺北市最繁榮的南北貨集散中心，尤以農曆年前的人潮如織，使迪化街成為全臺知名度最高的年貨大街，確實當之無愧。[7]

以前的迪化街，並非僅是今天年貨大街這一區段，大稻埕以前包含的範圍，有所謂的中街、中北街、南街、普願街和杜厝街，每一街段都有其行業特色。南街從霞海城隍廟到民生西路，是臺灣最大的中藥材批發集散地。迪化街 105 號的「林復振商行」，是當年號稱「三郊總長」林右藻家族的發跡地，由這裡開始，就算是進入了以前的「中街」，其範圍是由民生西路至歸綏街，南北貨店林立，也是年貨大街之所在。[8]所謂南北貨，意指無論來自天南地北、五花八門的貨品，都可以在此進行交易，現址 154 號的「林益順商號」，是迪化街最早的店舖。歸綏街以北的地段是迪化街之北段，以前叫做中北街，它是位於涼州街和歸綏街之間，以經營糧食店為主。普願街與杜厝街，在今日涼州街和臺北大橋間，普願街多雜貨店和碾米廠；杜厝街則以礦油店及碾米廠為多。[9]

迪化街店舖有不少建築已有百年以上歷史，街道是南北走向，因此店舖分佈都呈東西向的長條形連棟式建築，長條形空間雖可提供居住與存貨複合使用，但都在門前做生意，相對使得街道相當狹窄。基本上，迪化街最值得看的地方是建築，其店舖的建築風格多屬洋樓式及巴洛克式的建築；兼亦有少數現代主義式建築，唯以巴洛克式最多，如著名的顏義成商行、義裕公司等，都是典型的巴洛克式建築。乾元行則屬現代主義式建築，至於洋式建築

7 許麗芩，《百年迪化風華》（新北市：策馬入林文化出版，2011 年 12 月初版 1 刷）頁 24-35。

8 許麗芩，〈大稻埕開基人物──林藍田與林右藻〉，《百年迪化風華》，同上註，頁 118-121。
   〈林右藻〉，許雪姬總策畫，《臺灣歷史辭典》（臺北：行政院文化建設委員會發行，2004 年 5
   月 1 版），頁 470。

9 莊永明，《臺北老街》（臺北：時報版，2012 年 9 月初版）頁 34-50。

就更多了，在大稻埕北街處，有整排連續的老商號，幾乎全是紅磚拱廊的二層洋樓式建築，它保留了古樸的老街風情與況味。[10]

（二）艋舺老街

「一府二鹿三艋舺」，艋舺是清朝時代臺灣三大城市之一，且後來居上，在晚清可說是臺灣最熱鬧的城市。清中葉以後，臺灣經濟中心北移，艋舺因地處大漢溪、新店溪交匯口，水運條件優越而迅速崛起，當時艋舺人口激增，郊行雲集，與大陸貿易熱絡，為艋舺帶來一片榮景。[11]基本上，艋舺的發展由淡水河畔開始，貴陽街是臺北市最古老的街道，也是艋舺興盛的起點。早期漢人與平埔族常以此地從事蕃薯交易，故舊稱「蕃薯市街」。[12]日治時代改名為「歡慈市街」，並被劃入風化區，故街上有不少妓院。至今仍留有洋樓建築和傳統雜貨店、糕餅店和香舖等，百年老店「新協和藥行」、艋舺教堂、青山宮等，均位於貴陽街上。由康定路、廣州街及昆明街所包圍之街廓，古稱「剝皮寮」，典故為清朝福州商船進口杉木，多在此地剝去樹皮而得名。廣州街、康定路一帶，早期為煤炭集散地而謂之為「土炭市」，現仍有不少精緻洋樓屹立其中。[13]

華西街更是艋舺老街赫赫有名的一條街道，清朝時，此地是碼頭工人的落腳處，娼寮酒館林立。日治時代更直接被指定為風化區，豔名遠播。戰後改名為「寶斗里」，流鶯雲集，尋芳客絡繹不絕。1997 年，臺北市政府決議廢除公娼，此地闢為觀光夜市，引進臺灣小吃，尤以蛇肉聞名，目前是臺北市著名夜市之一。[14]

[10] 吳密察・陳順昌著，《迪化街傳奇》（臺北：時報版，民國73年12月初版），頁1-6。
[11] 卓克華著，《臺北古蹟探源》（臺北：蘭臺出版社出版，2008年9月初版），頁338-341。
[12] 程大學編著，《臺灣開發史》（臺北：眾文版，民國80年6月1版），頁161。
[13] 遠流臺灣館編著，《臺北歷史深度旅遊》（臺北：遠流版，2000年10月1版），頁14。
[14] 趙莒玲，《臺北城的故事》（臺北：臺北市政府新聞處發行，民國82年6月初版），頁8-11。

（三）三峽老街

　　三峽在清朝時代，因大漢溪便捷之航運，以三角湧街（現今之民權老街）為中心，發展出製茶、樟腦與染布三大產業，市況非常繁榮。日治時期因都市更新，全面建設三角湧街道（今民權街南段，約兩百餘公尺），使得這條以巴洛克建築為風格之老街，至今尚保留非常完整。三峽因位於橫溪、三峽溪和大漢溪三條河流交匯處而得名，昔日稱為「三角湧」。[15]三峽老街最富魅力的在於巴洛克式建築，這些店舖以洗石子或紅磚為主要建材，店舖正面有立體之山牆，裝飾著華麗的柱頭，以及精緻的花草紋飾，有些還有避邪的八卦圖案。山牆上刻有牌匾，匾上刻字以姓氏、姓名、行業或店號為主，最常見的刻字為「染」，可見當年染布行業在三峽盛行於一般。[16]

　　三峽老街一樓臨街店面均有紅磚拱形騎樓，一眼望去，如同串聯視覺的拱圈，非常特別。店面的屋頂收頭有圓球形、葉紋形、杯形、瓶形等不同形狀，花樣多變而俏麗，有的屋頂甚至還加蓋各種漂亮裝飾的女兒牆。[17]三峽老街過去最出名的是藍染，那是因為三峽山區有可以製染料的植物馬藍，造就三峽得天獨厚成為北臺灣最大、最著名的染布業中心。當年三峽染布最風光的歲月，其染布大量銷售到廈門、福州、上海等地。日治時期，因化學合成染料的問世，才使三峽傳統染布業走向衰落。[18]

　　近年來文化資產維護的觀念受到重視，許多文史工作者齊心致力於三峽染織工業技術的復原，希望能重新開創三峽染業的風華魅力。將傳統藍染的手藝，創新用於如壁飾、門簾、頭巾、手提袋等日常用品上，已成為逛三峽老街購買最好的禮品。此外，建於乾隆34年（1769）的三峽清水祖師廟，有臺灣畫家李梅樹許多精心的作品在裡頭，李梅樹極盡精雕細琢之能事，將中

---

[15]《臺灣深度旅遊手冊1——三峽》（臺北：遠流版，民國83年1月2版），頁26-27。
[16] 卓克華著，《臺北古蹟探源》，同註11，頁192-195。
[17]《一看就懂古蹟建築》，同註5，頁168-170。
[18] 沈文臺，《臺灣老街圖鑑》，同註6，頁68-71。

國傳統廟宇建築之美，做最經典之呈現，其石柱、銅柱數量居全國寺廟之冠，是絕對值得一看的好地方。[19]

（四）淡水老街

淡水舊名「滬尾」，位於臺灣西北端，淡水河下游北岸。17 世紀初，漢人足跡開始踏上淡水，其後因地理位置重要，受到荷蘭、西班牙、英國等西方海權國家的覬覦，使淡水這河港小鎮，融合多元的異國文化。咸豐 10 年（1860）淡水開港，淡水港一躍成為北臺灣第一大港，主要輸出茶葉、樟腦、硫磺等商品，後因河口淤積，商務為基隆所取代。淡水街主要的建築形式為所謂的「長形街屋」，此乃因為受限於地形，居民只得利用狹長的土地分割方式，來獲取更多的沿街面戶數。[20]

淡水老街的發展約可分為三個階段，嘉慶年間，淡水居民在河口興建「福佑宮」媽祖廟，後由此而發展至「牛灶口」一帶，相傳有大批八里災民參與加入擴展家園的行列，因此也稱為「重建街」。稍晚，另一條與之平行的商業街道也闢起來了，因聚集甚多的米行、碾米廠，所以也叫做「米市仔」。道光年間，重建街延伸至「崎仔頂」，到咸豐時期，龍山寺落成，攤販雲集，米市仔街往南發展出「後街」和布店集中的「布埔頭」，其後清水巖祖師廟興建後，才將米市街易名為「清水街」。清水街因為是當年北臺灣米糧交易的中心之一，故後來街肆成為淡水的主要民生消費區，目前仍商販聚集熱鬧依舊。[21]

日治時代，因市區改正，淡水主街均拓寬為九公尺，兩旁住戶亦改建為二層樓的紅磚建築，臨街者均被披上當時流行的式樣，構成所謂「淡水老街」

---

[19] ＜李梅樹先生行誼＞，《國史館現藏民國人物傳記史料彙編》第七輯（臺北：國史館編印，民國81 年 7 月出版），頁 124。

[20] 戴寶村，《臺灣的海洋歷史文化》（臺北：玉山社出版，2011 年 1 月初版），頁 141-144。

[21] 廖櫻華，《邂逅・漫步・淡水古蹟：淡水古蹟博物館導覽手冊》（新北市：新北市立淡水古蹟博物館出版，2011 年），頁 56。

的主體，亦即今日貫穿淡水市區的中正路老街。淡水老街沿河而建，近今日
的河堤步道，是欣賞淡水河與觀音山美景的最佳去處。附近也是淡水金融與
行政中心，上百年的西班牙式紅磚建築「達觀樓」（今之紅樓）即座落於此。
基本上，淡水老街的建築雜錯著洋式、閩式、日式等風格，充分體現出淡水
中西交匯之城市樣貌，有不少當年店號的字樣，今仍依稀可辨。[22]1999 年，淡
水老街重新整修拓寬，規劃的更井然有序，漁人碼頭的餘暉、觀音山之夕照、
悠悠淡水河白鷺絲的自由邀翔天際，與不經意而過的渡輪，遊人悠閒徜徉其
間，交織成淡水優美的圖像。淡水小吃配上美景，是淡水予人最深之印象，
老街依舊人潮熙來攘往，見證淡水的百年滄桑，也讓小鎮的風華再現。[23]

（五）新莊老街

新莊是大臺北盆地最早開發的地區，早在康熙 36 年（1697）漢人便進入
此地拓墾。乾隆年間，移墾人口日眾，也帶動此地的繁榮，由於是淡北地區
最早的新興都市，故名「新庄」，日本時代改為「新莊」。[24]新莊老街在今日
新泰路與思源路之間，為全長約兩公里的新莊路，早期分為「頂街」、「米
市街」、「五十六坎」（坎為商店的計量單位）三段，路面全由壓艙磚鋪設，
是各地南北貨的集散地，現仍保留一些傳統行業，如老順香糕餅店、翁裕美
商行、日日用打鐵店、尤協豐豆干、小西園戲偶展示館等百年老店。

新莊老街上廟宇眾多，大概均蓋於康、雍年間，此與新莊地方早期發展
有關，奉祀天上聖母的「慈佑宮」香火鼎盛，鄰近街市熱鬧。[25]此外還有「保
元宮」前的竹器碼頭、廣福宮前思明街的建材碼頭，以及武聖廟武前街的木

---

[22] 遠流臺灣館編著，《淡水深度旅遊》（新北市：遠足文化出版，2001 年），頁 74。

[23] 新北市立淡水古蹟博物館，《淡水尋寶記》（新北市：遠足文化出版，民國 101 年 12 月 1 版），
頁 236-249。

[24] 新北市文史百科全書編撰小組編撰，《新北市文史百科全書》（新北市：遠流版，民國 99 年 11 月
出版），頁 223-224。

[25] 黃丁盛，《跟著媽祖去旅行》（臺北：晴易文坊媒體行銷有限公司發行，2007 年 4 月出版），頁
40。

材碼頭，可以想見昔日「千帆過盡」的熱鬧景象。除古廟外，新莊老街還有著名的「挑水巷」、「戲館巷」、「米市巷」三巷，「挑水巷」巷子狹窄，寬度僅容二人錯身，盡頭設有隘門防禦盜賊，目前僅存磚牆遺址。

　　清代隨著商旅傳進臺灣的中國傳統戲曲，也在新莊街上留下足跡，小西園、錦上花樓等多家戲班、戲館皆駐足街上，使此街有戲館巷之稱，巷內留有很多紅磚老建築與傳統的三合院，都是過往新莊街曾盛極一時戲曲文化的歷史見證。[26]另外，新莊街昔日也是米糧的集散中心之一，米市街是當時通往碼頭的要道，也是佃農零售稻米之處，板橋林家起初也是在此經營米鹽生意起家致富的，巷內的林泉成商號立面牌樓高聳氣派，可遙想當年之榮景於一斑。

（六）深坑老街

　　深坑舊名「簪纓」，起因為地形似女子盤頭用之髮釵而命名，清時隸屬拳山堡，為平埔族秀朗社所轄。乾隆 20 年（1755）泉州人始來此地開墾，道光初年深坑開發才大致底定。[27]深坑原是以農業為主的鄉鎮，先民從上海引進染布原料「大菁」苗種，在山區栽植成功後，才開始經濟發展。嘉慶初年，深坑街肆已然成形。咸豐末，臺灣開港，茶葉的輸出，帶動深坑的經濟繁榮。位於北碇公路旁的深坑街，原本只是條不起眼的泥土路，以後因為火災而重建成「土埆厝」，日治時因「街道改正」拓寬道路，街屋也改成有「亭仔腳」的巴洛克式立面。老街中段的「德興居」，約有百年歷史，是深坑街最具代表性的建築，建材及雕刻都十分考究，騎樓的巴洛克式雕花立面，當時無出其右；牆頂裝飾法國式的花草，厚實而立體，目前由「深坑文史工作室」管理，裡頭陳列當地畫家與雕刻家的作品。[28]

---

[26] 新北市文史百科全書編撰小組編撰，《新北市文史百科全書》，同註 24，頁 235。

[27] 新北市文史百科全書編撰小組編撰，《新北市文史百科全書》，同上註，頁 611-612。

[28] 田焱欣，《深坑美簪纓》（臺北：紅樹林文化出版，2003 年 9 月初版），頁 150-151。

來深坑老街更要欣賞當地的古厝群,這些富裕私人宅第,外形是閩南式紅磚建築三合院,除特殊建築藝術外,防禦意味十足。目前保存較好的還有永安居、黃氏祖厝、福安居、德鄰居、潤德居、黃氏古厝等,其中永安居已被列為三級古蹟。深坑是早期文山區的重要聚落,保留了相當完整的文化資產與地方特產。四十多年前,王氏兄弟改良豆腐的燒煮方法,以純手工鹽滷製作,在媒體報導下一炮而紅,使深坑成了豆腐的故鄉,成為當地最有名的特色小吃,亦為老街注入蛻變轉型的生命力,至今想到深坑老街,幾乎都會與豆腐連想在一塊吧![29]

(七)金山老街

金山舊名「金包里」,位於臺灣東北角,17 世紀時平埔族的「金包里社」曾是此地之主人,康熙年間漢人前來拓殖,居民以農、漁業為生。日治時,各種行業逐漸發展,金包里街上商家林立,如布行、米店、中藥舖等,成為金山、萬里、石門一帶的商業中心。水源是金包里街生活的重心,人家多傍水而立,當地居民喜興建閩南式長條型店屋,老街東段的「慈護宮」,俗稱大廟,主祀媽祖,建於嘉慶年間,與供奉開漳聖王的「廣安宮」,同為鄉民的信仰中心。街上王姓中藥舖,是棟巴洛克氏的洋樓建築,值得一看。[30]金山老街曾一度因社會轉型及聯外交通與產業結構變化不大,而面臨沒落之危機,幸國人休閒風氣興起,金山為北海岸觀光據點之一,透過溫泉與鵝肉小吃,又讓老街商機復現,所以只有打出自我特殊品牌,才能維繫老街的生命與增進地方的繁榮。

---

[29] <深坑老街>,新北市文史百科全書編撰小組編撰,《新北市文史百科全書》,同註 24,頁 621。

[30] 《臺灣深度旅遊手冊 6——北部海濱之旅》(臺北:遠流版,民國 83 年 5 月初版),頁 70。<金包里老街>,新北市文史百科全書編撰小組編撰,《新北市文史百科全書》,同註 24,頁 384。

（八）鶯歌老街

　　鶯歌位於新北市南端，與桃園為鄰，此地以陶瓷聞名全省，有「臺灣景德鎮」之稱，精緻的陶瓷製品，常是元首贈與外賓的最佳紀念品。早年鶯歌出產煤礦，而三峽的土礦也經由本地運送，兼以農產品及米糧的轉運，使鶯歌成為各項商品的集散地。鶯歌有三寶，即煤、土、陶，嘉慶年間，是鶯歌陶瓷業的開始，因鶯歌的黑褐黏土易於捏製，附近又有炭礦，非常適合燒窯業的發展，遂成為泉州人吳鞍創業的最佳選擇。[31]咸豐年，吳姓後代移至今尖山埔一帶，繼續經營陶瓷業，也吸引不少同業前來，一時煙囪林立，窯場遍佈，也開啟鶯歌陶瓷的黃金歲月，成就了尖山埔這條陶瓷老街。日治時期，工業機械化的生產，將傳統窯業推向更高境界。戰後，鶯歌的日用陶轉向精緻化，將鶯歌的製陶藝術邁向更高峰。近年來，地方政府將尖山埔街闢為形象商圈，提供遊客選購、鑑賞與手拉胚教學。[32]

　　鶯歌老街除尖山埔街外，還有介於火車站和陶瓷博物館間的文化路，至今文化路猶保留了許多歷史建築，「成發居」的紅磚老瓦厝地面上，鋪的是當年臺灣煉瓦株式會社所燒的錫口磚；百餘坪的「汪洋居」，屬於兩層樓的巴洛克風格，已殘破的「益成記」是鶯歌陶瓷名人陳斐然的故居。此外，農會米倉、古鐘樓以及蛇窯老煙囪也都值得瀏覽參觀。[33]

（九）九份老街

　　九份在臺灣東北部，隸屬於瑞芳鎮，它是一個面海的山城聚落，視野遼闊，四季風情各有不同。九份因淘金而聞名，當年因大批淘金客湧入，帶動

---

[31] ＜鶯歌陶瓷老街＞，新北市文史百科全書編撰小組編撰，《新北市文史百科全書》，同註 24，頁185。

[32] 《一看就懂臺灣博覽》（臺北縣：遠足文化，民國 100 年 6 月 1 版），頁 192-193。

[33] 張志遠，《臺灣的工藝》（臺北縣：遠足文化，民國 93 年 1 月 1 版），頁 28-33。＜鶯歌成發居＞、＜鶯歌汪洋居＞，新北市文史百科全書編撰小組編撰，《新北市文史百科全書》，同註 24，頁 184-185。

了九份的繁榮，也開啟了九份的流金歲月。淘金利潤優厚，礦工在得金後，即在當地花天酒地的享受，因此九份的繁華遠非當時的基隆可比，酒館茶肆妓院櫛比鱗次，由海上遙望，只見山城燈火輝煌，彷如不夜城，時有「小上海」、「小香港」之稱。[34]九份的地勢依山面海，房子大都沿著石階層層疊疊加蓋，為防風擋雨，門埕、女兒牆均覆上柏油的黑屋頂，成為九份特殊的居住景觀。另外，因受限於地形，若干小巷穿過別家屋子的「穿屋巷」，更堪稱是九份奇景。九份的主要街道，係呈「丰」字型，橫向最上面的輕便道，是採礦時代小火車通行的軌道遺址；中間的基山街是最熱鬧的酒店街，也是今天九份老街的主體；最下方是汽車路，為通行汽車及方便欣賞海景夜色之處，有數百級石階的豎崎路，為貫通三條路之幹道。[35]

　　九份老街以基山街最富盛名，因店屋緊鄰，使得寬僅三、四公尺的街道不見天日，素有「暗街仔」之稱。老街不管平日或假日，人潮川流不息，各式小吃應有盡有，其中以飄香的芋圓最有名，也成了九份老街的招牌。街上還有市場、銀樓、西裝店、理髮廳、雜貨店、藝品店等，近年國人休閒風氣改變，九份老街也順應潮流，取而代之的是茶坊與民宿，成為觀光遊客的最愛。[36]九份老街周圍有幾個景點值得一覽，因九份黃金傳奇的「黃金博物館」，保存了日治時代的鑿礦工具及冶金設備。遠一點的「臺陽礦業事務所」舊址，體驗昔日礦業盛況和了解臺灣五大家族基隆顏家的歷史，及對九份的採金的貢獻。[37]福山宮是當年礦工的許願之所，聖明宮主祀關聖帝君，為九份人的信仰中心。「五番坑」於 1927 年以開採坑口整齊的石塊推砌而成。成立於 1914 年，1951 年改建的「昇平戲院」，因電影「悲情城市」造成轟動，使九份山城重新吸引眾人的目光。[38]懷舊的老街、荒廢的礦坑、百年的淘金史，沿著老

[34] 葉有仁，＜沒落的臺灣黃金城——九份＞，《史聯雜誌》期 8（1986 年 6 月），頁 11。

[35] 《九份》（臺中：三久出版社出版，1996 年 12 月初版），頁 65。

[36] ＜基山街＞，新北市文史百科全書編撰小組編撰，《新北市文史百科全書》，同註 24，頁 453-454。

[37] 唐羽，《基隆顏家發展史》（南投縣：國史館臺灣文獻館發行，民國 92 年 7 月出版），頁 144-148。

[38] 葉寄民，＜文學與電影的滄桑＞，收錄於許極燉編著，《尋找臺灣新座標》（臺北：自立版，1993

街漫步，細細品味山城九份的那股特殊風情吧！

（十）大溪老街

　　大溪舊名大嵙崁，位於大漢溪畔，咸豐 10 年（1860）淡水開港後，大溪因是淡水河上游重要的內陸河港而發達，桃竹苗地區的茶葉、木材、樟腦等均經過大溪轉運，全盛時期大溪街上商家超過三百家以上。日治時期，為配合都市更新，大溪街上富有商家均出資修建臨街店面，造就了今天我們所看到的巴洛克風格建築的老街風貌。這些店面以紅磚為主要材料，店舖正面有山形、半圓形或圓弧形的立體山牆，柱頭裝飾華麗，山牆上刻有姓氏或商號。大部分店舖都是長條形連棟式建築，一樓臨街有磚砌或石雕的圓拱形騎樓，華麗而古典，見證了老街昔日的繁榮。[39]

　　大溪老街的特色在於玩與吃，大溪木器非常有名，雕刻師傅手藝精巧，以鄰近復興鄉的紅檜，加上大溪優質的漆料上漆，製作成精美無比的木器。[40]而且大溪人很聰明，木器製作後剩下的木料，也廢物利用製作出許多令人懷舊的童玩，如陀螺、木風車、竹蜻蜓等，到大溪老街可以找到舊日童趣，這是相當讓人回味的。此外，大溪老街也保留了相當多傳統小吃，如最有名的大溪豆干、手工花生麥芽糖等，知名豆干店如「黃日香」、「黃大目」、「萬里香」、「廖心蘭」等老品牌；其他像豆花、月光餅、油飯、肉圓等，也是大溪甚受遊客歡迎的傳統美食。[41]

（十一）楊梅老街

　　楊梅舊名「楊梅壢」，因此地楊梅樹生長茂密而得名。楊梅拓墾於康熙

年 7 月 1 版），頁 291-292。＜昇平戲院＞，新北市文史百科全書編撰小組編撰，《新北市文史百科全書》，同註 24，頁 450-451。
[39] 《大溪鎮志》＜地理篇、歷史篇、政治篇＞（桃園縣：大溪鎮公所出版，民國 93 年），頁 150。
[40] 《一看就懂臺灣博覽》，同註 32，頁 202。
[41] 《一看就懂古蹟建築》，同註 17，頁 172-175。

年間，乾隆時墾戶日增，逐漸成為漢人聚落。清領時期，楊梅即是南北交通
要地，市街發展也隨之而起。日治時代，現今楊梅車站附近逐漸形成新的商
業區，謂之「新街」，也是楊梅最繁華的地區。新街的店屋頗具文化價值，
是楊梅市街歷史建築密度最高的地段，此地店屋泰半建於上世紀三〇年代，
二層樓的土埆或磚構基礎，立面雖不及大溪的華麗，但洗石子的作工更甚一
籌。楊新路的店屋，多係二層清水磚搭建，大華街與光華街等老街地區，建
築特色為一層平房與兩層大型露臺的街屋。[42]

「錫福宮」是楊梅人的信仰寄託，廟後的伯公山，是楊梅著名的休憩勝
地，火車站前有「日本運通株式會社楊梅支店」舊址，樓似西洋建築，屋脊
卻是臺灣傳統樣式，最特殊的是正面騎樓下的托架與窗間柱的八角形斷面，
女兒牆及柱頂的裝飾也值得細看。這棟建物見證 20 世紀三〇年代，臺灣公路
客貨運興起，取代輕便軌道的交通轉運時代，頗富歷史價值。[43]

（十二）北埔老街

北埔位於新竹縣東南，地形為山地和丘陵，氣溫適中適合種茶，有名的
「東方美人茶」即為北埔生產。而每年秋季，由大坪溪谷向外吹的「九降風」，
更是製作柿餅不可或缺的天候條件。道光年間，因「金廣福墾號」的成立，
漢人正式入墾北埔，北埔聚落也逐漸形成。咸同之際，客家人移墾此地人口
大增，北埔開始成了客家庄，也成為當地的行政、商業、軍事重鎮，當時北
埔成為新竹第二大城，僅次於竹塹城。[44]

武力移墾是臺灣早期拓墾的方式之一，北埔聚落住屋比鄰而建，巷弄曲
折狹窄有如迷宮；屋身多以堅固土埆築成，除窗櫺與鎗眼少有開口，聚落內
也是以防禦為優先，有古色古香的三合院，亦有大正時期的牌樓街。位於北

---

[42] 陳正茂、陳善珮，《文化觀光——臺灣文化資產》，同註 4，頁 81。

[43] 黃沼元，＜臺灣的老街＞，《臺灣地理全紀錄》，同註 1，頁 720。

[44] 《北埔鄉志》（新竹縣：北埔鄉公所發行，民國 94 年 11 月出版），頁 73-84。

埔中心點的「慈天宮」廟前，是北埔最熱鬧的商業中心，兩旁屋街為大正時期的牌樓建築，典雅的拱形紅磚立面，色澤溫潤依舊。拓殖北埔功臣姜秀鑾的家「天水堂」與「金廣福公館」比鄰而居，現均為一級古蹟。[45]

北埔曾以茶聞名，戰後因周遭發掘出豐富煤礦，吸引許多外地勞動人口移入，帶動北埔發展出休閒娛樂產業。當時街頭茶坊遍佈，酒家戲院林立，街市鼎沸，惜後來漸趨沒落，北埔又回到寂寞的景況。近年來，因客家風味小吃及老街懷舊風潮，北埔老街又重新回到人們的記憶來，假日遊客甚多，暢遊北埔老街，懷想當年開拓之艱辛及閩粵合作的北埔開墾史。

（十三）湖口老街

新竹湖口原是平埔族的屯墾地，乾隆末，客家人移墾湖口，聚落逐漸形成。由於湖口位於山區和臺地之間，自然成了貨物的集散地。光緒 19 年（1893），劉銘傳主導的鐵路鋪設至湖口正式通車，使湖口一下子聲名大噪。當時的「大湖口火車站房」，每天有六班車往返基隆、新竹間，行旅、貨物往來運送，使車站附近開始聚集人潮。日治時的「湖口驛」不僅營運良好，更提供附近周邊的商機，久而久之，湖口遂發展成商業區，無數的小販商賈前來交易買賣，惜因腹地不廣，商圈最遠只到新豐、富岡一帶。其後鐵路遷移，老湖口的人潮與商機，遂往新湖口轉進。[46]

湖口老街的成型，除地理因素外，與羅氏家族的開發也很有關係，羅氏先祖羅宏陛在老湖口發跡成大地主，不但獻地蓋廟三元宮，還開發通往舊湖口車站的道路，起屋造舍吸引商機，老街雛型稍具。大正年間，湖口老街正式成型，為當時湖口一大盛事。老街居民大都姓「葉」，街上多是磚造平房；「橫街」多姓「周」，街上建築以「周永興」、「周裕興」兩家屋舍保持最

---

[45] ＜北埔・金廣福公館＞，Tony 黃育智著，《旅行・遇見歷史》（臺北：南港山文史工作室出版，2009 年 8 月初版），頁 120-126。

[46] ＜鐵路線上的興衰——湖口＞，《臺灣歷史全紀錄》（臺北縣：遠足文化，2005 年元月出版），頁 315-316。

完整。另外，湖鏡村的「舊街」，也年代久遠，和老街不相上下。

　　湖口老街全長約三百公尺，街頭寬十米，街屋多為兩層樓狹長店舖住宅，建材主要為紅磚與福州杉，穹拱形式的亭仔腳寬敞氣派，屋簷更有鳳凰、獅身、花卉等裝飾圖案，深受遊客矚目。目前湖口老街因年代久遠而幾經維修，仍保留基本格局，唯已難恢復當年榮景，街上大多為單純的住宅區，幾間診所、店面羅列其間。公路對面茶園，依舊飄散淡淡茶香，只是亭仔腳已無撿茶人，歷史風華不再，有不勝唏噓之感。[47]

（十四）苑裡老街

　　苑裡位於苗栗西南端，因諸溪流交匯，適合農業發展，而有「苗栗穀倉」之譽。苑裡地處臺灣南北交通要道，乾隆年間，已聚集不少商家逐漸形成聚落，並建立起房裡城。房裡溪流經數里，溪面寬廣，行旅必須靠小舟或竹筏才能擺渡來往，當地人曾建「義渡碑」以紀念這種重要的交通方式。[48]苑裡是苗栗地區較早開發之市鎮，鎮上多是土石砌成的閩南式三合院老宅，天下路是苑裡著名老街，兩旁樓房林立，過去是富商雲集的熱鬧街市，以紅磚為主要建材的亭沿廊柱，沒有太多的裝飾，刷白的石灰也遮不住斑駁的牆齡，日式的窗櫺推門，記錄過往的輝煌時光，如今只能從大紅的門聯去遙想當年了。

　　早期平埔族婦女曾以大甲溪的藺草來編織床蓆，經漢人推廣後，竟成為當地特產。日治時代，日本人十分重視此技法，鼓勵農民種植藺草，苑裡天下路遂成為手工業重鎮，商機亦蓬勃發展，全盛時有百餘家店面，產品更經由大甲轉銷各地，因此有「大甲藺」之名，殊不知真正產地是苑裡。[49]苑裡的藺草編織，手工精細，草蓆甚至添加花紋和圖案，稱作「加紋蓆」，從現今的「龍鳳蓆」尚可見到其手工之精緻。惜隨著工商業的迅速發展，傳統編織

---

[47] 沈文臺，《臺灣老街圖鑑》，同註6，頁84-87。

[48] 黃沼元，〈臺灣的老街〉，《臺灣地理全紀錄》，同註1，頁734。

[49] 《一看就懂臺灣博覽》，同註32，頁200。

業已沒落殆盡，今苑裡老街僅存數家蓆帽店，守著祖先遺留下來的生計。

清末，苑裡老街曾以「苑裡八景」聞名全臺，現還留有咸豐年間興築的土城堡舊址，位於苑裡市街正南方的媽祖廟「順天宮」，是縱貫鐵路西海岸最古老的一間廟宇，稱為「城內媽祖」，與城外媽祖的「慈和宮」，一起守護苑裡居民。戴上輕軟透氣的藺草帽，漫步在古老的苑裡街巷間，感受一下昔日的苑裡風華吧！

（十五）梧棲老街

梧棲位於臺中，西面臨海為臺中港區，因近海故先民早以捕魚為業。乾隆 30 年（1765），當地開始與福建從事船務等商業，霧峰林家即以此為貨物進出港口。道光時，梧棲郊行林立，航運空前繁盛，老街地位於此確立。[50]當時梧棲老街有不少精緻建築，惜 1936 年的大地震，加上後來的皇民化政策，使得街景完全改觀。目前商店與住宅交錯，看到的多是昭和時代的建築，屋舍都是洗石子立面，上面浮雕業主姓名或商號；已經閒置的舊派出所，猶可窺見大正時期的風采。在頂橫街裡，有一座清朝遺留下來的古厝，是梧棲文人世家林廷錫住所。[51]

梧棲廟宇特多，老街上的「朝元宮」供奉湄州媽祖，建築頗有特色。1955年重修時，庭院由古唐山石砌成，年代為咸豐年間的迎賓石獅，殿內石堵刻上王羲之、曾國藩、左宗棠、康有為、梁啟超等名人書法，相當少見。[52]老街有兩間名聞遐邇的傳統美食店，一是「新天地海鮮餐廳」，另一家為「林異香齋」，是香菇鹹蛋糕的創始店。梧棲聯外道路方便，梧棲漁港的休閒魚市，是中部嚐鮮饕客的最愛，兩岸直航後，梧棲前景無限，只是拆遷後的老街，不知還能保持多少原貌，令人憂心。

---

[50] 《梧棲鎮志》（臺中縣：梧棲鎮公所編印，民國 94 年 5 月出版），頁 90-92。

[51] <五汊匯聚老港口——走訪梧棲>，《臺中縣文化資產巡禮》（臺中縣：臺中縣文化局編印，民國90 年 12 月出版），頁 90-95。

[52] 黃沼元，<臺灣的老街>，《臺灣地理全紀錄》，同註1，頁 738。

（十六）大里老街

　　臺中大里開發已有兩百年歷史，乾隆 15 年（1750），移民湧進大里，與
犁頭店、四張犁合稱中部三大聚落。當時居民利用烏溪入海接通鹿港，發展
出水路運輸系統，商業繁忙，碼頭附近各種染坊、旅社、南北貨、藥行櫛比
鱗次。大里老街上的「福興宮」，供奉當年伴隨移民渡海來臺的湄州黑面媽
祖，香火鼎盛是大里人的信仰寄託。位於將軍巷口的「七將軍廟」，是當地
特殊的義民信仰，約建於清同治年間，已有上百年歷史。[53]

　　老街的屋宇相當有特色，每一戶都有騎樓亭仔腳，壁面是紅磚砌成的斗
子牆，門板雕工精緻，目前保存最完整的是林氏古厝「慶源堂」。大里過去
有鹹菜王國的稱號，將軍二巷是昔日專事芥菜加工的「鹹菜巷」，今日老街
巷內仍有幾家堅持以傳統古法醃漬的鹹菜專賣店。[54]

（十七）鹿港老街

　　「一府二鹿三艋舺」，為形容清朝時代臺灣的三大城市，由此諺語可知，
鹿港是僅次於臺南府城的臺灣第二大城市。[55]鹿港在彰化，早期港口水深，是
中臺灣與大陸主要的海運貿易港口，商業雲集街市繁榮，商店櫛比鱗次，有
所謂的鹿港八郊，這麼多致富的郊商，逐漸形成今日鹿港老街的樣貌。[56]郊是
清朝時代臺灣的同業聯合組織，類似現在的商業同業公會。郊之命名可以反
映其同業性質，如與廈門港貿易的同業商號組織為廈郊，以糖為貿易商品的
同業商號組織為糖郊、以米為貿易商品的同業商號組織稱米郊等等。行則是
組成郊的批發商，所以常統稱為郊行。[57]在早期，臺灣的郊行財力雄厚、勢力

---

53 ＜身懷歷史的傷痕──大里＞，《臺灣歷史全紀錄》，同註 46，頁 331-332。

54 ＜繁華滄桑一甲子──大里老街＞，《臺中縣文化資產巡禮》，同註 51，頁 24-31。

55 《一看就懂古蹟建築》，同註 17，頁 176-177。

56 周璽，《彰化縣志》卷 9＜風俗志・商賈＞（臺北：臺銀文叢第 156 種），頁 290。

57 《臺北縣志》卷 23＜商業志＞（臺北：臺北文獻委員會，民國 49 年出版），頁 28。

龐大，有時甚至比政府還有號召力，他們熱心地方公益，興學建廟、維持治安，在地方上影響力非常大。[58]

所謂鹿港八郊，指的是八個在鹿港的同業聯合組織，它們是泉郊金長順、廈郊金振順、布郊金振萬、糖郊金永興、港郊金長興、油郊金洪福、染郊金合順、南郊金進益等。[59]其中以擁有兩、三百家商號的泉郊，實力、財力最為雄厚。鹿港老街有古市街和五福大街兩條，18 世紀乾隆年間，鹿港市區主要集中在碼頭區，即今日之古市街。古市街住商合一的店屋，多為閩南式的長條形木造街屋。乾隆以後，古市街不敷使用，鹿港居民開始建造新的街市，即後來以順興街、福興街、和興街、泰興街、長興街等五條街道所組成的五福大街，俗稱「不見天街」。因鹿港多雨，店家為考慮客戶方便及雨天仍可自由進出買賣，乃在每家商號店面前沿搭遮雨棚，戶戶相連，就形成了「不見天街」的特殊街景。[60]

（十八）溪湖老街

溪湖位於彰化縣內，乾隆年間，平埔族及漢人相繼入墾溪湖，族群多以血緣姓氏區分聚落分布。居民以務農維生；兼作榨油碾米等加工，後來亦有竹編、打鐵等簡易手工業。大正年間，鹿港名人辜顯榮合併大和與明治製糖株式會社，於糖廠現址設立溪湖製糖所，溪湖街才為之興起。[61]因糖廠業務而發展出金融、商會及娛樂場所，各種商家開始進駐溪湖街。溪湖老街呈南北向，北端是信仰中心的「福安宮」，南抵當時經濟重心的「糖廠宿舍」，位於平和街西側的太平街，是老街最繁榮的路段。昭和時期，街上建起一幢幢

---

[58] 卓克華，《清代臺灣的商戰集團》（臺北：臺原出版社，1990 年 1 月 1 版），頁 195-196。

[59] 劉枝萬編，《臺灣中部碑文集成》之〈重修鹿港聖母宮碑記〉（臺北：臺銀文叢第 151 種），頁 22。

[60] 《彰化縣‧文化休閒導覽手冊》（彰化：彰化縣立文化中心出版，民國 88 年 7 月初版），頁 37-48。

[61] 〈日軍進入臺北城——臺灣總督府的功臣‧辜顯榮〉，吉田莊人著，彤雲譯，《從人物看臺灣百年史》（臺北：武陵出版社出版，1998 年 2 月初版 2 刷），頁 20-29。

精緻泥塑立面的磚造街屋，有「不夜城」之稱。[62]戰後，溪湖老街一度因糖業而蓬勃發展，惜後來轉趨蕭條，現在的糖廠僅以「枝仔冰」吸引遊客，而隨著糖業榮景不再，老街也衰退了。除「羊肉爐」尚能讓饕客光臨外，溪湖老街是徹底沒落了。

（十九）草屯舊街

草屯以前是平埔族洪雅族的領地，清初漢人開始對草屯進行較具規模的拓墾，並逐漸形成聚落。往返埔里盆地的商旅、挑夫多在此休憩、補給，替換下來的草鞋丟棄成堆，故有「草鞋墩」之稱。[63]草屯地區開發最早的是北投堡，也叫舊街，由於得力於貓羅溪的水運之便，迅速發展出繁榮的街市，成為四周農村的交易中心，惜在 1895 年與日軍的對抗中，舊街遭到燒毀。1922年，草屯街實施市區改正，李昌期家族獨資修築「新街」（今和平街），這條商店街立面牌樓整齊劃一，路寬十二米，上百個店面以低價租給外地人營運，帶動地方快速發展。舊車站前的和平街與中山路上，巴洛克式二層紅磚街屋與洗石子風格交互輝映，流露出典雅氣息。[64]

1926 年，草屯庄役場落成，新街也日益熱鬧，郵局、市場、各級機關行號相繼成立，曾風光一時。隨著都市現代化的腳步，草屯舊街也在力圖振作，「9‧21」受損的老街建築已重建完畢。老街雖無熱門景點，但卻是中臺灣旅遊的必經門戶，地方士紳為振興文藝所舉辦的「稻草文化節」及保留完整的「登瀛書院」，都還是有可觀之處。[65]

---

[62] 《彰化縣‧古蹟與歷史建築導覽手冊》（彰化：彰化縣立文化局出版，民國 95 年 11 月出版），頁138-139。

[63] 黃金財，《臺灣鄉土之旅》（臺北：時報版，2000 年 12 月初版），頁 8-10。

[64] <踏破草鞋拓山林──草屯>，《臺灣歷史全紀錄》，同註46，頁 339。

[65] 《一看就懂古蹟建築》，同註17，頁 44。

（二十）西螺老街

西螺位於雲林縣北端，是國內重要的蔬菜專業生產區，米食、醬油也是著名的特產。西螺古稱螺陽，是平埔族巴布薩族部落活動區域，清雍正年間，漢人開始入墾，因為濁水溪的灌溉，土壤肥沃農業發達，人口迅即在水岸附近聚集成街（今延平路頭暗街）。嘉慶年間，一場大水將土地全部淹沒，居民遷至今日的延平路，帶動後來的市街建設。[66]

全盛時期的西螺，是水陸貨物交流的重鎮，商旅往來絡繹不絕，店家、旅社、茶店、酒家充斥市面，繁榮景況遠非今日可比。1935 年，因地震重創西螺，許多建築物被毀。隨後日人進行「市街改正」，當時稱為「二通」的延平路，成為市街改革的重點。格子狀的街道規劃，店面改建成「亭仔腳」建築，全程分為街頭、街肚、街尾三部分。街尾從建興路到新興路文昌國小止，長約一點二公里，是該區的精華地段，西螺老街風貌亦於此奠基。[67]

古色古香的老街，有許多早期指標性建築，如金玉成銀樓、許捷發茶行、廖家茶莊、螺陽齒科、老盛行等。這些洋樓外觀設計清麗典雅，表現濃厚的「裝飾派」（Art Deco）風格，作工雅緻的陽臺，更顯出屋主優雅的品味。老街上的媽祖廟「福興宮」，有「太平媽」的封號，是大甲媽祖遶境必經的據點，廟中留有清代古物，值得看看。[68]不遠處尚有三級古蹟「振文書院」與三格魚池，也可順道一覽。

（二十一）安平老街

臺南是臺灣最早開發的地區，也是全省歷史最悠久的城市，早在鄭成功登陸驅逐荷蘭人始，即在臺南設承天府開發拓墾，當時大批大陸移民紛至沓來，頓時商旅雲集人口倍增，臺南都會規模遂定。一直到 19 世紀末以前，臺

---

[66] <文武兼備的小鎮——西螺>，《臺灣歷史全紀錄》，同上註，頁 342-343。

[67] 廖丑，《西螺七崁開拓史》（臺北：前衛版，1998 年 11 月初版），頁 20。

[68] 黃丁盛，《跟著媽祖去旅行》，同註 25，頁 106-107。

南始終是臺灣的政經文化中心,所謂的「一府二鹿三艋舺」,一府即是臺南
府城也。[69]臺南因開發最早,故以古蹟特多聞名,棋盤式的安平老街,也是著
名的名勝之一。安平老街以延平街、效忠街、中興街這三條東西向的街道為
主,發展出深具荷蘭風味的街市特質。

　　整個聚落呈格狀棋盤式規劃,三米寬的巷道十分筆直,交叉路口多呈直
角,處處可見的牆門、古井,很有家的感覺。延平街是臺灣最早的商業街,
也是主要的交通幹道,曾有「臺灣第一街」之譽,惜因街道拓寬之故,幾經
拆遷,已難覓舊日風貌。街上百年老店「永泰興」蜜餞風味獨特,顧客雲集。
效忠街是安平的高級住宅區,中興街以前叫做「磚仔街」,因街面鋪設紅磚
而得名,古宅、牆門、劍獅仍完整可觀趣味盎然。[70]

　　老街外,附近仍有幾個景點可參觀,位於安平古堡正前方的「永漢民藝
館」,館內收藏千餘件文物,是瞭解先民文化與生活的最佳展示館。「臺灣
開拓史蹟蠟像館」,原是清代臺灣五大洋行之一的英商「德記洋行」,建於
1867 年(同治 6 年),經典的西方建築,內有蠟像配合背景圖畫、古老器具,
表現先民活動情景。建於光緒年間的德商「東興洋行」,整棟建物造型優雅,
是本土建材與西方空間設計的建築美學佳作,現改為「安平外商貿易紀念
館」,展示相關產業。整座建築物優雅大方,也是本土建材和西方空間設計
的巧妙結合。老街上廟宇處處林立,觀音亭、城隍廟和開臺的天后宮,香火
鼎盛,善男信女川流不息,這是安平人的信仰,也是對這片土地的熱愛。[71]

(二十二)善化老街

　　善化地區原為平埔族西拉雅族目加溜灣之大武壠社的居住地,明鄭時
期,這裡以半農半兵的開拓政策經營,逐漸發展成為鄉街經濟中心。清初,

[69] 戴寶村,《臺灣的海洋歷史文化》,同註 20,頁 134-136。

[70] 《臺南市古蹟導覽》(臺南市:臺南市政府,民國 84 年 6 月初版),頁 95。

[71] 黃金財,《臺灣鄉土之旅》,同註 63,頁 280-286。

此地稱為灣裡溪街，中葉時因曾文溪高漲，灣裡溪街被大水沖毀，居民遷至新社居住，成為「新社溪街」，清末時，此地店舖林立熱鬧非凡。[72]1905 年，日人設灣裡製糖會社，其後，火車站設立後南北暢通，善化人口激增。1936年，實施市區改正，造就目前的街坊景象。[73]善化老街位於中山路上，全長約二百多公尺，兩旁店家雲集，大正時期的巴洛克風格建築，因道路拓寬已剩不多，昭和時代的現代主義建築還不少。以洗石子為主的外牆立面，講究簡單的線條對稱。奉祀媽祖的「慶安宮」，在破壞後重建更加宏偉。善化附近郊鎮還保留許多傳統古厝，是研究建築者必參訪之處。[74]

（二十三）鹽水老街

提到臺南鹽水，一般人可能馬上想到元宵節的蜂炮，由此一名聞遠近的民俗活動，可知鹽水是個歷史非常悠久的小鎮。[75]鹽水昔日瀕臨倒風內海，有舟楫之利，早有漢人和平埔族於此定居。明天啟元年（1621），顏思齊、鄭芝龍率眾開臺時，大陸移民更蜂湧至此地拓墾，使鹽水成為漢人在臺灣建立最古老的市街之一，當時稱為「大龜肉庄」。乾隆年間，為求安全，鹽水曾築城垣，隨著漳泉移民的湧入，人口與日俱增。市街東、南、西三面，為順從河，地形有如一彎新月，故名月津或月港。南北港口各一，南方港口因帶有鹽分之海水灌入，後改以鹽水港稱之。鹽水附近海水深流，是嘉南之水陸轉運站，藏興街（今橋南街）為當時最繁榮的街道，東安街和以盛產米粉聞名的東興街次之。

鹽水港當時可說是集軍事、貿易與文化於一身的天然港口，港務興盛，泉州、廈門等地的船都在此卸貨，郊行林立，門庭若市，成為附近農產品集散地，盛況直追安平、鹿港，而有「一府二鹿三艋舺四月津」之說。清末，

---

[72] 安倍明義著，《臺灣地名研究》（臺北：武陵出版社出版，2000 年 4 月 3 版 4 刷），頁 181。

[73] 陳春木，《臺南地方鄉土誌》（臺北：常民文化出版，1998 年 12 月 1 版），頁 12。

[74] 黃沼元，〈臺灣的老街〉，《臺灣地理全紀錄》，同註 1，頁 757。

[75] 黃丁盛，《臺灣的節慶》（臺北縣：遠足文化，民國 94 年 8 月出版），頁 112-115。

鹽水港雖漸趨沒落，但商業中心位置未變。日治時期，鹽水的主要道路經過一番整治，街道拓寬煥然一新。[76]

目前的鹽水老街，建築均屬於混合住商機能的長型街屋，第一進是店舖，上方有一長方形樓矩，為存放貨物之處，第二進為住宅，兩進之間有俗稱「落水」的天井，為採光之用。橋南街上的打鐵鋪「泉利號」是百年老店，堅持以手工打造器具。朝琴路則係竹製品的中心，東門路有西歐風格的國民住宅，兩側街屋立面均貼上不同顏色的瓷磚。三福路及中正路有昭和式的二層樓洋房，立面的圖徽標誌著屋主的氏族和財勢，這些具有時代意義的多樣化建築，形成鹽水一道特殊的風景線。[77]中正路上的「護庇宮」，供奉湄州媽祖，已有三百年歷史，香火鼎盛。[78]道光 27 年（1847）的「八角樓」更是著名景點，因其八角造型的屋頂而得名，又名八角樓。整棟唐山傳統建築，不用任何一根鐵釘，堪稱奇技。葉姓業主的後代子孫仍住其間，日間開放遊客參觀，非常值得一看。

（二十四）通山老街

旗津是高雄市最早的發祥地，遠在四百年前，西拉雅族的馬卡道族即居住於此，為了防範海盜侵擾，在家園四周遍植竹林，稱為 Tancoia，漢人譯為「打狗」，此即高雄古稱的由來。[79]位於旗津天后宮前的通山路，在高雄尚為荒蕪時，這裡已發展出完整的街肆。通山路是打狗港渡船頭通往山區的要道，兩旁老舊的店面，有以大陸磚石和珊瑚礁石灰岩為建材，也有紅磚洋樓和木造房屋，呈現出不同時空背景的特色。巷內的蔡氏祠堂，伴隨旗津走過三百多年的歷史，至今仍孤獨的屹立著。旗津的天后宮，奉祀湄州媽祖，為國家三級古蹟；建於康熙年間的旗後砲臺，以及巴洛克式風格的旗後基督教會，

---

[76] 〈蜂炮小鎮的繁榮過去——鹽水〉，《臺灣歷史全紀錄》，同註46，頁 354-355。

[77] 陳正茂、陳善珮，《文化觀光——臺灣文化資產》，同註4，頁91。

[78] 黃丁盛，《跟著媽祖去旅行》，同註25，頁158-159。

[79] 安倍明義著，《臺灣地名研究》，同註72，頁213。

都是不容錯過的景點。[80]

（二十五）旗山老街

舊名「蕃薯寮」的旗山，位於昔日高雄縣的中央，清康熙年，漢人首次進入當地開墾，興建閩式院舍，稱為「施里庄」，1920 年，因鎮上有旗尾山而改名旗山。[81]旗山以出產香蕉聞名全省，但真正帶動旗山市街發展的是糖業，1908 年，「高砂製糖株式會社」成立，為了便於運送甘蔗和糖製品，該公司以糖廠小火車站為起點，在旗山廣鋪「五分仔輕便鐵道」，有時充當本地人的交通工具，後來的臺糖火車便以此為基礎。[82]

旗山早期的建築物，是原住民平埔族與漢人所遺留下來的，這些由竹屏、土屏、竹管、土墼等自然建材構成的屋舍，形式簡單，在都市化的今天，顯得很不協調。建於道光年間的天后宮，廟身是罕見的土墼厝，不僅是旗山人的信仰中心，也是凝聚社區意識的「廟埕文化」，現列為二級古蹟。旗山在清末發展已臻於高峰，大規模的閩南式建築，因大氏寬闊園邸的建設而聞名，如吳、洪等氏，尤其洪氏豪邸因佔地廣闊，富麗堂皇，被當地人稱為「洪厝巷」。[83]

日治期間，在日本人刻意經營下，旗山出現許多美觀的建築物。石拱迴廊的街屋、仿唐式的武德殿與日本神社，還有歐式的巴洛克建築，標新立異使旗山呈現出兼容並茂的建築風格。其中全臺唯一的「石拱圈亭仔腳」，乃由砂岩石塊堆砌而成，為西洋文藝復興特有的作法。此外，結合和風樣式和西洋建築的日本宿舍，旗山、鼓山國民小學的拱形迴廊校舍，都還保留昔日原貌。[84]值得一提的是，配合日治時代的市街改正，於旗山中山路上陸續建造

---

[80] 黃沼元，＜臺灣的老街＞，《臺灣地理全紀錄》，同註 1，頁 760。

[81] 安倍明義著，《臺灣地名研究》，同註 72，頁 219。

[82] 洪致文，《臺灣鐵道傳奇》（臺北：時報版，1993 年 1 月初版 4 刷），頁 108-111。

[83] 黃沼元，＜臺灣的老街＞，《臺灣地理全紀錄》，同註 1，頁 762。

[84] ＜地方建築的寶庫──旗山＞，《臺灣歷史全紀錄》，同註 46，頁 360-361。

仿巴洛克式的街屋，被建築學者高度評價稱之為「臺灣牌樓厝」，施工之精緻，立面雕塑繁複，佐以清水磚、磨石子、瓷磚裝飾，表現工匠們的巧思和技藝，山頭紋飾也顯示家族姓氏。由於整條街屋格局統一，構成典雅壯觀之畫面，是旗山建築史上最亮麗的一環。

（二十六）美濃老街

美濃位於高雄縣東北，是南臺灣的穀倉，有名的菸葉王國。美濃開發於乾隆年間，有百年老榕樹庇蔭的庄頭伯公壇，美濃文風與精神象徵東門樓、眾人公用的古井、林氏夥房門樓、團練公館、花樹下伯公壇、南柵門渡口的阿彌陀佛壇、古水牆、宋氏家族的書院、里社真官神位，以及德勝公壇等名勝古蹟。美濃老街在永安路上，有老街、新街之分，老街是美濃在清代時，全庄最繁榮的商業道路。因老街狹窄彎曲，日本時代遂拓寬庄北牛車路來取代，並以新街銜接中庄段。[85]永安路上遺跡處處，六堆文化的「客家夥房」、「煙樓」及日治時代的洗石子街屋。[86]此外如敬字亭、東門樓上的「大啟文明」匾額、錦興行的藍衫和客家三合院「文魁」等，在在顯現出客家精神。[87]

（二十七）東港老街

東港位在屏東，開發於清初，境內以農業和捕撈漁業為主，水稻、紅豆、香瓜、蓮霧是當地主要作物，「東港三寶」鮪魚、油魚子、櫻花蝦更是遠近馳名。東港溪口寬闊，而東港街位居出海口，是鄰近地域前往大陸經貿往來的主要門戶，又是兩岸轉載的重要貿易港，航運發達。清廷在此設衙署、驛站、海陸防汛、興學社，在1920年代以前，東港一直是高雄以南最大的通商

[85] 〈三山一水圍抱的福地——美濃〉，《臺灣歷史全紀錄》，同上註，頁358-359。趙莒玲，《美濃‧鍾理和原鄉風景》（臺北：貓頭鷹出版社出版，2001年7月初版），頁30-37。
[86] 黃金財，《臺灣鄉土之旅》，同註63，頁296-299。
[87] 《一看就懂古蹟建築》，同註17，頁38-39。黃金財，《臺灣鄉土之旅》，同上註，頁326-333。

口岸，後來才被高雄港所取代。[88]昔日繁榮的東港，有臺灣傳統街市的景觀，閩式街屋、仿巴洛克式、日式街屋、閩洋混合式等不同風格的建築交錯其間，惜不少於二次世界大戰遭美軍炸毀。今僅存舊東港郡役所、和春診所、一乙茶莊、光復眼科、便民當舖、生源醫院、百順電料等較有代表性遺址。

老街上的「公廟」文化值得重視，自乾隆以來，東港逐漸闢為街市，為保佑居民免於瘴癘疾病，供奉溫王爺的東隆宮於是興建，每三年一次的東港迎王爺的「王船祭」，規模盛大，已成全省知名的祭典，也是遊客造訪東港的高峰期。[89]祭祀媽祖的朝隆宮，廟前的朝陽街及延平路，過去是東港經濟活動的中心街道，曾吸引高雄的郊商前來設立分行，所以有「港郊媽」的稱呼。近年來，東港地方當局又針對聞名遐邇的東港鮪魚舉行「鮪魚祭」，照樣引起大批觀光客及饕客的前往嚐鮮，為地方增加不少財源收入。

（二十八）豐田老街

1686 年（清康熙 25 年），施琅平定臺灣後，部分士兵被安置在屏東墾荒；後來遇到朱一貴之亂，墾民組成六股義勇團守護家園，稱為「六堆」。[90]而屬於後堆的內埔，位於平原與山地交界處，水源豐沛土壤肥沃，遂成為拓墾的首選，豐田村即為其中開發最早的地區。乾隆初，豐田村已成鄰近聚落貨物的集散地。1920 年（大正 9 年）的市區改正，傳統的三合院改為二層樓房，遂演變成現在的模樣。

豐田老街以寬達十二米的新中路為主，兩旁街屋風格多樣，有巴洛克式的「鴻祥雲」、「坤協盛」等商號，立面山牆雕飾繁複，有閩南式的馬背屋脊，也有昭和時代的現代主義建築，外觀樸實大方。老街巷道的住宅區，古

88 《恆春半島深度旅遊》（臺北：遠流版，2000 年 10 月初版），頁 104。沈文臺，《臺灣老街圖鑑》，同註 6，頁 172-175。

89 李易蓉、陳仕賢、陳彥仲、陳柔森、張志遠、謝宗榮，《臺灣民俗藝陣大觀》（臺北縣：遠足文化，民國 104 年 6 月 1 版），頁 210-219。

90 薛雲峰，《快讀臺灣客家》（臺北：南天書局出版，2008 年 3 月初版），頁 81。

意盎然充滿濃厚的古早味。豐田村是客家聚落，三山國王廟是村民的守護神，「昌黎祠」則是全臺唯一奉祀韓愈的廟宇，惜整修時未依原貌施工，竟遭到撤銷為古蹟的命運。附近尚有光緒 26 年（1900）建造的隘門，雖被列為古蹟，但幾經重漆已失原貌，十分可惜。[91]

（二十九）馬公老街

南宋孝宗乾道 7 年（1171），澎湖正式納入中國版圖，元順帝至元 18 年（1281），澎湖設巡檢司，是臺灣最早設立官治的地方。[92]澎湖因位於臺灣海峽中間，自古以來，澎湖的開發即比臺灣早。澎湖首府馬公，其地名由「媽祖宮」而來，漢人渡海來臺，澎湖是首站，一級古蹟「開臺澎湖天后宮」，是臺澎第一座媽祖廟，已有近四百年的歷史。[93]天后宮旁的中央街，是供應民生用品的市街，熱鬧非凡，有「馬公西門町」及「澎湖第一街」之稱。

極盛時期，商店近兩千家，舉凡藥材、竹器、瓷器、麵餅、酒米、打銀、裁縫等應有盡有。清末，又與其他六條街和媽祖廟前的魚市，並稱為「七街一市」。[94]中央街寬不及三米，走在街內感受不到澎湖風的凜冽，人字型的街道，鋪著黑色玄武岩，映入眼簾的是日式洋樓建築，咾咕石古厝、合利餅舖等老店遺址，天后宮、施公祠、萬軍井及迄今未曾枯竭的四眼井，都是逛馬公老街不容錯過的景點。此外，建於光緒 13 年（1887）的媽宮城，雖然僅剩順承門（小西門），但還是值得一看。[95]

馬公老街過去迭遭破壞，所幸隨著澎湖人社區意識的覺醒，將中央街未破壞的劃為保存區，以保護傳統聚落的特質。1995 年，沉寂已久的老街風華

[91] 黃沼元，＜臺灣的老街＞，《臺灣地理全紀錄》，同註1，頁767。

[92] 鄭喜夫，＜臺澎最早的職官：陳信惠＞《臺灣史管窺初輯》（臺北：浩瀚出版社出版，民國 64 年 5 月初版），頁 1。

[93] 陳仕賢，《臺灣的媽祖廟》（臺北縣：遠足文化，民國 95 年 2 月 1 版），頁 182。

[94] 蔡平立，《增訂新編澎湖通史》（臺北：聯鳴文化出版，民國 76 年 8 月增訂初版），頁 824-825。

[95] 《澎湖風情現・菊島文化傳》（澎湖：澎湖縣文化局出版，民國 93 年 6 月出版），頁 55-57。

再現，中正路鄰港及中央街歷史街區，被澎湖縣政府選定為廣告物示範道路，積極進行整建，並盛大舉辦了「藝術造街嘉年華」的活動，使馬公老街再度以嶄新面貌，迎接來菊島旅遊的觀光客。

（三十）金門模範街

金門古稱浯州、仙洲，比臺灣還早一千多年開發，由於孤懸海上，常為海盜所侵擾。明太祖洪武 20 年（1387），朝廷於島上建築防禦工事，取其「固若金湯，雄鎮海門」之義，從此名曰「金門」。[96]金門過去長期是軍事重地，不對外開放觀光，直到解嚴後，1992 年政府宣佈開放金馬，觀光人潮才開始湧入其地。在觀光行程安排中，位於金城的模範街，絕對是不容忽略的一處參觀勝地。

金城為金門縣政府所在，而模範街是金城形象商圈的入口。明末，鄭成功於此地訓練陸軍之內校場；1925 年，由金門商會會長傅錫琪向僑界募款集資興建。模範街上古蹟處處，建於嘉慶 17 年（1812）的「貞節牌坊」，高約三層樓，為四柱三間式的石造牌坊，雕工細緻，結構富麗壯觀，是目前臺閩地區保存最完整的一座，旨在表彰清浙江水師提督邱良功之母守節教子的事蹟。牌坊附近有「靈濟古寺」，「奎閣」別名「魁星樓」，建於道光 16 年（1836），正六角形的雙層樓閣，是文人士子供奉魁星之用，目前已列為國家三級古蹟。[97]

「清金門鎮總兵署」也是另一處三級古蹟，原為明神宗進士許獬的書房「叢青軒」，康熙年間置總鎮官署衙門，現規劃為金門民俗史料展示館。1960 年前後，是模範街的全盛時期，是當時居民經濟與生活的中心。街尾有一廣場，俗稱「老吧剎」，過去是全島最繁榮的市集，後因市場遷移而沒落。模範街具有日本大正時代建築風格的街道，由三十二間單拱圈連廊式洋樓店屋

[96] 倪進誠，《臺灣的離島》（臺北縣：遠足文化，民國 92 年 6 月 1 版），頁 200。
[97] <海上堡壘的核心──金城>，《臺灣歷史全紀錄》，同註 46，頁 378-379。

所組成，呈丁字形，至今仍保留以中國紅色燒磚堆砌出的，完整的洋式圓拱門，整齊又對稱的街面，沒有招牌阻礙視線，漫步其間，發思古之幽情。入夜之後，街旁設有藝術照明裝置，更將老街烘托得別具風味。老街的美食也值得回味再三，「三寶齋燒餅」、「新興廣東粥」，令人垂涎三尺；「金合利鋼刀」也是有名的老店。[98]

　　金門還有一條歷史悠久的舊金城老街，位於金門西南邊，近水頭碼頭，自金門酒廠南門步行五百公尺可達。舊金城老街石板路為明洪武年間鋪設，長百餘公尺，寬約三公尺；盡頭有一座「迴向殿」，奉祀玄天上帝諸神明，已有六百多年歷史。老街上多為閩式磚造連棟建築，因金門風大，房屋高度皆較一般民宅略矮，路口有一古井，亦是明朝遺留下來的。因居住環境不佳，加上欠缺可供謀生的產業，所以居民紛紛遷出另尋發展。因此老街現已殘破不堪，屋舍亦傾頹破敗，只有偶見幾個老嫗賣金紙、植野蔬，守著舊宅度晚年，徒嘆歲月滄桑，令人不勝唏噓。[99]

五、結論：從文化觀光視野看老街的活化與再利用

　　臺灣歷史雖短，但因四百年來較少受戰火的摧殘（荷鄭時期的戰爭僅限臺南一隅，清朝施琅的收復臺灣，決戰地只在外島澎湖，清領時期的民變和械鬥，因兵器和規模都不大，日本治臺初期與臺灣義軍、義民的戰爭，雖有其殺傷性，但嚴格言之，破壞仍屬有限。真正對臺灣古蹟具威脅性的，是二次世界大戰末期的美軍轟炸臺灣，幸時間不長，日本即戰敗投降），所以臺灣的文化資產，大體上還算保持完好。在臺灣眾多文化資產中，較令人意外的是，老街破壞的比較嚴重，主要原因誠如上文提及的，日治時期的「市區

---

[98] 沈文臺，《臺灣老街圖鑑》，同註6，頁184-186。

[99] 黃沼元，〈臺灣的老街〉，《臺灣地理全紀錄》，同註1，頁771-773。

改正」與戰後國府的「都市計劃」，在現代化潮流衝擊下，很多清朝時代留下的老街，不得不遭到拆除的命運。

　　撫今追昔，百年滄桑，在歲月的淘洗下，臺灣目前仍有許多年代久遠的街屋建築，屹立在熙孃紅塵中，它們不僅歷盡風霜雨露，也見證臺灣四百年的演變發展。所幸近幾十年來，文化資產意識與歷史建築維護的概念，逐漸受到國人及社會重視，如全臺各地方文史工作室的陸續成立、舉辦社區經營研討會與座談會、研究如何保留文化資產和古蹟、如何將文化資產與觀光產業連結，促進古蹟活化與再利用，希望能達到因文化資產觀光，增進地方經濟收入，從而完成雙贏的目標。凡此都是進步且可喜的事，而政府也編列預算，給予經費重建或整修。[100]

　　是以，在各界的努力下，臺灣一些具有歷史價值的老街，經過修復整理後，風華再現，很快地成為地方的觀光景點，如九份老街即為一成功範例。九份老街昔日因淘金而成為人聲鼎沸，淘金客匯聚的熱鬧山城，全盛時期，其繁華程度讓九份冠上「小香港」、「小上海」的美名。惜好景不常，當採金、採礦業沒落後，九份也因金盡而人潮迅速流失，風華不再，成為一破敗孤寂的小鎮。然在上世紀七〇年代，因新銳導演侯孝賢一系列以臺灣東北角九份為場景的電影，如「悲情城市」、「戀戀風塵」、「無言的山丘」等，讓遺忘已久的九份，又重新回到觀眾的歷史記憶中，於是以電影「昇平戲院」為老街中心，商家進駐了，藝術家也去了，民宿開始林立，久違的人潮復返了，民間文史工作室也展開了，透過媒體的力量，原已死寂的山城復甦了，大量觀光客的蜂湧而來，不僅帶來錢潮，對地方經濟的挹助也不小，而地方也開始培訓許多導覽老街的講解義工，為遊客娓娓道來昔日老街的歷史與風光歲月，讓遊客能更深體會老街的魅力和風貌。

　　但話說回來，若以文化觀光的角度來看，九份老街由沒落而再生，看似轉型成功，其實嚴格言之，未必如此。臺灣傳統老街的問題所在有三：

---

[100] 陳正茂、陳善珮，《文化觀光——臺灣文化資產》，同註4，頁99。

　　一為同質性太高，好像走訪老街，只是看看過去的建築物或廟宇，或者吃吃逛逛如此而已，只有表象的人潮穿梭，卻缺乏老街真正的內涵與特色，老街要帶給群眾什麼樣的意象？老街到底要展現什麼樣的文化內涵？主其事的中央或地方政府，似乎從沒想過這個問題。

　　二為各自為政，沒有遠見及企圖心，想延伸老街周邊的風景線。舉例言之，九份老街實可以和附近的平溪老街作結合，以九份老街的特色和平溪老街的天燈民俗搭檔，做大遊客的客源，形成一風景區而不是各自為政，互相援引豈不是很好的規劃嗎？另外像已漸趨沒落的鶯歌老街，也可考慮和鄰近的三峽老街及大溪老街作串聯，在交通問題可以解決的情況下，這種「地緣化」的發展策略是絕對可行的，連成一氣形成一個更完整的「老街文化區」，把餅做大，互利共榮，豈不是很好；而非單打獨鬥，無法延續老街的生命力。

　　三為宜建立老街的文化旅遊地圖，臺灣的老街一般路徑都很短，一小時以內就逛完了，接著遊客就不知該去何處，其實在老街的周邊，還有很多的景點可供遊客欣賞，以迪化街為例，往北可至大稻埕，繼續遊覽昔日大稻埕的歲月風華；往南可到北門及西門鬧區，甚至延伸至萬華龍山寺、剝皮寮一帶，在這方圓較大的區域內，若能提供專屬的交通工具與路線規劃及文化旅遊地圖，相信遊客走訪老街的意願與收穫一定很大，感受也絕對不同，尤其對外國觀光客而言。

　　如果把古蹟（自然包含老街在內）當作一種文化產業來看待，它應是珍貴的文化「資產」。而且若能與地方特色相結合，就更能促進文化遊憩事業的發展，相對的也會帶動地方服務業的繁榮，使歷史文化古蹟發揮經濟上的效益。這樣，從「社區總體營造」的大方向著眼，不僅賦予了古蹟新的活力，也為整個社區或地方的重建帶來生機和希望。[101]如此「雙贏」策略，不僅可使老街活化再生，也可凸顯地方特色與經濟發展；更重要的，亦能強化臺灣

---

[101] 陳其南，〈歷史文化資產保存與地方社區產業發展〉，《歷史月刊》第 123 期（民國 87 年 4 月 5 日），頁 14。

文化觀光產業的競爭力，這是政府及全民一起要努力做的事。

　　基本上，從文化資產的角度來看，維護老街或保存歷史街區，至少應具備幾點意義：1.為歷史發展留下實證。2.保存歷史建築的形式及完整的空間結構，作為研究資源。3.作為探討昔日文化層級、社群組織、產業結構等藍本。4.為社區再生提供良好的誘因。[102]臺灣近年來，國人對文化資產維護意識是有所提升，只是相關配套並沒有做的很完備，這是仍待改善之處。總之，走訪一趟老街之旅，不僅讓我們體會豐富的在地習俗，也喚起那塵封已久的記憶，畢竟，從某個角度看，我們親近了老街，其實也就是親近了屬於臺灣的歷史。

---

[102] 閻亞寧，＜現代化社會中的歷史街區保存——鹿港古市街的個案研究（1975-1990）＞，臺灣史研究會主編，《臺灣史研究會論文集》第三集（臺北：臺灣史研究會出版，1991 年 4 月初版），頁437。

陸、要談教育翻轉先看臺灣現存的傳統書院制度

一、本章導言

　　臺灣傳統民間創辦的書院制度，現在多數民眾可能已對它的歷史存在功能極其陌生。但它的歷史源頭，其實是來自古代中國教育史上極其重要的一種民間教育制度，大約自兩宋以降，千餘年間，雖未納入正式教育體系，然於社會教化、扶持治道等方面，仍功不可沒。

　　更進一步來說，臺灣傳統書院之名，原係古代中國歷史上修書、藏書之地，迄於兩宋始為教化講習之所。根據清代文人黃以周在其《儆季雜著》一書中提到：「今之書院，在古為天子藏書之所，其士子之所肄業者，在漢謂之講堂，亦謂之精舍，或謂之精廬。」[1]是知早期精舍講堂，原與書院無異，皆同具講習性質。所以基本上，中國書院制度形成之因，應與儒家學術理想之孕育，及傳統知識份子之自覺，有其密切的關係。當時儒家提倡的「內聖外王」之道，講求的是一套由個人格物致知、修身齊家的道德涵養進而臻於治國平天下的外王之道。

　　而這樣的主張，其實就是來自《大學》一書所云：「古之欲明明德於天下者，先治其國。欲治其國者，先齊其家。欲齊其家者，先修其身。欲修其身者，先正其心。欲正其心者，先誠其意。欲誠其意者，先致其知，致知在

---

[1]　黃以周，《儆季雜著》〈史略說〉卷4。

格物。」[2]

　　孔子希望君子能以道德貫通知識，藉由道德與知識提昇政治之水平，此乃儒家最根本之政治哲學。而欲完成知識之追求與成就道德之人格，自須由教育方面著手。教育環境的良窳，不僅影響學習心理，更關乎教育之成敗，經過長期之實踐檢驗，傳統知識份子終於發現，唯有書院教育制，始能「質疑辨難，以明其教；習雍容登進主客揖讓之儀，以和其氣；窮性命精微，推廣天地萬物，以為國家之用。」[3]亦唯有書院教育精神，方能重整成就理想人格，在繼承固有傳統，開展中國文化學術理想孕育下，書院制度於焉大興，而成為地方教育之主流。[4]

　　然而「書院」一詞的真正出現，始於唐玄宗開元 6 年（718）設立的「麗正書院」，但當時的麗正書院，其功能頗似現在的圖書館，並非是讀書人的就學場所。[5]迄於五代十國，天下紛亂，官學荒廢，民間為因應需要，於是興起建立書院風潮，如廬山國學（白鹿洞書院前身）、洛陽龍門書院等，逐步取代了學校，成為私人授徒講學和收藏圖書的地方。[6]宋朝建統，結束了唐末以來的紛亂之局，社會安定，人民得以休養生息。此時，一些幽靜閒曠的寺觀或個人治學之所，因藏書豐富，兼以時代需求，逐漸發展成為著名的書院，其中又以江西白鹿洞、河南應天府、湖南嶽麓與河南嵩陽等四大書院最為有名。[7]

---

[2] 謝冰瑩、劉正浩、邱燮友等編譯，《新譯四書讀本》（台北：三民書局印行，民國 67 年 6 月 7 版），頁 1。

[3] 張鼐，〈與當事興復書院書〉，引自《江南通志》卷 90。

[4] 吳萬居，《宋代書院與宋代學術之關係》（台北：文史哲出版社出版，民國 80 年 9 月初版），頁 4。

[5] 所以清袁枚云：「書院之名起於唐玄宗時麗正書院、集賢書院，皆建於朝省，為修書之地，非士子肄業之所。」見袁枚，《隨園隨筆》卷 14。

[6] 王鏡第，〈書院通徵〉，《國學論叢》1 卷 1 號。

[7] 所謂「四大書院」，史志記載，略有異同。《文獻通考》卷 46，以白鹿洞、石鼓、應天府、嶽麓為四大書院。王應麟，《玉海》卷 167，則根據呂祖謙之說，以嵩陽、嶽麓、應天府（睢陽）、白鹿洞為四大書院。

當時的書院，除研究學問外，更著重於啟蒙教育、培養人才、講學自由與經濟獨立。由於學術思想自由開放，所以孕育了一批影響後世深遠的大師，如周敦頤、程頤、程灝、陸九淵、朱熹等，其中又以朱熹的影響最大。朱熹及其門弟子所開創的書院，堪稱當時教育的典型代表，臺灣也有許多供祀朱熹的書院，如道東、文開等書院，都是承襲朱子這個系統的制度與精神。[8]元代，雖是蒙人入主中原，但對書院仍採獎勵政策，在官方幫助下，書院仍然蓬勃發展，當時書院總數在四百所以上，美中不足的是，元代的書院較「官學化」，缺少了宋朝書院的個人特質。明朝因八股開科取士，學生成為政府官吏的主要來源，倡導學術功能自由開放的書院因之被科舉所取代，此現象直到王陽明時，因講求心學使得書院再度振興，其後，書院又一度陷於衰退，直到明末始復甦。[9]

基本上，一個社會的傳統文化是否豐厚，書院古蹟的多寡是一重要指標，書院教育是長久積累下的文化資產，是蘊含了臺灣族群的情感與智慧，更是沿襲了先民固有的傳統教育體系，在臺灣本土文化中，是極其重要且彌足珍貴的一部分。所以，書院古蹟，不僅能告訴我們這個地區的歷史文化，也是滋養豐富心靈生活的重要依據。[10]

現存的臺灣書院，都是經過百年以上之古蹟，它不但是歷史現場的重現，也是先民教育文化的反映，它像是座博物館或藝術館，讓人得以見證過往歲月的滄桑，遙想先人的晴耕雨讀的生活樣態。在政府積極推動文化觀光的政策下，臺灣各地方政府，應當將所在的書院，視為可供利用的文化資產，好好保存維護整理，透過網路傳媒，打造可供旅遊參訪的文化觀光風景線。畢竟，在講求深度、特色旅遊的今天，書院的參訪，是可以達到豐富心靈精神生活的目的。

---

8   李鎮岩，《台灣的書院》（台北縣：遠足文化出版，民國 97 年 1 月 1 版），頁 12。

9   王啟宗，《臺灣的書院》（台北：行政院文化建設委員會出版，民國 79 年 9 月再版），頁 15。

10   李鎮岩，《台灣的書院》，同註 8，頁 4。

二、書院的產生與結構

　　中國之有書院，由來已久，其制度發端於唐，至宋，元時臻於鼎盛，迄於明清而不衰。古代之書院，是一種民間興辦學校的場所，其制介於官學與鄉學間，目的在補府、縣學之不足。[11]其設立方式有三：1.由教師自行開設；2.鄰里鄉紳合力捐資興建；3.殷富家族所獨力創辦。[12]書院教育之目的，在於「興賢育才」，以廣「學校所不及」，而其教學方法，則特別注重人格教育與倡導學術研究的風氣。[13]當然，就實際目的而論，培養學童讀書識字，進而幫助學童未來能參加科舉考試，也是一大重點。[14]當時教學科目以四書、五經、學字、作文為主，上課時間通常從早晨 6、7 點到下午 4、5 點。[15]學童多半於 7 歲入學，但無一定之修業年限，有的甚至可讀到 15、6 歲。上學必須繳學費，較貧困清寒家庭，書院也會有所補助，真的無法維持下去，只有中途輟學。

　　臺灣早期雖是個移墾社會，但閩粵移民從事漁樵耕農之餘不忘讀書，此從臺灣各地廣設書院可以為證。在清末劉銘傳建西學堂以前，臺灣的教育仍承襲中國的科舉制度，地方上最高學府稱為儒學，多與文廟結合，唯後來轉變成負責科考的行政單位，對地方教育實際上貢獻不大。[16]至於地方上的基礎教育則有社學，為官方於鄉里間設置。另有官民義捐設立免費教育貧寒生童的義學；以及民間私設的書房或私塾等。[17]而書院是其中發展歷史最久、制度

11　臺灣省文獻委員會編，《臺灣省通誌》卷 5＜教育志——制度沿革篇＞（台北：臺灣省文獻委員會出版，民國 59 年 6 月出版），頁 49。

12　黃秀政，＜清代臺灣的書院＞，見黃秀政，《臺灣史研究》（台北：臺灣學生書局出版，民國 81 年 2 月初版），頁 114。

13　王啟宗，＜清代台灣的教育＞，張炎憲主編，《歷史文化與臺灣》1（台北縣：台灣風物雜誌社出版，民國 81 年 10 月再版），頁 215。

14　林再復，《臺灣開發史》（台北：三民書局經銷，民國 83 年 11 月 5 版），頁 153。

15　山崎繁樹、野上矯介著，《1600--1930 台灣史》（台北：武陵出版社出版，1998 年 2 月 2 版），頁 185。

16　陳正茂、陳善珮，《文化觀光——臺灣文化資產》（台北：五南版，2013 年 12 月初版），頁 102。

17　臺灣省文獻委員會編，《臺灣史》（台北：眾文圖書公司發行，民國 82 年 8 月 1 版），頁 309-312。

最完善、影響也是最深遠的教育系統。[18]

　　臺灣之有書院始於康熙 22 年（1683），靖海侯施琅所設之「西定坊書院」，地點在臺灣府治，即今之臺南市，其性質屬於義學過渡到正式書院之雛型。[19]康熙 34 年（1695），臺灣第一所正式書院「崇文書院」成立，由知府衛臺揆設於臺灣府治，今已不存。[20]清代臺灣書院之分佈，或省城、府城及其他地方，大體以最有需要者為是。自康熙 22 年施琅創設西定坊書院始，兩百多年間，臺灣共設書院六十餘所，大抵乾隆以前，因開發地區以南部為主，故書院多在南部，尤以府城臺南為多。其後政經中心逐漸北移，中北部書院亦跟著多起來，特別是在道光、光緒年間，增加特別明顯。[21]

　　書院授課內容，以傳統的經史子集為主，但因清廷監管甚嚴，早已失宋元時代的獨立治學精神，然大致說來，書院仍是制度較完善的求學地點，也是延攬人才的好地方。臺灣的書院營運制度與中國內地同，有由官方或民間捐款興建、亦有官民合建者，日常開銷除靠地方士紳捐輸外，有時官方也會提供補助。規模大的書院可以自己置產購買「院田」，將收租作為維持書院之經費，當然學生繳交之學費，更是書院主要的財源。[22]書院內部事務繁多，須有定員編制來從事管理，最重要的是山長，亦稱院長，如同現今之校長。山長負責主持書院院務及教學的工作，對書院的學風走向影響甚鉅，所以其人選多是聘請碩學名儒來擔任，如舉人或進士。[23]

　　書院之建築通常為四合院房舍，中央為講堂，供奉孔子、朱子或文昌帝君，後面則為老師住所，兩側學舍為學生使用，師生共處充分發揮生活教育之功能。晚清以降，西學東漸，新式學校教育取代傳統書院，書院教育亦走

---

[18] 張勝彥，<清代臺灣的書院制度>，《臺灣歷史系列演講專集》（台北：國立中央圖書館臺灣分館出版，民國 84 年 5 月初版），頁 137-138。

[19] 王啟宗，《臺灣的書院》，同註 9，頁 18。

[20] 連橫，<教育志>，《臺灣通史》卷 11（台北：幼獅版，民國 68 年 8 月 4 版），頁 218。

[21] 黃秀政，<清代臺灣的書院>，見黃秀政，《臺灣史研究》，同註 12，頁 109-110。

[22] 山崎繁樹、野上矯介著，《1600--1930 台灣史》，同註 15，頁 185。

[23] 張勝彥，<清代臺灣的書院制度>，《臺灣歷史系列演講專集》，同註 18，頁 132。

入歷史。[24]今日全臺各地還保留不少傳統書院，可供吾人了解古代的學校教育，如彰化和美的道東書院，格局完整，環境優雅，建築尺度親切，氣氛寧靜，為我們體現了古代優美的學習空間。[25]導覽書院有幾個重點要把握，首先要看書院之格局，書院的格局屬傳統中軸對稱的形式，規模則隨時代演進而有所不同。清初多建於府治或縣治所在地，格局以三進或四進的大規模居多。道光以後，書院增多但規模已較小，以兩進式為主，有些書院因受限於經費，甚至只是單進式者。因為書院即為昔日之學校，其空間使用與學習環境就顯得很重要。[26]

書院主體建築是具有教學與祭祀功能之講堂，它也是書院最重要之建築物，高度最高，屋頂裝飾燕尾脊，以彰顯其氣派。講堂一般以典雅的格扇門區分內外，內部格局方正，堂內置放桌椅以便授課，屋內空間挑高，正面懸掛至聖先師孔子像，營造莊嚴肅靜氛圍，提供士子靜心學習空間。[27]而屋外的庭院或稻埕，或陽光普照光線充足；或林蔭蔽空寬敞舒適，也都是師生談學問道的好地方。講堂除了是教學空間外，也是古代書院的祭祀空間，傳統書院都設有朱子牌位的祭祀空間。單進或二進的書院，神龕就設在講堂內；三進者則置於後堂，或獨立設置朱子祠。[28]至於提供老師及眷屬居住，亦是傳統書院的重要組成部分，通常該居住空間都設在講堂或後堂兩側之耳房（正身兩側之房間），中間以牆門阻隔，以保其私密性。若有官員訪察或其他訪客，此空間亦可為接待處。遠道學生，書院也有學舍可供食宿。[29]

其次要看「惜字亭」，惜字亭亦稱惜字爐、敬字亭、聖蹟亭等多種名稱。這是古代書院最特殊之處，傳統社會對書冊文字極為敬重，先民受到「敬文

24 李鎮岩，《台灣的書院》，同註8，頁26。
25 李鎮岩，《台灣的書院》，同上註，頁122-133。
26 《一看就懂古蹟建築》（台北縣：遠足文化出版，民國100年2月1版），頁32-33。
27 《一看就懂古蹟建築》，同上註，頁32-33。
28 王啟宗，《臺灣的書院》，同註9，頁53-55。
29 李鎮岩，《台灣的書院》，同註8，頁35。

惜字崇尚文風」儒家思想的薰陶，而養成愛惜字紙的良好風尚，凡寫過的字
紙不能隨便亂丟棄，必要的話，每逢初一、十五將廢棄的字紙集中拿到惜字
亭焚化。這種文教類的建築設施常見於書院，是傳統風俗文化及惜字愛書美
德的具體展現。[30]中國開始有惜字亭之興建約起於宋代，明清時已十分普遍，
它通常設於書院的前埕或內埕，以避免焚燒之濃煙影響書院；也有些惜字亭
會放在文昌廟或村鎮外之城門口，特別是重視耕讀的客家村落，甚至還會請
專人收集字紙，送來惜字亭焚燒。[31]

　　臺灣最早設置的聖蹟亭是在清雍正 4 年（1726），地點在臺灣府城（今
臺南市）東城門，而敬惜字紙活動也是始於臺灣府城南門外的「敬聖樓」，
祭祀文昌帝君，為此一活動之中心。[32]而有關建造敬字亭之意義，嘉慶 12 年
（1807）臺灣縣學鄭兼才曾撰寫＜捐建敬字堂記＞予以闡述，內容提到：「字
紙其蹟者，反諸聖人之所以作字之故，則欲人之忠信義之事。故筆於書，使
觸目而警諸心，求其解以歸於用，則在朝為正人，在鄉為善士，必皆自識字
起，其為教孰大？於是吾願登斯堂者，由其蹟以觀於深得聖人制字之意，務
無虛教聖之心，則倉聖之祀與文昌、魁星且並光學校，豈徒區區字紙乎
哉……。」所以撿拾字紙的意義，貴在於「以觀於深得聖人制字之意，務無
虛教聖之心」，豈是「區區字紙」而已。[33]

　　當時對於這些字紙爐所焚化的紙灰，是不能隨便亂丟棄的，而是先將其
蒐集，之後凡遇到卯年（即 12 年一次），將其倒入名為「香亭」或「春猊」
的木盒內，隨著沿途鼓樂吹奏，由文人抬至溪河邊，行恭送紙灰入水儀式，
稱為「行聖蹟」或「恭送聖蹟」，類似今日王船祭般的隆重，藉以表示對於

[30] 《一看就懂古蹟建築》，同註 26，頁 38。
[31] 張志遠，《台灣的敬字亭》（台北縣：遠足文化出版，民國 95 年 5 月出版），頁 11-12。
[32] 張志遠，《台灣的敬字亭》，同上註，頁 14。
[33] 黃典權編，《臺灣南部碑文集成》（台北：臺灣銀行經濟研究室編印，臺灣文獻叢刊第 218 種，民
國 55 年 10 月出版），頁 288-291。

聖人教化的尊崇。[34]客家人一向以「耕讀傳家」，強調「一等人忠臣孝子、二件事讀書耕田」，自古對讀書教化即十分重視。今日沿著國道 10 號前往美濃，第一個出現眼前的古蹟，就是位於中山路旁的「美濃庄敬字亭」。該亭建於乾隆 44 年（1779），至今已有 234 年歷史，由地方士紳梁啟旺發起，以倡導地方文化風氣。建造完成後，當時的右堆總理林長熾更組織一個「字紙會」，由各庄派人參與，負責敬字亭的香火及環境維護等工作。[35]

臺灣最早設置惜字亭在雍正 4 年（1729）的臺灣府（今臺南市）東城門，其後各地書院開始普設惜字亭，至清光緒年間，全臺各地惜字亭已甚多，最盛時曾達百座以上，今因時空變遷多已不存，僅剩十餘座左右。[36]臺灣現存的惜字亭列入國家古蹟者有兩座，一是龍潭聖蹟亭，二為美濃敬字亭。龍潭聖蹟亭現為三級古蹟，建於光緒元年（1875），它是全臺目前僅存最大又具園林之美的聖蹟亭，也是龍潭客家人「耕讀傳家」理念的精神象徵。聖蹟亭是中軸對稱的格局，有外門、頭門、中門、亭身等建築，階梯由外逐漸往內升高。古亭外觀雖有剝落滄桑之感，但卻顯得古意盎然，鄉土氣息濃厚，極富歷史文化和學術價值。基本上，聖蹟亭是客家文化重視教育及文字精神的代表，也見證龍潭過去鼎盛之文風，現今客家人仍有迎聖蹟的活動，以示對文化教育的尊重。[37]

同樣列為國家三級古蹟的美濃敬字亭，創建年代更為久遠，它建於乾隆 34 年（1769），是當年擔任右堆總理的林長熾，因鑒於民眾隨意丟棄字紙的惡習，乃募款興建以教化民心。後來他更組織「字紙會」，推廣字紙焚化，啟發後人敬字惜紙、崇尚文風的觀念，使得美濃文風為之丕變，造就不少文

[34] 陳正茂、陳善珮，《文化觀光——臺灣文化資產》，同註 16，頁 105。

[35] 張志遠，《台灣的敬字亭》，同註 31，頁 100-101。

[36] 黃金財，〈敬惜字紙的聖蹟亭〉，見黃金財，《台灣鄉土之旅——百年台灣風土民情小百科》（台北：時報版，2000 年 12 月初版），頁 328。

[37] 潘朝陽．邱榮裕總編纂，《客家風情——移墾．產業．文化》（臺北：臺北市政府客家事務委員會出版，2004 年 8 月初版），頁 50。

人學士,同時使得敬惜字紙風氣更為盛行。[38]美濃敬字亭於嘉慶、光緒年間曾兩度重修,光緒 21 年(1895)敬字亭在客家六堆與日軍交戰中被毀,翌年整修後,至 1995 年才又進行第一次修復工作。建築形式,其主體建築為磚造六角形三層式的平面格局,造型古樸優美,第一層亭座每面中間皆有壁飾,背面留有通風口。第二層亭身,正面有高五十公分之拱形爐口為焚化字紙之用,原來在爐口兩側有對聯裝飾,爐口上方亦有門額,今已風化佚失。第三層亭身,除正面有爐口外,另設倉頡聖人、大成至聖先師、文昌帝君等神位供人膜拜,現亦已不見,僅書卷圖案門額尚存。[39]

茲以美濃廣善堂恭迎聖蹟為例,說明其活動的具體內容,美濃廣善堂的聖蹟會,於每年農曆正月初 9 日天公生舉行,活動當天一早,來自美濃各地的長老耆宿,就會群聚於廣善堂前,由主祭者帶領鄉民,向神明報告字紙祭即將展開,接著由主祭率領鄉民,將各地敬字亭及廣善堂一年來所蒐集到的字紙灰,以鑼鼓八音樂團開道,遊行到美濃河畔,舉行河伯水官安座儀式,上香誦經後,將字紙灰倒入河中,其後還有送神、放生等活動,並祈求來年水利充沛,風調雨順國泰民安。過去客家民俗的送字紙活動是真的將字紙灰倒入河中,現代國人環保意識高漲,認為將紙灰傾倒河中會污染水源,所以現在舉行迎聖蹟活動,都只是象徵性的把字紙灰放到河畔低窪處即可。[40]

坦白說,臺灣的客家人較閩南人更重視教育,此由他們特有的送字紙活動之民俗即可看出,客家人認為字紙火化後會昇華,羽化成蝴蝶飛上天向倉頡致意,這也是客家民族敬重文字典籍的具體表徵。此民俗活動是由地方上之讀書人或士紳階級領導,以鼓吹樂隊、儀仗隊前導,奉持文昌帝君神像及造字聖人倉頡的牌位,將聖蹟亭的字紙灰恭送到河邊或海邊去放流,這是早期臺灣社會敬文重字、崇尚文風的習俗。客家人這種送字紙活動,每年舉辦

---

[38] 黃金財,<敬惜字紙的聖蹟亭>,見黃金財,《台灣鄉土之旅──百年台灣風土民情小百科》,同註 36,頁 329。

[39] 張志遠,《台灣的敬字亭》,同註 31,頁 100-101。

[40] 《一看就懂古蹟建築》,同註 26,頁 38。

的時間、儀式各地不同，有十二年舉行一次者，也有每三年舉辦一次。至於活動日期，一般都以農曆正月初 9 玉皇大帝聖誕；正月 15 或 2 月初 3 文昌帝君誕辰；或者 3 月 28 日倉頡聖誕為最常見的日子。目前臺灣保留送字紙活動的地方，還有高雄美濃、六龜，彰化竹塘和桃園龍潭等地。[41]

惜字亭之外觀形似一座小塔，由臺座、爐體和爐頂構成，多以石材或磚材砌成，屋頂則為簡易的歇山形式，由於它是立面形式，採分段處理，大致分為彩繪、剪黏、雕刻、門額、對聯及附屬文物四部分。實際上，全亭概分為三層，下層是底座，中層為焚燒字紙的「文化閣」，兩側楹聯常刻有「有能付丙者，便是識丁人」或「文章傳萬世，倫理繼前賢」等聯句，文詞典雅又切合惜字亭的功能，上層門額嵌有「聖蹟」二字，並供奉「倉頡至聖」神位。惜字亭的平面常呈四角、六角或八角形，裝飾上，無論是臺座的雕刻或爐體的聯對和形式，都非常講究。

歷經時代變遷與歲月無情的侵蝕，惜字亭雖已不復往日風采，但其蘊涵著古人重視先聖先賢智慧結晶的精神與意涵，仍是值得今日身處科技發達的我們，細細咀嚼品味。[42]

另外，書院在裝飾上亦是一門學問，古代書院在裝飾上非常講究，特別有文教氣息。如門廳的門板上多半不施彩繪，以示典雅肅穆，大體上喜以文字或文官代替一般門神。樑柱彩繪以樸素之黑色或靛青色為主，雕刻題材則以花鳥或忠義故事居多；壁框內裝飾詩文書畫，重點在使書院學子於每天學習環境中有所啟發。最後則為以莊嚴神情仰望匾聯，書院與一般寺廟或宅第的匾聯不同，它通常內容是以頌讚孔孟、朱子等大儒為主；或勉勵訓誨士子之語，殊少朝廷或高官之贈言。[43]

---

[41] 《一看就懂古蹟建築》，同上註。

[42] 黃金財，＜敬惜字紙的聖蹟亭＞，見黃金財，《台灣鄉土之旅——百年台灣風土民情小百科》，同註 36，頁 328-329。

[43] 《一看就懂古蹟建築》，同註 26，頁 32-33。

三、清代臺灣書院列表

臺灣之有書院為時甚早，康熙 22 年（1683）清納臺灣入版圖，平定臺灣的施琅首建西定坊書院，其後二十餘年，在臺灣府治及其近郊續有增建。康熙 49 年（1710）的《重修臺灣府志》即載，自康熙 22 年清領臺起，即有書院九所，分別是：

序號	書 院 名 稱	創 建 時 間	創 建 者
01	西定坊書院	康熙 22 年（1683）	靖海侯施琅
02	鎮北坊書院	康熙 29 年（1690）	郡守蔣毓英
03	彌陀室書院	康熙 31 年（1692）	臺令王兆陞
04	竹溪書院	康熙 32 年（1693）	郡守吳國柱
05	鎮北坊書院	康熙 34 年（1695）	道憲高拱乾
06	西定坊書院	康熙 37 年（1698）	道憲常光裕
07	西定坊書院	康熙 43 年（1704）	道憲王之麟
08	東安坊書院	康熙 44 年（1705）	將軍吳英
09	西定坊書院	康熙 48 年（1709）	道憲王敏政[44]

但因臺地新入版圖，各地起兵反抗事件頻仍，在兵馬倥傯之際，很多書院可能旋設旋廢。且當時之書院，其性質與義學同，書院僅具其名而已，可置而不論。[45]有關清代臺灣之書院，近人連雅堂的《臺灣通史》有較詳細的介

[44] 周元文纂輯，＜書院＞，《重修臺灣府志》卷 2＜規制志＞（台北：臺灣銀行經濟研究室編印，臺灣文獻叢刊第 66 種，民國 49 年 7 月出版），頁 36。

[45] 莊金德編，＜早期設立之書院＞，《清代臺灣教育史料彙編》（台北：臺灣省文獻委員會發行，民

紹。據連氏所錄，臺灣於清時共計書院二十三所，遍及南北各地，各書院大多由義學改建而成，如崇文、明志、白沙等書院均是。茲列表如下：

序號	書院名稱	創建時間	創 建 地 點	備 註
01	崇文書院	康熙 43 年（1704）	位東安坊（今臺南市）	知府衛臺揆就府義學改設
02	海東書院	康熙 59 年（1720）	位臺南府治（今臺南市）	分巡道梁文煊建
03	奎樓書院	雍正 4 年（1726）	位臺南府治	
04	正音書院	雍正 7 年（1729）	位東安坊（今臺南市）	乾隆年間廢
05	白沙書院	乾隆 10 年（1745）	位彰化縣	淡水同知攝縣事曾日瑛建
06	龍門書院	乾隆 18 年（1753）	在雲林縣治（今雲林縣斗六市）	
07	玉峰書院	乾隆 24 年（1759）	位嘉義縣治（今嘉義市）	諸羅知縣李倓建
08	明志書院	乾隆 28 年（1763）	位興直堡（今新北市泰山鄉），後移竹塹（今新竹市）	由明志義學改建
09	南湖書院	乾隆 29 年（1764）	位臺灣府治（今臺南市）	臺灣知府蔣允焄建
10	文石書院	乾隆 31 年（1766）	位澎湖縣馬公市	澎湖通判胡建偉建
11	引心書院	嘉慶 15 年（1810）	位臺灣縣治（今臺南市），18 年改為臺灣縣書院	臺灣縣邑紳黃拔萃建

12	仰山書院	嘉慶 17 年（1812）	位宜蘭縣治	委辦開蘭知府楊廷理建
13	鳳儀書院	嘉慶 19 年（1814）	位鳳山縣治（今高雄市鳳山市）	鳳山知縣吳性誠建
14	屏東書院	嘉慶 20 年（1815）	位阿猴街（今屏東市）	鳳山知縣吳性誠及下淡水縣丞劉蔭棠建
15	文開書院	道光 4 年（1824）	位鹿港街（今彰化縣鹿港鎮）	鹿港海防同知鄧傳安倡建
16	藍田書院	道光 11 年（1831）	位南投街（今南投縣）	南投縣丞朱懋，延請南北投、水沙連兩堡士庶議建
17	學海書院	道光 23 年（1843）	位艋舺（今臺北市）	原名文甲書院，道光 17 年，淡水同知婁雲倡建未行。23 年同知曹謹成之。27 年，總督劉韻珂巡臺至此，改名
18	登瀛書院	光緒 6 年（1880）	位臺北府治（今臺北市）	臺北知府陳星聚建
19	蓬壺書院	光緒 12 年（1886）	位縣治赤崁樓之右（今臺南市）	臺灣知縣沈受謙建
20	英才書院	光緒 15 年（1889）	位苗栗縣治（今苗栗縣）	
21	宏文書院	光緒 15 年（1889）	位臺灣府治（今臺中市）	
22	明道書院	光緒 19 年（1893）	位臺北府治（今臺北市）	臺灣布政使沈應奎建
23	崇基書院	光緒 19 年（1893）	位基隆廳治（今基隆市）[46]	

[46] 林連橫，＜教育志＞，《臺灣通史》卷 11，同註 20，頁 220-223。林文龍，＜台灣的書院沿革＞，

其中崇文書院可謂是臺灣真正書院之嚆矢，連雅堂《臺灣通史》云：「臺灣為海上新服，躬耕之士，多屬遺民，麥秀禾油，眷懷故國，故多不樂仕進。康熙二十三年，知府衛臺揆始建崇文書院。……各縣後先繼起，以為諸生肄業之地。」[47]崇文書院設於臺灣府治，其後續建之各書院遍及全臺，總計清統治臺灣 212 年期間，臺灣各地書院的設置共四十五所，遠比連雅堂所說的為多。茲援引黃秀政＜清代臺灣的書院＞論文所統計之表為例說明之：

清代臺灣書院的地域分佈與各朝設置情形表

縣屬	康熙	雍正	乾隆	嘉慶	道光	咸豐	同治	光緒	合計	備 註
臺灣縣	2	3	1	1	1	1		1	10	臺灣府附郭，包括今臺南市縣。光緒 13 年改為安平縣。
諸羅縣		1	1		2				4	
鳳山縣		1	1	2	2			2	8	
彰化縣			2	3	6	1		1	13	原包括中部地方。光緒 13 年後，重劃行政區域，面積大為縮小。
淡水廳			1		1				2	
澎湖廳			1						1	

　　林文龍，《台灣的書院與科舉》（台北：常民文化出版，1999 年 8 月初版），頁 25-31。
[47] 連橫，＜教育志＞，《臺灣通史》卷 11，同上註，頁 218。

噶瑪蘭廳				1				1	
淡水縣							2	2	臺北府附郭,包括今臺北市縣。
臺灣縣							2	2	臺灣府附郭,包括今臺中市縣。
基隆廳							1	1	
苗栗縣							1	1	
合計	2	5	7	7	12	2	0	10	45	

　　由上表可知,清代臺灣書院設置之分佈情形,康熙年間大抵以南部為主,因其是臺灣最早開發地區,且是與行政中心有關。乾嘉以後擴及至中部地區,此亦代表臺灣政經中心逐漸北移。清末,臺灣建省,北部已全面取代中南部,成為臺灣首善之地,故書院大部分設置於此,這也是與清朝開發臺灣由南到北的情況相符合。[48]

四、臺灣書院(含西式)簡介舉隅

　　書院是臺灣過去重要的歷史古蹟,臺灣目前還保留不少完整的書院,若從文化資產的角度視之,參觀書院其實是未來一條可行之路,重點是政府要予以重視,各項配套措施要先做好。茲以臺北市的學海書院、新北市之明志書院、苗栗的英才書院、臺中大肚的磺溪書院、彰化市的白沙書院及和美的

---

[48] 黃秀政,〈清代臺灣的書院〉,見黃秀政,《臺灣史研究》,同註12,頁108-110。

道東書院和噶瑪蘭的仰山書院、高雄的鳳儀書院、草屯之登瀛書院與淡水的
理學堂大書院等為例，稍作說明書院值得參訪之處。

（一）學海書院

道光 17 年（1837），由淡水同知婁雲提議興建，然因工程延誤，到道光
23 年（1843）始由曹謹接手，於臺北艋舺下崁庄（今萬華龍山國小旁）成立
文甲書院。道光 27 年（1847）閩浙總督劉韻珂巡視臺灣至艋舺，易名為「學
海書院」。同治 3 年（1864）書院重修，並由舉人陳維英任山長，首重倫理
及人格養成，作育英才無數。同治 6 年（1867）又新置艋舺義塾，光緒 5 年
（1879）成立的淡水儒學也附設於此，學海書院帶動了整個淡北地區的文風，
成為當時北臺學界的重鎮。

學海書院空間布置以講堂為中心，採對稱方式向外伸展，格局配置門廳、
正廳、後廳與左右廂房。前有「雙龍搶珠」的石旗竿座，表示高氏家族有人
中舉，門廳屋頂正脊採燕尾形式，其上裝飾美麗剪黏，屋頂以昂貴的筒瓦鋪
就，顯得莊嚴肅穆。門板彩繪門神，威武又不失雅緻，大門兩側窗几，以石
雕成竹節紋，古樸典雅。正廳為昔日講堂，今為高氏祠堂，廳上懸有陳維英
所題楹聯：「學知不足，教知困；自反自強，古人云功可相長也。」「海祭
於後，河祭先；或原或委，君子曰本其當務之。」為學海書院珍貴之歷史文
物。清代北臺地區有明志、樹人、登瀛、明道、學海等五大書院，今僅存學
海書院。[49]

（二）明志書院

座落於新北市泰山鄉明志村，乾隆 28 年（1763）所建，為一歷史悠久的
書院。明志書院創辦者是清代貢生胡焯猷，他於淡水新莊一帶拓墾有成，富

---

[49] 李乾朗，《臺北市——古蹟簡介》（台北：臺北市政府民政局出版，民國 87 年 6 月初版），頁 144-147。
李鎮岩，《台灣的書院》，同註 8，頁 64-67。

甲一方成為富豪。為教育家鄉子弟，胡焯猷慨捐莊園房舍，於乾隆 28 年創辦義學，題名明志，胡並捐出水田八十畝的每年田租收入六百餘石，作為義學經費。淡水同知胡邦翰感其義行，稟請將其義學改為書院，並於翌年得閩浙總督楊廷璋撰文表彰，正式獲得書院敕封。乾隆 30 年（1765），淡水同知李俊元將明志書院遷往廳治竹塹城的南門內，使得書院原建築逐漸破敗，迄日治時期完全毀壞。後地方人士有感於原有書院蕩然無存，愧對先賢胡氏創辦書院之熱忱，於是籌資重建一祠，奉祀「紫山朱夫子」，旁祀「貢生胡焯猷」，而胡氏後人亦每年都會來此祭拜先人。

　　明志書院造型古樸，燕尾高翹，「明志書院」四個大字雖經風雨沖刷，斑剝磨損仍然依稀可見。廣場上有同治年間所建之惜字亭，正廳東壁矗立楊廷璋於乾隆 29 年（1764）所撰之碑誌，碑高 136 公分，寬 66 公分，字跡依稀可辨。明志書院雖飽經歲月風霜，但文教氣息依然濃烈，站立書院前，彷彿可遙想當年學子的琅琅讀書聲，也見證了清代北臺教育之遺風。[50]

（三）英才書院

　　苗栗文昌祠始建於光緒 10 年（1884），光緒 15 年（1889）苗栗設縣，知縣林桂芬因縣衙尚未興建，乃借用文昌祠辦公。是年冬，地方士紳謝維岳等人為了提升山城文風，倡議在文昌祠創辦書院，地方民眾紛紛響應，於是由官紳合辦成立了英才書院，成為苗栗地方的文教中心。英才書院由謝維岳任山長，由於書院設於文昌祠裡，所以正殿神龕上供奉著文昌帝君及至聖孔子等神位，讓學生可朝夕來膜拜。英才書院坐落於苗栗市場旁，形式典雅，為平面呈正方形的四合院，原始建築群包括照壁、門樓、廟埕、惜字亭、門廳、正殿和東西廂房。寬敞的廟埕前有照壁及惜字亭，照壁左右各有門樓出入，左稱龍門右稱虎門，中門兩旁有抱鼓石，門神彩繪「天聾」、「地啞」，

---

[50] ＜明志書院＞，新北市文史百科全書編撰小組編撰，《新北市文史百科全書》（台北：遠流版，民國 99 年 11 月出版），頁 253。

匠心獨具，有別於一般的書院。第二進正殿神龕有文昌帝君、孔子、倉頡、
韓愈等神位。整體而言，英才書院建築相當樸拙，還保有初建時的原始風貌，
在臺灣眾多書院中，算是相當罕見。[51]

（四）磺溪書院

　　位於臺中大肚，光緒 13 年（1887）由地方士紳趙順芳、蔡燦雲、蔡瀚雲、
蔡錦上等鳩工集資興建，越兩年完工，取名為「磺溪書院」，文風曾盛極一
時，是大肚地區的文化搖籃。磺溪書院於日治時代被迫停止教育活動，二戰
期間慘遭盟軍轟炸，1959 年又逢「8‧7 水災」，屋牆更是嚴重毀損。1985 年，
磺溪書院被列為國家三級古蹟，1986 年由政府出資整修，1989 年完工，書院
又重現往日風采。1999 年「9‧21 大地震」，磺溪書院再度受創，被列為有
立即性危險建物，直到 2002 年再度修復完工。

　　磺溪書院坐北朝南，格局方正，占地約八十坪，氣勢宏偉。無論從屋頂
飛簷、門窗臺基到地板紅磚，處處可見經典佳作。而集合各地精匠手藝的石
雕、木雕或磚雕，在技法或造型上，都可看到源自各地的地方特色，為書院
最引人入勝的地方，內容豐富仿如是座建築博物館，在今天臺灣本土建築中
已不多見，可媲美和美道東書院與鹿港龍山寺。

　　磺溪書院建築結構可分門廳、拜亭、講堂及左右廂房，講堂與廂房有過
水廊相連，形成平面危口字形的二進式四合院建築。門廳結構嚴謹，兩邊的
抱鼓石採用福建惠安石雕的技巧，展現相當細緻的藝術。而石獅的雕法，除
了線條流暢外，還講求立體塊面和透雕的處理，讓作品更加生動自然。進入
門廳，跨過花窗造型的拱門，紅磚鋪就的內埕廣場，前方是座巍峨壯觀的拜
亭，亭下正前方有御石路。第二進講堂，兼具祭祀和講堂功能，堂內高懸「經
天緯地」古匾。左右耳房及廂房為昔日師生之居所，其中耳房以造型獨特的
六角窗和瓶形門作裝飾，頗具樸拙美感。除此之外，六角窗下更留傳了百年

---

[51] 李鎮岩，《台灣的書院》，同註 8，頁 84-87。

前的精緻磚雕牆面而聞名於世，如此豐富的磚雕藝術組合，堪稱磺溪書院最美的亮點。[52]

（五）文開書院

　　鹿港曾是臺灣經濟發展最重要的港口之一，故在清季有「一府二鹿三艋舺」之稱，鹿港舊稱「鹿仔港」，自古以來，即是中臺灣一處工商發達人文薈萃之地。道光 4 年（1824），士紳林廷璋、陳世英等人有感於鹿港文運日開，只因非縣治所在，學子苦無就學場所，於是聯合鹿港郊商發起捐建，道光 7 年（1827）書院落成，取名「文開」，以紀念明末來臺傳授漢學的先賢沈光文。自道光迄光緒百年間，文開書院對鹿港文風啟迪影響甚大，也為鹿港地方造就許多人才，總計有八位進士，十六位舉人及百餘名秀才，文開書院成了鹿港的文化搖籃。光緒 21 年（1895），日本近衛師團在臺灣澳底登陸，8 月 28 日，北白川宮能久親王領軍南下，曾駐軍於文開書院，並將書院易名為「北白川宮紀念堂」，今書院還存有「北白川宮紀念碑」等文物。大正 3 年（1914）鹿港聞人辜顯榮重修書院及文武廟，文開書院又恢復昔日舊觀。二戰末期，書院曾遭盟軍轟炸，光復後，書院亦乏人問津，殘破不堪。1975 年，因火災使書院更嚴重受損，形同廢墟。1984 年，政府比照舊制撥款重建，並列入古蹟保護。1999 年「9‧21 大地震」，文開書院受創一度關閉，2005 年再度修復完成。

　　文開書院格局坐西朝東，方正典雅，為一呈日字形的三進二院四合院。整體結構包括門廳、講堂、後堂和東西廂房等部分，建築設計與規模條理分明，功能上各司其職。門廳為書院出入口，屋頂脊飾兩側各飾飛龍圖像，垂脊尾端則順勢作稻穗向上揚起的剪黏作品，紅瓦藍脊，形制華麗。石柱楹聯有鄧傳安墨跡，上題「賓日有祥興雲有兆，希賢得地入道得門」。書院講堂

---

[52] ＜集集大地震受損古蹟現場回顧：風簷展書讀──書院篇＞，《歷史月刊》第 143 期（民國 88 年 12 月），頁 46-47。

外觀造型類似門廳，講堂臺基稍高，位於堂前中軸線上，具地位崇高之象徵。講堂樑架上彩繪精美，格扇門由木料構件組合而成，其上彩繪青、藍、白、紅等顏色，氣氛靜謐安詳。堂內前方為祭祀空間，神龕內主祀朱子神位，後方為昔日老師授課講學的場所。值得一提的是，在左廂房前方的牆邊，有一道光 27 年（1847）的「公業條款」碑，此碑刻有鄧傳安、陳盛紹等二位海防同知為文開書院籌措銀糧，作為書院經費來源之依據，是相當珍貴的歷史紀錄。[53]

（六）白沙書院

位於今彰化市孔子廟右側的民生路上，其前身為彰化縣義學。乾隆 10 年（1745），彰化知縣曾曰瑛鑒於彰化建縣多年，迄無書院以培養人才，乃改彰化縣義學為白沙書院，其後又經歷任知縣興修而奠定初基。唐宋以降，書院為維持開銷，均有學田之設置，藉所收租穀運用，以達到培育人才之目的，白沙書院亦不例外。該院早在義學期間，就置有學田，另一筆學田由墾戶張達京所捐置；此外，主靜書院的學租，也是經費來源之一，其後，彰化、南投本地士紳，亦有多人捐獻者。

白沙書院創建後，當時的彰化知縣曾曰瑛即曾＜手定規條＞，但此一學規久佚，內容如何，不得而知。嘉慶 16 年（1811），楊桂森任彰化知縣又撰＜白沙書院學規＞九條，以勗勉諸生，迄今尚存，允為書院最重要之文獻。其條文為：1.讀書以力行為先、2.讀書以立品為重、3.讀書以成物為念、4.讀八股文、5.讀賦、6.讀詩、7.作全篇以上者之學規、8.作起講或半篇之學規、9.六七歲未作文者之學規。

臺灣自乾隆 5 年（1740）分巡臺灣道劉良璧手定海東書院學規以來，各地書院繼起，內容雖不盡相同，但文字深奧則大體一致。唯獨楊氏所撰，能打破慣例，代以口語化文字，深入淺出，務期學生能明白了解易於接受，此

---

[53] 陳復，＜文開書院與台灣孔子＞，《歷史月刊》第 179 期（民國 91 年 12 月），頁 11-15。

為白沙書院學規最大之特色。由於白沙書院學規明白易懂，其後臺灣各地不少書院紛紛效尤，如南投藍田書院、草屯登瀛書院；甚至遠至噶瑪蘭廳的仰山書院，亦奉白沙書院學規為圭臬。[54]

（七）仰山書院

嘉慶 17 年（1812）開蘭知府楊廷理所建置，以蘭陽地區開發之晚，能在設廳之後兩年內創設，委實不易。仰山書院以景仰宋儒楊龜山而得名，龜山為楊晚年隱居之所，當時學者咸稱之「龜山先生」。仰山書院初建於廳治西文昌宮左，楊廷理先建三楹，未幾而圮。嘉慶 24 年（1819），通判高大鏞草創章程，始聘楊典三為主講，開啟蘭陽文風之端，入學肄業者最多達兩百四十餘名。道光 4 年（1824），通判呂志恆於東首臨街建一門樓，題名「仰山書院」。

道光 10 年（1830），署通判薩廉乃就原建之址，架築三楹以為安硯之地，外達官廳內增廚灶，旁有隙地可植花木。仰山書院雖成立於嘉慶 17 年，但因府庫空虛，未能實際供應訓課學子，迄至道光 10 年才使蘭陽學子有一進取仕階之學習場所。此期間，福建巡撫孫爾準於道光 6 年（1826）按部入蘭，見諸學子均有向學之意，乃抽發子、史書四十六種，運存仰山書院，以為諸生課讀之便，對提升蘭陽地區童生之素質，甚有裨益。

蘭陽文風肇始於仰山書院，而書院之設則歸功於歷任篆守之力爭學額有以致之，其中「仰山社」之推波助瀾更增其壯闊之勢。在書院之內，為增進學子好學之風，主其書院事者，邀集好學之士百數十人，相與訂盟，另組「仰山社」，每歲定期於 4 月集會，以文會友。如此類似「學業研究團體」，對蘭陽地區文化之提升，功不可沒，也異於臺灣其他地區之書院，誠為書院史

---

[54] 臺灣銀行經濟研究室編，《彰化縣誌》（台北：臺灣銀行經濟研究室編印，臺灣研究叢刊第 48 種，民國 46 年 8 月出版），頁 52。

之一大特色。[55]

（八）鳳儀書院

　　位於高雄鳳山市鳳崗里城隍廟邊的鳳儀書院，是目前臺灣所保存清代書院中，規模最大的一座，亦是鳳山市最早的一所民間興辦的學校，1985 年政府將其列為三級古蹟。鳳儀書院創於嘉慶 19 年（1814），由知縣吳性誠發動捐款、捐地，再由候選訓導歲貢生張廷欽所建。鳳儀書院位於鳳山縣署（今曹公國小所在地），共計屋三十七間，正中廳事三間，左右官廳房各二間，兩廊學舍十二間，講堂三間，頭門五間，義倉九間，聖蹟亭一間，規劃相當完善，另外，尚附有試桌，為古代學童求學歲試之處。原建築前有照壁，左右各有一門進出，左門上題「登雲路」，右門上題「步天衢」，落成時曾刻木碑為記。

　　鳳儀書院之經費，主要為院田歲收，收支尚餘裕，可保學生無後顧之憂。書院於光緒 17 年（1891）由舉人盧德祥重修一次，日治後一度成為鳳山郡役所員工宿舍，光復後由公務人員使用，因份子複雜，隨便砌磚隔間，環境乏人管理，早已失昔日書院風貌。

　　鳳儀書院原始規模宏大，設備齊全，堪稱清代南臺灣書院之最，也是臺灣府以南最主要的文化重鎮，於臺灣書院史上有其重要的研究價值。以古蹟與研究立場而言，因閩粵移民拓墾之地緣關係，鳳儀書院同時容納閩南及客家兩個族群之學童，據《鳳山縣采訪冊》記載，閩童與粵童各有不同的廊號供考試之用，對研究清代書院發展而言，此為彌足珍貴之史料。

　　當然，鳳儀書院最重要之價值在於其建築，書院從創立始，除光緒年間修繕一次外，舉凡木造結構、磚石牆體以及屋頂，均為清代嘉慶年間原物。這些木結構的細部，依稀仍可見當時的雕琢線條、刻工技巧和油漆彩畫的色彩與題材。就臺灣建築史論，鳳儀書院成為嘉慶年間泉州派建築之指標，亦

是一座可以作為時代風格比較的代表性建築，因此更顯得珍貴。按《鳳山縣
采訪冊》詳載，清代有許多石碑或木碑嵌在鳳儀書院牆上，這些碑文內容足
可顯示書院當時的建制與組織，惜現今已遍尋不著了。另值得一提的是，屋
脊上鳳形之鐵條，據學者推測應為鳳凰的泥塑剪黏。鳳儀書院名稱源自「有
鳳來儀」，象徵文風鼎盛、文采輝煌之意。但亦可能和所在地「鳳山」有關，
因此鳳儀書院與鳳山之關係應是密不可分的。遺憾的是，書院現況很遭，地
方政府雖有心修復，但土地、經費、遷移等難題，無法快速有效的解決，因
此修繕維護工作仍在延宕中。[56]

（九）道東書院

　　咸豐 7 年（1857）彰化縣線西堡「景徽社」訓導阮鵬程於自家宅後設立
私塾「問字處」開班授課，後因場地過於狹小，在推展和美地區文化教育前
提下，始有設立書院之念。同年阮鵬程召集秀才陳嘉章、鄭凌雲、黃興東、
黃仰貴、王祖培、黃際清等地方士紳集資興建書院，阮擔任經理，士紳陳茂、
王祖培、黃際清等人奔走募款，地主黃利祥、黃鍾烈、黃英協助捐土地，最
後於當時彰化廳線西堡和美庄興建書院，取漢代大儒馬融期許弟子鄭玄「吾
道東矣」的典故，命名為「道東書院」。

　　道東書院經費泰半由當地士紳捐獻，如同治年間，主要經費來源即由商
紳林日豐號與林金盛號所捐租。同治 10 年（1871）書院擴建，由阮傳芳、黃
鍾麟等秀才任重修董事，聘請匠師彩繪廟堂，增建牆垣，規模略具。光緒 12
年（1886），書院曾遭祝融之禍，正殿受損，乃由師生與地方士紳募款重建，
於翌年竣工。日治時期，日軍於書院設立憲兵屯駐所，後撤離改為日語講習
所。1899 年，和美公學校設立，曾暫借書院上課。1905 年，日本實施土地登
記法，將書院登記為祭祀公業。由於道東書院年久失修，建築日漸傾頹，1920
年，出身書院的和美區長許長泮倡議重修，樣貌煥然一新。1930 年聘請黃文

---

[56] 李鎮岩，《台灣的書院》，同註 8，頁 152-155。

鎔於書院內主持「漢文研究會」，藉此以文會友，勉力維持平時祭典，進而定款立法，以為後人崇祀之準則。許並撰沿革誌，目前沿革誌木碑仍位於正殿左右兩側。

戰後，書院因乏人管理，一度遭居民佔用，院內文物亦遺失殆盡，1981年始由和美鎮公所接管及維修，1985 年，內政部指定書院為二級古蹟。2005年依原貌重修，並增添照牆、半月池、欄杆等原先所無之設施，現已煥然一新。道東書院占地兩千五百坪，為一間二進四合院建築物，第一進為門廳，第二進為講堂，前埕有半月池及惜字亭，外是圍牆與照壁，符合書院規制，旁邊尚有一座「敬字亭」，亭高二層。內埕東西兩側有廂房，作為學舍及祭祀廳，後緣兩側有磚砌圓門通往後堂耳房。

另外，門廳也值得一看，前殿面寬三開間，左右兩旁龍虎牆為泥塑，屋頂是硬山燕尾翹脊，裝飾有鰲魚的泥塑造型，有「獨佔鰲頭」之意，正脊中間有一葫蘆，代表福氣，並有鎮煞意味。正殿是講堂，也有祭祀功能，供奉宋儒朱子，當地人稱其為文廟，東廡祀檀越長生祿位，西廡祀福德正神。正殿有一「梯航絕學」古匾，為前清進士莊俊元所書，壁之左右兩側刻有書院沿革與誌文。正殿圓形木柱與日治時期重修時之彩繪，是書院最值得欣賞之藝術佳作，仍保留 1931 年重修時之作品。前殿門楣「道東書院」匾，係 1925年重修時鹿港書法家王席聘的墨寶，彌足珍貴。正殿內還有光緒 15 年（1889）的「梯航絕學」匾；講堂上方有「師渡慈航」、「會聖之精」等古匾，都是極富歷史價值之文物。[57]

（十）興賢書院

建於道光 3、4 年（1823－1824）左右，俗稱文昌帝君廟，迄今已有近一百九十年歷史。期間雖經風雨摧殘，但原貌依舊，曾是當地作育英才之所，為兼具文祠、社學之地方書院。興賢書院前身是「興賢社」，為白沙坑莊恩

---

[57] ＜尊崇朱熹的道東書院＞，《一看就懂古蹟建築》，同註 26，頁 42-43。

貢生曾拔萃所創。興建之初，名為文昌帝君廟，至道光中晚期，有粵東名儒
邱海講學於此，開班授徒並設月課講學，以教育學子，文風大盛遂改名為興
賢書院，書院內現仍供奉邱海牌位。光緒 7 年（1881）永靖貢生邱萃英及士
紳賴繩武發起重建書院，並由邱萃英擔任山長。1920 年，地方人士為延續漢
文化，特聘黃溥造至書院傳授漢文，長達十七年。1924 年，黃與弟子成立興
賢吟社，迄今仍活躍詩壇。

　　興賢書院匾上金漆已落，僅剩雙螭木雕窗供人憑弔，正廳內部狹小，內
祀有文昌帝君神位，旁有邱海陪祀，供桌後有一古色古香之神轎。原本亟待
修護的興賢書院，在「9‧21 大地震」中嚴重受創，正廳頹然傾倒，磚牆斷裂，
屋頂坍塌，文昌帝君塑像倒在瓦礫中，唯書院旁之敬字亭倖存。踏入門檻，
書院前紅磚龜裂，大門斑駁露出原木顏色，仿若訴說著歲月的滄桑，而原先
繪有文魁圖案，如今亦只剩輪廓，呈現一片敗落景象。[58]

（十一）藍田書院

　　初建於道光 11 年（1831），由南投縣丞朱懋延請地方士紳議建，地址在
南投街東的壽康庄，取「樹人無殊種玉」之義而名「藍田書院」，迄今已一
百七十餘年歷史，是南投重要古蹟。書院講堂中祀文昌帝君，內祀朱子，旁
為齋舍，兩翼廂房為諸生肄業之所。清末曾屢遭坍塌之苦，後重修乃復原貌。
藍田書院因接受白沙書院補助，具半官方色彩，有時彰化職官亦會前來巡視。
日治初，書院右廂曾遭兵災焚燬，後修復，正殿祀文昌帝君，前殿奉至聖先
師，旁祀朱子神位。

　　1957 年，藍田書院經修繕後，與孔廟、文昌祠、濟化宮合為一處，經臺
灣省政府指定為古蹟。1985 年 11 月，內政部指定為國家三級古蹟。1991 年 8
月，因修復施工，發現久已遺失的「新建藍田書院副碑（捐題碑）」以及「道
光丁未年冬月立的重修碑記」，為書院之珍貴史料。書院旁有南投縣政府立

---

[58] 半線訪古彰化縣古蹟巡禮.http//www.hlps.chc.edu.tw/changhua/other/xingxi.htm.

的大理石碑記，詳述書院之沿革。山門左右題聯：「藍自青出多雋秀，田為嘉稼慶豐收」，正殿前廳大門亦有對聯：「藍本於青人才可染，田宜乎力孝弟同科」，濃郁書卷味不明可諭。此外，書院之古匾亦為一大特色，計有道光朝的「天上文衡」、同治年之「文明氣象」及「奏凱崇文」、「丕振斯文」、「瑞氣如珠」等，至今仍保存完整。[59]

（十二）登瀛書院

是目前臺灣保存最完整的書院之一，其前身是雍正 12 年（1743）朝廷為教化平埔族所設立之「土番社學」，其後因漢人子弟求學日多，在道光 28 年（1848）草屯當地士紳莊文尉、洪濟純等首倡，集資五千八百圓興建，位置在草屯新庄田園之內，取「十八學士登瀛州」典故，名為登瀛書院，迄今亦有一百六十餘年歷史。登瀛書院和藍田書院一樣，亦接受白沙書院贊助，為草屯北投堡義學。清代時期，書院內有碧峰社、玉峰社、萃英社三種與士子有關的結社，三社各有成員和學田。光緒 9 年（1883）書院因年久失修，乃由士子李定邦、林錫爵、簡化成等，募款兩千三百圓予以修復。1985 年 11 月，內政部指定為國家三級古蹟，書院的護牆、照牆與東西廂均保存完整，比藍田書院規模還大，地方也寬敞許多。由於書院獨立於稻田之中，規模宏敞堪稱雅致，亦為全臺現存書院所少見。

登瀛書院為一單進雙護龍的三合院建築，門開在東西兩側，廂壁上有書卷狀雕飾，古意盎然。前埕外有燕尾翹脊照壁，中間是花圃，惜字亭設在花圃裡。正殿為三開間的講堂，屋頂是燕尾脊，剪黏雙龍護塔的雕飾，美輪美奐。正門前有四足雲龍圖案的御路石，神龕上方懸有「文運重興」、「學教敦倫」等匾額，「登瀛書院」四個古樸大字則掛在正門上方。登瀛書院又名文昌祠，奉祀五文昌帝君，右邊供奉朱子神位，左邊則祀會昌建福大魁夫子

---

59 ＜新建南投藍田書院碑記＞，《臺灣教育碑記》（台北：臺灣銀行經濟研究室編印，臺灣文獻叢刊第 54 種，民國 48 年 3 月出版），頁 44。

神位，神牌聯題：「文運天開奎璧聯輝昭盛世，昌明聖教璣衡重煥壯雲衢」。門楣及正殿之樑柱，都有鼓勵向學的對聯，正殿和廂房有許多閩南式花紋磚及樑上的構築，別具特色。尤其壁上的萬字形花紋磚和木雕彩繪，更屬少見，把書院之氣氛營造的很好，頗值一看。[60]

（十三）屏東書院

　　書院原址在屏東市港西里阿猴街（今中山公園內），清雍正初年，漢人大量入墾屏東平原，到乾隆3年(1738)阿猴城已發展為街市。嘉慶19年(1814)貢生郭萃、林夢揚為振興地方文教，倡議官民合建書院，於次年底竣工完成，唯因經費不足，只有初步建築結構，並未彩繪上裝，後來經郭萃等人勸募，始成規模。光緒3年（1877），為了明示書院管理模式，特將公議所決的＜屏東書院章程碑記＞立於書院內，今此碑猶存。屏東書院當時是下淡水溪一帶的文教中心，對提升地方文教，功不可沒。

　　屏東書院建築坐北朝南，格局完整，結構古樸典雅，是由照壁、山門、講堂、軒亭、左右廂房、後廳及兩側耳房所組成的三進式四合院。建物正前方有照壁一座，上書「九仞宮牆」，意指孔孟之道極其高深，有如萬尺高牆一般，充分體現古代典型書院建築的文教氣息。第二進中央正殿，融合了傳統書院及大成殿的建築風格。正殿莊嚴肅穆，奉祀孔子、孟子、顏子與曾子等四聖神位。兩側廂房，則祭祀孔門成名弟子以及鄭玄、朱子等古聖先賢。穿過軒亭，為第三進後殿，後殿崇聖祠，奉祀孔子。兩側耳房以過水廊相連，環境優美，有著書院寧靜安詳的氛圍。屏東書院現存有＜屏東書院章程碑記＞、＜屏東書院租條碑記＞、＜東山書院改築紀念碑＞、＜重修孔廟碑記＞等四座碑記，是屏東書院珍貴的歷史文物。[61]

---

[60] ＜保存最完整的登瀛書院＞，《一看就懂古蹟建築》，同註26，頁44-45。
[61] ＜改成孔廟的屏東書院＞，《一看就懂古蹟建築》，同上註，頁46-47。

（十四）文石書院

即今為澎湖孔廟的前身，位於馬公市文化中心附近，是澎湖地區唯一之書院及教育中心。根據《澎湖廳志》記載，乾隆 31 年（1766）通判胡建偉有感於澎湖未曾設立書院，使有志師法前賢的生童問道無門，所以於是年 2 月應貢生許應元之請，創設官立書院，並於次年完工，以澎湖盛產文石，故命名為「文石書院」。[62]嘉慶 4 年（1799），因書院久經風雨侵蝕，屋舍毀損，通判韓蜚聲乃捐資加以重建，並於後院建魁星樓一座，用以供奉魁星。道光 9 年（1829），通判蔣鏞與副將孫得發等捐俸倡修，移建魁星樓於左前方今址，以取文明之意。同治 12 年（1873），名儒林豪將魁星樓易名為「登瀛樓」。[63]光緒元年（1875）重修，並於翌年竣工落成，規模宏偉壯觀，惜於光緒 11 年（1885）毀於中法戰爭砲火，書院講堂及圖書均蕩然無存。[64]

文石書院初建時規模宏大，為一三進式建築，第一進為門廳，中架之樓供奉魁斗星君，故稱魁星樓。第二進為講堂，為祭祀與講課之處，神龕內主祀北宋周敦頤、張載、程顥、程頤、邵雍等五位理學家。第三進後堂設置文昌祠，供奉文昌帝君，左右兩側耳房為院長住所。「登瀛樓」是文石書院迄今僅留存的唯一建物，這棟前清閣樓坐北朝南儒雅精緻，有諸多可觀之處。樓分上下兩層，樓下門楣橫書「奎璧聯輝」，板門為實心木組合而成，窗戶以漏明之木條為裝飾，紅藍相間的對比色彩，艷麗奪目。樓上的「登瀛樓」，樸拙中顯得高聳華麗，兩側的「文海翻瀾光射斗」、「石渠秘藏金凌霄」的石刻對聯頗為醒目貼切。登樓遠眺，碧海藍天，馬公島的風光盡收眼底，令人心曠神怡而發思古之幽情。[65]

---

[62] 臺灣銀行經濟研究室編，《澎湖廳志》（台北：臺灣銀行經濟研究室編印，臺灣研究叢刊第 51 種，民國 47 年 6 月出版），頁 76。

[63] 藤島亥治郎著、詹慧玲編校，《台灣的建築》（台北：臺原出版社，1993 年 7 月 1 版），頁 161-163。

[64] http://www.dm.ncyu.edu.tw/content/bigsize/044-tp153-226.htm.

[65] 李鎮岩，《台灣的書院》，同註 8，頁 166-169。

（十五）理學堂大書院

清領時代，臺灣除眾多傳統書院外，隨著臺灣開港西學東漸，西方傳教士亦在臺灣興學傳教，其中最有成績及影響最大者，莫過於馬偕博士在淡水所創建的理學堂大書院，此書院可說是臺灣西式教育的啟蒙地。[66]理學堂大書院為加拿大基督教傳教士馬偕博士於光緒 8 年（1882）所建，因經費是來自於加拿大牛津郡的鄉親贊助，故校名特別取「牛津學堂」（Oxford College）以示感謝及不忘本之意。淡水理學堂大書院是臺灣西式教育之前驅，也是以後淡江中學、臺灣神學院與真理大學的發源地，因其重要，目前是國定古蹟，座落於淡水真理大學校園內。[67]

牛津學堂是座中西合璧的四合院建築，原有兩進兩護龍，其中一落已拆毀，故現在僅存一正堂兩護龍。屋脊兩側為中式寶塔裝飾，但門窗卻是西式圓拱造型。正堂屋脊中央是座十字架標誌，而正堂本身為三開間主屋，左右皆有護龍，門楣有題字「理學堂大書院」，門窗為西方圓拱式，窗戶上楣還有磚砌的拱形兩坡、紅瓦斜屋頂，屋頂上有三扇老虎窗，屋脊上也有中式寶塔裝飾，屋簷則有西式女兒牆。女兒牆又稱壓簷牆，為建築物屋頂週邊的矮牆，狀似欄杆，除作為山牆的裝飾外，也有防止雨水從正面流下的功能。[68]

五、結論：書院的功能、意義與運用

基本上，過去臺灣的書院，有其教育和祭祀之雙重社會功能，若干書院

---

66 新北市立淡水古蹟博物館，《淡水尋寶記》（新北市：遠足文化出版，民國 101 年 12 月 1 版），頁 200。

67 ＜左手聖經右手教育──馬偕＞，島嶼柿子文化館編著，《啟蒙師與父──他們點亮了台灣的光》（台北：柿子文化出版，2005 年 10 月初版），頁 41-44。

68 ＜牛津學堂＞，林礽乾、莊萬壽、陳憲明、張瑞津、溫振華總編輯，《台灣文化事典》（台北：國立臺灣師範大學人文教育研究中心出版，2004 年 12 月初版），頁 144-145。

流傳之文化祭典，臺灣一直保存至今，如祭孔、春、秋兩祭和送字紙等儀式，以其有尊崇教育和淨化人心之作用。

其中當然以祭孔儀式最為重要，在祭孔典禮中，要陳設音樂，跳八佾舞，並由主祭官敬呈牲酒等品，以表達對孔子的尊敬及尊師重道。漢明帝時，朝廷開始規定各地方學校一定要舉行祭孔典禮，以後即成定制，於是祭孔成了全中國最重要的文化活動，後世因之迄於今。

此外，自漢朝起，每年農曆的 2、8 月，政府官員、士子儒生都會聚集於孔廟祭孔，稱為丁祭。昔時臺灣的書院也會在春、秋二季舉行祭典，祭拜該書院供奉之神明。目前草屯的登瀛書院與南投之藍田書院，都還保有春祭與秋祭之古風。[69]

書院除教育功能外，祭祀亦是重要功能，所祭祀者當然都與教育有關的神祇，如至聖先師孔子、宋朝理學大家朱熹、相傳是中國造字聖人的倉頡、及民間最常拜的文昌帝君等。孔子是中國古代最偉大的教育家，也是書院教育的先驅，所以自然成為諸多書院供奉的神明，如澎湖馬公的文石書院、屏東的屏東書院都以孔子為主神祭拜，後來這些書院都成為當地的孔廟。[70]

至於朱子，也是自古士人學子崇奉的大師，朱子不但是宋朝理學大家，他建立白鹿洞書院，也是中國早期書院的代表人物。[71]尤其科舉制度實施後，朱子的《四書章句集注》一書，更成為赴考士子的必讀經典，影響後代科舉考試至為深遠。另一位供奉神明是倉頡，倉頡是傳說中黃帝時代的史官，他仰觀天象、俯察萬物，創造象形文字，是中國之造字者，後人尊其為「造字聖人」，文字與教育關係密切，甚至可以說，無文字就無教育，故當然要虔誠祭拜倉頡。[72]

然今日臺灣應試考生最常祭拜的，反而是大家耳熟能詳的文昌帝君，每

---

[69] ＜書院的文化祭典＞，《一看就懂古蹟建築》，同註 26，頁 36。
[70] ＜台灣書院的神明＞，《一看就懂古蹟建築》，同註 26，頁 34-35。
[71] 吳萬居，《宋代書院與宋代學術之關係》，同註 4，頁 247。
[72] ＜台灣書院的神明＞，《一看就懂古蹟建築》，同註 26，頁 34。

到大考季節，文昌廟一定是考生擁擠人來人往川流不息，有的是考生自己誠心祈禱；有的是父母代為求願，而且還要準備金榜題名的吉祥物品，如蔥、菜頭、神明水等等。一般人常誤以為文昌帝君是唐代的韓愈，其實不是，文昌帝君常祭祀者有五尊神祇，包括梓橦帝君、孚佑帝君、文衡帝君、朱衣神君和魁斗星君，在民間五文昌帝君是讀書人祈求功名之神。[73]

梓橦帝君為張亞子，唐朝人，曾居住四川梓橦縣，因對五代十國的後蜀教育有偉大貢獻，死後被尊為梓橦帝君，現在我們一般廟宇所祀奉的文昌帝君就是梓橦帝君。孚佑帝君即傳說中的八仙呂洞賓，是道教的重要人物。據傳呂洞賓自幼天資聰穎，記憶超人，書讀過目不忘，以其資質當為士子楷模，後人遂將其列為文昌君之一。文衡帝君即三國時代的關羽，關羽不只以其忠義精神流芳百世，其個性亦允文允武，尤喜讀春秋左傳，能背誦如流，後代儒家尊稱其為關西夫子或文衡帝君。朱衣神君據傳係北宋大儒歐陽修主持科考時，常覺其後有穿紅衣之人指點文章，只要紅衣者點頭之文章，都為出類拔萃之佳篇奇文。故歐陽修言：「文章自古無憑據，惟願朱衣暗點頭」，後世就把這位朱衣神君視為主管考試之神明。魁斗星君又稱魁星爺，北斗七星前四星為魁，後三星為斗，故魁有第一名之意。讀書人應試都希望考第一，成為魁首，所以祭拜魁斗星君。另一說為魁斗星君並無特定人物，但其相貌極醜，有隱含人不可貌相之意。[74]

臺灣書院之創，雖大致起於民間，但官府亦甚重視之，不少著名書院之學規，都是由地方官員所親訂，如分巡道劉良璧曾手訂海東書院學規五條：「明大義、端學則、務實學、正文體、慎交游。」[75]乾隆年間，澎湖通判胡建偉，為澎湖文石書院所訂的學約十條則是：「重人倫、端志向、辨理欲、勵

---

[73] ＜台灣書院的神明＞，《一看就懂古蹟建築》，同註26，頁34-35。

[74] 陳正茂、陳善珮，《文化觀光──臺灣文化資產》，同註16，頁124-125。

[75] 余文儀，《續修臺灣府志》（台北：臺灣銀行經濟研究室編印，臺灣文獻叢刊第121種，民國51年3月出版），頁355-356。

躬行、尊師友、定課程、讀經史、正文體、惜光陰、戒好訟。」[76]每條都有詳盡的闡述，自成一文。故書院之制，有清一代，實為臺灣教育之中心，迄於臺灣割日為止。日治時代，「公學校」（國民小學）日漸普及，取代原有之書院制，書院也就走入歷史跟著式微了。

書院作為一項珍貴的臺灣文化資產，在政府積極推動文化觀光的今天，書院是可以轉型成文化觀光旅遊的重要資源。重點是，如何將二者作有效的連結與運用。在此，筆者提出幾點建議，可供中央有關單位或各縣市地方政府參考：

1.由文化部及交通部組成專案委員會，聘請學者專家對全臺書院作詳盡的盤點工作，務必對全臺書院作徹底的調查，登記其現況、毀損情形、使用狀況等，羅列造冊，以供爾後每年追蹤檢核。

2.由中央提撥專款，責成各書院所在地之地方政府，以專款專用的方式，對書院作有效的維修與運用。

3.委請教育部授權，同意相關屬性的大學，能多成立古蹟導覽與維護之科系，期能訓練更多古蹟導覽、維護人才，為臺灣古蹟的修護和照顧，提供不虞匱乏的專業人力。

4.將書院列為社區整體營造的一環，藉由社區居民對文化古蹟意識的提升，主動對社區內的古蹟文化資產作最有效的運用與維護。

5.書院既是重要的古蹟，宜將其與觀光產業作結合，可規劃書院旅遊的套裝行程，透過媒體來積極推動。

如此一來，不僅能將臺灣的書院之美與意義作最好的呈現，對地方的觀光經濟效益亦有所幫助。當然，書院旅遊亦可以將地方上其他重要的古蹟景點納入，如寺廟、宅第等，從而形成一條文化觀光的風景線，此不但可凸顯

---

[76] 此約收於胡建偉，《澎湖紀略》（台北：臺灣銀行經濟研究室編印，臺灣文獻叢刊第109種，民國50年6月出版），頁81-88。也收於林豪，《澎湖廳志》（台北：臺灣銀行經濟研究室編印，臺灣文獻叢刊第164種，民國52年元月出版），頁112-120。

地方特色文化外，也為文化資產的活用與再生，提供一個最有經濟效益的平
臺。

第 二 輯

我們時代的影劇生活文化

張憲堂◎著

導　論

　　眾所皆知，戲劇發展的歷史久遠，源自於先民的祭祀活動；電影發展的歷史雖僅百餘年，由盧米埃兄弟拍攝火車進站的影像開端電影，亦離不開人民的日常。影劇除了源起大眾生活外，兩者都以故事、人的扮演和虛實交互的同質性，提供今日大眾生活中的最佳休閒興味。而在當代我們的大眾日常生活中，使用各種多媒體來觀賞影劇的娛樂行為，可以說有其不可或缺的重要性和普及性。

　　因而本精選集所要介紹的這六位具代表性的當代影劇創作者，不用說在我們當代臺灣大眾生活的影劇上，都有其開創的位置，很受各方的矚目。首先，侯孝賢是開啟臺灣新電影者，並以獨創長鏡頭影像躍居國際影壇；至於李安則是以《臥虎藏龍》第一位得到奧斯卡最佳外語片（2020 年改稱為「最佳國際電影獎」）的臺灣導演；此外，高行健小說《靈山》因馬森教授的引薦，在臺灣出版而成為中國作家第一位諾貝爾文學獎的得主，並在臺灣上演其所創新的「全能戲劇」《八月雪》；再者，如果說周杰倫是以第一位流行歌手跨界臺灣電影；那麼李國修則可稱是臺灣舞臺劇喜劇的第一高手。

　　上述這五位當代具代表性的影劇創新者，不單是臺灣影劇生活的先導者，在他們創作中汲取繼承在地文化、地理環境和生活百味，在全球化的時代，抵抗文化霸權。侯孝賢以臺灣現代和唐朝生活故事，拍出本土味的臺灣電影；李安的影像風格裡有濃厚儒家禮教；高行健的「全能戲劇」是以中國京劇的演員為核心，營造唱、做、唸、打的新表演形式；周杰倫以在地懷舊佈置他的音樂電影；李國修處在臺灣芋仔與番薯的城市拔河裡，以中國戲曲

的三小戲（小生、小旦和小丑），展開他的三人行不行的戲劇情節，開創他的舞臺創作。

　　電影和戲劇製造虛實交匯的異質空間，在虛實與共空間裡模擬與再現人生，如鏡子般映照出人類的生存狀態，提供了這批影劇的創新與繼承者來觀審人的處境與生命，讓我們閱聽大眾來體驗與品味。

　　本章所精選的五位當代具代表性的影劇創作者及其作品，大都作者的長期教學與研究的一些成果，過去曾先後在相關學報和研討會發表過，但現在為了要納入本精選集，所以都加以增修過收編進來。以下將各章節摘要整理，以利讀者閱覽：

1.〈熱的文本、冷的影像：侯孝賢《刺客聶隱娘》的影像與書寫〉

　　侯孝賢導演的《刺客聶隱娘》改編自唐朝傳奇小說作家裴鉶的作品，除了完成他拍攝武俠電影的心願外，該電影也是他的第一部具有完整劇情書寫的電影劇本。本章嘗試以「熱的文本、冷的影像」來探索該電影文本書寫和上映後影像之間的差距。

2.〈李安電影《色｜戒》中的戲劇假扮〉

　　李安的《色｜戒》電影改編自張愛玲的小說，劇情是女主角王佳芝的假扮誘殺漢奸易先生的行動，文內爬梳李安電影中戲劇假扮的特色，進而以《色｜戒》中話劇社的演出，來回顧抗日時期抗日劇的西方寫實主義戲劇的戲劇假扮，從中探討主要角色人物王佳芝和易先生二人的假扮，並藉以討論李安使用戲劇假扮的影像意念。

3.〈品味高行健新劇型二種：《冥城》和《八月雪》的異想世界〉

　　高行健的《冥城》改編於京劇《大劈棺》，主要劇情是莊子試／戲妻，導致莊妻自縊，是一齣時空穿越人間地府、劇情龐雜、人物眾多的形式風格異化的戲。同樣的，《八月雪》雖以佛教六祖慧能得道為戲劇情節的藍本，但劇中亦充滿幻化異想的戲劇手法。二齣劇作都是高行健追求「現代東方歌劇」或「全能戲劇」新劇型的實驗。《冥城》未在臺灣演出，文章透過戲劇

文本來研究，《八月雪》以在國家戲劇院的演出文本來做討論，探究高行健
以此二齣新劇型的異想世界。

4.〈高行健在《生死界》、《對話與反詰》和《夜遊神》的情欲書寫〉

《生死界》、《對話與反詰》和《夜遊神》三齣劇是高行健居法後的劇
作，劇本在台灣出版，三齣戲皆以男女兩性為題，開展兩性情欲的探求。情
欲，為現代影劇作品的普世性主題，創作者常透過此主題企圖挖掘個人的真
實自我。高行健這三齣劇作皆有其風格化的技法，藉著論述，希冀提供台灣
本地影劇創作者對情欲創作主題來參考。

5.〈流行音樂才子的跨界：論周杰倫的電影創意〉

本章從電影類型創意、音樂創意、場面調度創意、文化懷舊創意等面向
來比較周杰倫二齣跨界製作的電影《不能說的‧秘密》和《天臺》。

6.〈李國修《三人行不行》戲劇文本空間的荒謬性透視〉

彙整李國修在《三人行不行》喜劇系列的戲劇文本，探討李國修借生活
在現代大都會城市裡三個主要角色人物的生活現實的荒謬，進而討論李國修
使用現代戲劇的荒謬性技法。

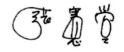

壹、熱的文本、冷的影像：侯孝賢《刺客聶隱娘》的影像與書寫

一、本章導言

　　侯孝賢導演的《刺客聶隱娘》改編自唐朝傳奇小說中裴鉶的作品，完成他拍攝武俠電影的心願，並在坎城影展奪得最佳導演獎，為自己的導演事業推至另一高峰，再度證明他是臺灣電影的指標性人物。

　　擁有影展得獎光環的《刺客聶隱娘》，上映之後觀眾對該片華美的攝影影像讚賞有加，但對於劇情書寫卻有看不懂的議論。本文嘗試以「熱的文本、冷的影像」來探索該片的影像和文本書寫之間所造成的差距，並企圖印證觀眾不懂《刺客聶隱娘》的電影影像情節乃是侯孝賢導演在其一貫的寫實影像風格之下，強調電影美學是影像化，疏離了文本戲劇性結構的結果。

　　臺灣電影的指標性導演侯孝賢在 2007 年香港浸會大學演講時指出，武俠片是外國導演拍不來，它是中國電影的主流。[1]武俠電影原是中港臺電影的風格電影類型，曾經頂盛經歷衰退，等到徐克的《新蜀山劍俠傳》（1983 年）及其監製、李惠民導演的《新龍門客棧》（1992 年）開啟了武俠客影的新風格，武俠電影漸趨回溫，一直到李安《臥虎藏龍》（2000 年）揚威奧斯卡達到高峰，張藝謀的《英雄》（2002 年）、《十面埋伏》（2004 年）延續其鋒

---

[1] 侯孝賢在 2007 年香港浸會大學演講＜談法國導演布列松導演＞時所談，請參見卓伯棠主編，《侯孝賢電影講座》，廣西師範大學出版社，2009 年，頁 166。

芒，形成了一股新武俠電影風潮。

侯孝賢導演拍武俠電影，未演先轟動，但並非要迎合這股新武俠電影潮流，而是他年輕時閱讀與他的年輕的生活經驗有關以及他後期電影中對女性角色的青睞。[2] 侯導在八〇年代起心動念，2012 年開鏡拍攝，期間籌備和各項拍攝均有所耽擱 [3]，直到 2015 完成年，贏得坎城影展最佳導演獎。

《刺客聶隱娘》上映後即使挾著坎城影展得獎的殊榮，但評價不一，除了華麗唯美的攝影影像之外，普遍存在對侯孝賢電影喜歡還是喜歡，不喜歡的還是不喜歡的狀態。不喜歡的原因，除了對武俠電影刻板印象的期待落空，觀眾覺得像是觀賞一部藝文性強的電影之外，電影的故事情節看不懂是其中之因 [4]，而侯孝賢導演對於這個肇因，在一些《刺客聶隱娘》放映會或受訪的場合中，就開始為他的影片打預防針，說明強調看二遍或多看幾遍之後就會懂了 [5]。侯孝賢的電影從《風櫃來的人》之後，他的電影常有讓觀眾看不懂的現象，《刺客聶隱娘》並非是首部，造成這樣觀影狀態存在於侯孝賢導演在故事文本書寫和影像上的差距，本文欲以「熱的文本、冷的影像」來探究其電影文本書寫與影像的關係。

二、熱的文本書寫

《刺客聶隱娘》源自侯孝賢導演年輕時讀到唐朝中裴鉶小說所寫故事。

---

[2] 侯孝賢在 2007 年香港浸會大學演講＜侯孝賢的電影美學信念＞時所談，請參考卓伯棠主編，《侯孝賢電影講座》，廣西師範大學出版社，2009 年，頁 92。

[3] 請參見謝海盟，《行雲紀——刺客聶隱娘拍攝側錄》，印刻出版社，2015 年。

[4] 請參見楊照在網路＜立場新聞＞網站發表《刺客聶隱娘》不難懂（一一六）系列文，網址：https://www.thestandnews.com/culture/%E8%81%B6%E9%9A%B1%E5%A8%98-%E4%B8%8D%E9%9B%A3%E6%87%82/。

[5] 印刻雜誌，《三十年來最不取悅世界的導演——侯孝賢專輯》，第 11 卷第 11 期，印刻出版社，2015 年 7 月。

故事講的是唐德宗貞元年間，聶隱娘是魏博大將聶鋒的女兒，十歲被不知名的女尼於暗夜中帶走。五年後，女尼教化成功將其送回。聶隱娘告知父親如何學成武功且幫女尼刺殺掉惡吏壞人之事，父親聶鋒聽完聶隱娘敘說後，心存恐懼並見聶隱娘夜裡不見人，天亮才返家，聶鋒不敢追問，從此聶隱娘得不到父母的憐愛。後來磨鏡少年前來，聶隱娘主動求婚嫁，幾年後，父親聶鋒便去世。

魏帥知道聶隱娘的武功，便聘請夫妻倆為侍衛官。到了唐憲宗元和年間，魏帥和陳許節度使劉昌裔關係不和。魏帥派聶隱娘前去刺殺劉昌裔，聶隱娘反而投靠了劉昌裔，並協助劉昌裔解決了精精兒和巫術高超的空空兒。

唐憲宗元和八年，劉昌裔入京，聶隱娘不願跟隨，只求劉給夫一個差事，她自個兒雲遊四海去。直到劉昌裔死時，聶隱娘來到京師，在其靈前大哭後離去。唐文宗開成年間，劉昌裔的兒子劉縱擔任陵州刺史，在四川棧道上巧遇聶隱娘，聶隱娘拿出一粒藥讓劉縱吃下，並說明該藥可免去一年的災運，以及勸劉縱辭官歸鄉，劉縱不相信，要送綢緞給聶隱娘，聶隱娘婉拒離去。一年後，劉縱沒辭官，死於陵州，聶隱娘從那之後即消失不見蹤跡。

裴鉶的《聶隱娘》文本約 1700 餘字，敘述聶隱娘是武術高超、深懂奇幻異術、專門誅奸除惡而且能為自己的主人驅災避禍的女性俠客，但聶隱娘內心存在一般人的情感。如其未完成任務晚歸時，遭受女尼的質問，聶隱娘回說：「見前人戲弄一兒，可愛，未忍便下手。」尼叱曰：「以後遇此輩，必先斷其所愛，然後決之。」[6]藩主劉昌裔死時在其靈前痛哭，亦顯示聶隱娘是一個情恩義重的女性俠客，然綜觀裴鉶的文本，仍是以書寫武俠者的逸事傳聞為主，人物塑造單一不完整，故事情節偏向武俠者功夫幻術的能力展現與行事作為。

侯孝賢導演和朱天文、謝海盟及大陸作家阿城等組成的編劇群參考了《資治通鑑》、《舊唐書》、《新唐書》等資料改寫裴鉶的原著後，變成序場 3

6 　請參見《刺客聶尹娘》的劇本，《行雲紀——刺客聶隱娘拍攝側錄》，印刻出版社，2015 年。

場、正式場次有 68 場，合計共 71 場，約 17000 餘字的《刺客聶隱娘》的文本書寫。[7]

　　和裴鉶的原作比較，《刺客聶隱娘》劇本上的書寫根據史冊理出魏博藩鎮的歷史脈絡，做為《刺客聶隱娘》故事時空的主體架構，故劇本書寫上分為相隔十三年的二大段落故事情節。第一段落故事為唐貞元十二年，從第 1 場到第 10 場；第二段落故事為唐貞元十二年後的十三年，從第 11 場到第 68 場。從文本情節上來看，聶隱娘被道姑帶離，學武成功、銜命當刺客之外，幾個人物如精精兒、空空兒、魔鏡少年與裴鉶的原作相同之外，改編的文本已與原作大異其趣，其實應是完全新的文本書寫。

　　《刺客聶隱娘》的文本結構上先用三場序場來說明聶隱娘的職業和武功、情感的弱點以及師徒的關係。第 1 場到第 10 場的第一大段落，處理魏博田家與洺州刺史元誼之間藩鎮合婚的政治關係，建構出聶隱娘的聶家與嘉誠公主、嘉信公主雙胞胎公主以及田季安和元誼氏等田家的角色人物關係網絡，編導聶隱娘做為俠客殺人的緣由並交待鋪排 13 年後聶隱娘返魏殺人的前情。第 11 場到第 68 的第二大段落，處理聶隱娘遵從師父之命：「汝今劍術已成，而道心未堅，今送汝反魏，殺汝表兄田季安。」[8] 以是否能完成刺殺田季安為《刺客聶隱娘》主要的戲劇動作。

　　在人物的刻畫上，《刺客聶隱娘》以聶隱娘為中心，輻射地描述她和嘉誠公主、嘉信二位公主之間的人物雙重關係、她和父母之間親情、她和田季安、元誼氏、胡姬的愛恨情仇，人物的骨肉完整，性格明確，情感分明。

　　文本的書寫使用了多種意象的運用。匠心獨具的導入嘉誠公主向聶隱娘說了＜青鸞舞鏡＞的故事：「罽賓國王得一鸞，三年不鳴，夫人曰：『嘗聞鸞見類則鳴，何不懸鏡以照之。』王從其言。鸞見影悲鳴，終宵奮舞而絕。」

---

[7]　請參見謝海盟，《行雲紀——刺客聶隱娘拍攝側錄》，印刻出版社，2015 年。

[8]　同註 7。

[9] 運用青鸞舞鏡的意象來象徵和彰顯嘉誠公主和聶隱娘兩人在魏博藩鎮的孤單處境和心裡情感寂寞的內外相疊，營造出嘉誠公主和聶隱娘兩人如同鏡中的青鸞，「一個人，沒有同類」，點出故事敘事的主題。利用玉玦說明嘉誠公主遠嫁魏博與京師絕別之心，聶隱娘送回玉玦給田季安，暗示田季安斷絕兩人的關係。以牡丹花的形象來說明嘉誠公主其富貴美麗其外，但內心卻是虛空，牡丹的枯萎代表其生命的逝去，以紅牡丹圖像說明嘉信公主的被殺與聶隱娘師徒關係的斬斷，聶隱娘一行人躲入桃花源村，桃花源村生活恬淡悠閒、人與人相處親和，對應於藩鎮裡的複雜混亂的政治情勢與人心逞權爭寵的鬥爭。

外在的衝突方面，情節呈現聶隱娘刺客刺殺田季安、田季安所掌的魏博內元誼氏和胡姬爭寵等家務和外部的政治紛擾以及魔鏡少年路碰埋人，挺身出手、聶隱娘營救父親、聶隱娘搏鬥對戰精精兒等精采動作場面。

文本的書寫也有許多空間或氣候景觀的書寫，如山間或河面的雲霧飄飛和嬝繞的場面、類桃花源村內村莊的自然環境以及結尾聶隱娘和魔鏡少年渡船往新羅國的場面，來表現故事的人物情境或肅殺前的寧靜氛圍。

觀察其文本書寫的形式，朱天文與侯孝賢合作以來的電影劇本，雖有場次，卻都沒有明確的人物對話，劇本的書寫只提供場面和故事情境或主要的人物角色的講話，《刺客聶隱娘》劇本中人物對白清楚是較合乎劇本形式的書寫。

總結以上的文本書寫的情節結構、角色與情感塑造和場面設計，《刺客聶隱娘》是一個「熱的文本」──充實飽滿的戲劇性故事，應可以拍出可觀的武俠電影來，觀眾理應會在戲院不會看不懂電影的故事。

---

[9] 同註 7。

三、冷的影像

　　侯孝賢的電影在早期都是他自己編劇，影像風格來自於他不自覺的自學或學校所學的實務應用。自《小畢的故事》後開始跟朱天文合作編劇，並和楊德昌等一批臺灣新電影浪潮中的電影人討論電影拍攝事宜，導致侯孝賢從《風櫃來的人》影像風格起了巨大的變化，之後，侯孝賢的電影影像向來都被人覺得很冷，而侯孝賢自己也承認，他說：「我拍《童年往事》的時候，其實是很冷的，非常冷靜的。」（卓伯棠編 125）如是，《刺客聶隱娘》的影像很冷是有幾個原因的。侯孝賢的電影影像是寫實的，講究真實的呈現，他不相信武俠者能夠飛簷走壁的反寫實的動作，強調要合乎人的真實的地表物理動作，以致在感官的形式上去除了觀眾對武俠片先入為主的主觀性畫面的視覺期待，挑戰了觀影者的感官享受與上戲院的享樂。取而代之置入多重的視角的視覺影像，如聶隱娘躲在層層薄紗中偷聽田季安和胡姬的對話，呈現聶隱娘人物角色主客觀或導演的主客觀的視角影像。另外，《刺客聶隱娘》的電影影像免不了維持侯孝賢導演擅長的長鏡頭運作，如胡姬和侍女們的長廊移動以及空空兒作法的鏡頭運作，以及空鏡頭影像運作——幾場雲霧飄飛和繚繞的自然景觀場面，以及聶隱娘一行人進入類似桃花源村內村莊生活狀態，展現了侯孝賢詩意般影像畫面。

　　侯孝賢的電影影像冷的呈現，在於他養成利用第三隻眼睛看世界，他說：「如此一來，看事物才會有一個俯視的角度，一個旁觀的角度，不然你投入得太進去，反而沒辦法處理。這種養成其實是在無意識形成的，不自覺地就養成了這種眼睛。」（卓伯棠編 111-112）以及其認知電影是影像化的結果，拉開與文本書寫的距離，走向個人化影像敘事的自我堅持，他的電影的影像常常在剪輯上被剪掉和捨去，造成他的電影影像沒有因果鋪陳、情節淡化，《刺客聶隱娘》的電影影像也遭受同樣的對待。在劇本書寫的故事情節和人

物的脈絡，許很的場面都在剪接機上的決定下被剪掉和捨去，比如聶隱娘和魔鏡少年的情感進展以及魔鏡少年的背景，以及田元氏化身精精兒和師傅空空兒的關係，將這些因果線性關係裁剪去掉，以致造成了觀眾進入電影院之前沒有閱讀《刺客聶隱娘》的劇本的書寫，在觀賞《刺客聶隱娘》時有看不懂的難處，皆因於侯氏的影像風格。

《刺客聶隱娘》的影像很冷的另一個原因，歸因於侯孝賢的電影自《風櫃來的人》以後，結局都是令人悲傷的電影結局非常悲傷，我說蒼涼。」他認為蒼涼有一種時間和空間的感覺，他曾解釋他的影像為何蒼涼：

> 雖然我的電影很多講述人生的蒼涼，但那不意味我的人生觀就是「痛苦即人生」。我感覺有人生味道的時刻是人困難的時候，這也是最有人生力量的時候。那絕對不是太平盛世，那會是很 boring 的人生。其實，人的兩個狀態，其中一個有困境，發揮你的人生力量…人活著本來就不容易，這就蒼涼的意義，活在那一刻是那麼不容易，在那一刻是有時間、空間的，你是存在的，你是有能量的，在那兒對抗，我感覺這東西才是活著的，才是過癮的。（卓伯棠編 67-68）

侯孝賢為他自己生命過程中，存在這種蒼涼感做個結論：「蒼涼是我的一個角度，因為我感覺人存在本身就是非常的不容易，這是我對生命的一個看法。」（卓伯棠編 94）因此，這種蒼涼的生命本質，有意或無意間流露他電影影像中，造成他的蒼涼影像。《刺客聶隱娘》中就以＜青鸞舞鏡＞的典故來展現嘉誠公主、聶隱娘的「一個人，沒有同類」的生命蒼涼，有意的呼應出侯孝賢蒼涼的生命存在。

四、結論

　　《刺客聶隱娘》的文本書寫花費多年的功夫，爬梳史冊資料，理出了故事時空，建構了人物角色網絡，佈置了衝突，講究事件因果，完成富有戲劇性的完備故事情節，是個熱的文本，但在影像上侯孝賢疏離了戲劇性，看起來冷了影像，冷的武俠電影，而重寫實影像的侯孝賢其電影中追求的不是影像的戲劇時空，而模擬真實的生活時空，透過其寫實風格回溯想像的唐朝，藉著聶隱娘奉命刺殺青梅竹馬田季安的主要事件中，觀看聶隱娘「殺」與「不殺」的過程，侯孝賢在談《刺客聶隱娘》的籌備時，他說的很簡潔：

> 我電影裡的女殺手，武功絕倫，最後卻殺不了人，這中間發生了什麼事？她是有弱點的，然後她自己負責，也自己選擇。這一段從殺到不殺的變化過程，就是我要拍的。（白睿文、朱天文 279）

　　《刺客聶隱娘》是以一個焦點女性為主角，影像呈現了想像的唐朝人物的生活真實以及聶隱娘的決定結果，其實也沒那麼難懂，觀賞侯孝賢的電影影像，觀眾的觀影態度需要有所改變，沈曉茵＜本來就應該多看兩遍——電影美學與侯孝賢＞一文中述侯孝賢的電影運用類似布萊希特（Bertolt Brecht）的疏離的劇場技巧，「讓觀眾有個反思的空間，觀眾所要具備的頂多不過是『多看兩遍』的準備。」（沈曉茵 86-87）況且，侯孝賢一直以來都不太理會觀眾的反應，他很坦白的說：

> 至於爭取觀眾的問題，這是一個鑑賞力的問題，高度的問題，我作為導演沒有辦法，沒有辦法為了取悅觀眾而怎樣做，至少我做不到。除非我找到不違背自己且觀眾又能接受的方法，但對我來講很難。

（卓伯棠編 65-66）

而侯孝賢拍攝電影以來，以影像思考為先，不在意故事文本的書寫與形式，最了解他的這樣影像風格的朱天文在談侯孝賢的《戀戀風塵》一片時，這樣說：

> 吸引侯孝賢走進內容的東西，與其說事件，不如說畫面的魅力。他傾向於氣氛和個性，對於說故事沒有興趣。……他用情緒跟畫面直截跳接，不做回憶式的處理，而近似人的意識活動那樣，氣氛對了，就一個一個鏡頭進去，並不管時空上的邏輯性。（朱天文 373）

侯孝賢在談他如何拍攝電影時，他更清楚地印證說：「我想東西絕對不是文字的，是畫面的，是具象的，實體的，就是人跟 location。」（卓伯棠編 58），他進一步確切說明：

> 我的整個電影是在活生生地呈現一些活的角色，假如角色不活，即使結構對，戲劇性也夠，大家看著還是不過癮啦。不行，這樣我完全不行，我要每一個角色都達到這種地步。而且我剪片子的時候，只要我認為不過癮，不夠好，或者是感覺沒有到，就剪掉，不會管它連不連。其實連不連觀眾都能看懂，因為我是呈現片段，不是戲劇結構非常強的片子。（卓伯棠主編 83）

《刺客聶隱娘》的上映再次的證明侯孝賢的電影影像是以角色出發，經過其在剪輯的過程中來決定他的影像，而不是來自文本的書寫。然不容易的是，侯孝賢的《刺客聶隱娘》電影影像中豐盈的情感，卻不是奠基於故事文本的書寫，朱天文體認侯孝賢是個「抒情詩人」而「不是說故事的人」，侯

孝賢的電影特質是「抒情的」，「而非敘事和戲劇」（朱天文 373），日本知名國際導演是枝裕和先生撰寫說，收到侯孝賢導演題字的色紙卡經常是寫著：「天地有情」（是枝裕和 32），更說明了侯導是個深厚有情的影像導演。

（本文曾於 106 年 3 月刊登在《臺北城市科技大學通識學報》，第 6 期）

參考文獻

1. Olivier Assayas 等人著、林志明等人譯，《侯孝賢》，國家電影資料館出版社，2000 年。

2. 白睿文編訪、朱天文校訂，《煮海時光──侯孝賢的光影記憶》，印刻出版社，2014 年。

3. 朱天文，＜一部電影的開始到完成──劇本討論＞《最好的時光》，印刻出版社，2008 年，頁 232。

4. 林文淇、沈曉茵、李振亞編，《戀戀人生──侯孝賢電影研究》，麥田出版社，2000 年。

5. 卓伯棠主編，《侯孝賢電影講座》，廣西師範大學出版社，2009 年。

6. 沈曉茵，＜本來就應該多看兩遍──電影美學與侯孝賢＞，《戀戀人生──侯孝賢電影研究》，麥田出版社，2000 年，頁 86－87。

7. 是枝裕和著、李文祺譯，《婉如走路的速度－我的日常、創作與世界》，無限有限公司，2014 年。

8. 謝海盟，《行雲紀──刺客聶隱娘拍攝側錄》，印刻出版社，2015 年。

9. 印刻雜誌，《三十年來最不取悅世界的導演──侯孝賢專輯》，第 11 卷第 11 期，印刻出版社，2015 年 7 月。

10. 楊照，《刺客聶隱娘》不難懂（一－六），網址：
https://www.thestandnews.com/culture/%E8%81%B6%E9%9A%B1%E5%A8

%98-%E4%B8%8D%E9%9B%A3%E6%87%82/

11. 《刺客聶隱娘》，DVD，采昌國際多媒體有限公司，2016 年。

貳、李安《色｜戒》中的戲劇假扮

一、本章導言

　　戲劇的假扮是李安電影中的特色之一。張愛玲的《色，戒》以戲劇假扮執行誘殺行動為主要的情節，李安透過他的《色｜戒》電影影像，呈現其所擅長的戲劇與電影影像之間的表演性。本文企圖先大致爬梳李安電影中戲劇假扮的特色，進而以《色｜戒》影片中話劇社的扮演，來回顧劇中所處抗日時期的寫實主義戲劇演出，並從中探討該劇中主要人物王佳芝和易先生的扮演，最後討論李安使用戲劇假扮的影像意圖。

　　李安的電影作品分成兩種類型，其一為原創劇本作品，即為眾所皆知的「家庭三部曲」──《推手》、《喜宴》和《飲食男女》等；其二為改編劇本作品，自《理性與感性》到《少年 Pi 的奇幻漂流》等，二種類型中仍可見李安影像的共通元素貫串其中。以人物形象而言，父親的形象是李安影像中顯而易見的，《推手》起，郎雄所扮演的父親的角色一直是李安電影中的最為鮮明的；以角色表演而言，扮演自有其在李安影像的要味元素，尤其是其劇中的假扮，如《喜宴》中主角偉同原是同性戀者，《臥虎藏龍》的玉嬌龍假扮女劍客行走江湖等等。

　　扮演，在戲劇中原是演員化了妝，演員我，猶如戴上假面，出場登臺，演員我霎時變為劇中的角色人物，演員我流轉在一個真我與角色我的分裂，「使自我的探索、認知與表述，從一個『內向我』變成一個『外觀內』的過

程」[1]。戲劇演員不管帶上面具與否，「在臺上進行扮演，劇本、演出的時空設定，以及『我』作為為演員的身分，賦予『我』另一個身份——劇中角色的身分。換言之，我借取了角色的身分，以至角色的經歷，猶如親身演練一樣。」[2] 演員與角色之間的真與假、實與虛的扮演，說明了戲劇表演的藝術性，這個藝術性在電影的出現後，演員的舞臺表演移轉成銀幕上演員的影像表演。

　　擁有戲劇專長的李安，總注重其電影中的演員角色扮演的方法，一直到他改編張愛玲原著的《色，戒》，讓其能夠將他的親身的演員經歷與故事情節相結合，運用電影的影像大展身手。張愛玲原著的《色，戒》敘述話劇社學生以扮演進行一場愛國的誘殺行動，小說的筆調虛實交錯、時空跳躍，而李安改以直敘鋪陳的線性影像，讓我們清晰地觀看到影片中人物的戲劇的假扮。

二、《色｜戒》的戲劇扮演

　　李安的《色｜戒》改編自張愛玲的小說，研究者大多討論電影和小說之間的改編忠實程度，但若取傑哈・吉內特（Gérard Genette）以「跨文本性」（transtextuality）中的「超文本性」的觀點，此類改編的忠不忠實的爭議性應可迎刃而解的，吉內特說：

> 超文本性讓人想起電影改編劇本和原著小說之間的關係。電影改編
> 劇本被看成做是來自於先前既有次文本（指原著小說）的超文本，
> 經由選擇、擴大、具體化及實現等作用而轉變成電影改編劇本。近

---

[1]　陳嘉恩（2009），＜面具的告白：香港翻譯劇重演情況的理論探索＞，2009 年華文戲劇節學術研討會之論文，已徵求作者同意轉引。

[2]　同註1。

來有關小說改編成電影的討論，已經從一種忠實（改編劇本精確呈現原著）和背叛（改編劇本遠離原著風貌）的道德評價，轉移到比較不那麼評斷式的文本互涉論述。改編劇本明顯的在一連串不斷迴旋的互文轉換中、在一連串文本產生其他文本那種無止境的循環、轉換及演變的過程中進行著，沒有明確的起始點。[3]

　　吉內特的觀點提供電影和小說改編的更大彈性空間。緣此，本研究拋開忠實或不忠實的議題，從戲劇扮演的觀點來觀省李安的電影。李安「一直很希望有人能從表演這個層次來看《色｜戒》，不只是『戲假情真』這個層次，而且進入到演員從投入到著迷的歷程中，檢視演員『真與假』、『實與虛』。」[4] 若此，李安的企盼，更強化了本文擬從影片中話劇社的扮演，來回顧當時的戲劇的演出，進而從中探討劇中主要人物王佳芝和易先生的扮演，最後討論扮演改編者李安的影像意圖。

　　張愛玲原著的《色，戒》以時空拆解的意識流寫法，敘述女主角王佳芝用戲劇的扮演方式，以色誘殺易先生，卻功敗垂成。李安的電影演出用「起、

---

[3] 傑哈・吉內特（Gérard Genette）「跨文本性」（transtextuality）見 Robert Stam 著、陳儒修、郭幼龍譯（2002）《電影理論解讀》（*Film Theory: An Introduction*），臺北：遠流出版社，頁 283-290。「跨文本性」（transtextuality），用來指涉「一個文本（不論是明顯的或私下的），與其他文本的相互關聯的所有關係」。吉內特舉出有五種形式的的跨文本性：第一種為文本互涉：「兩個文本有效的共同存在」，種類包括：引述、抄襲及暗示。引述就如同把舊的影片片段插入。暗示方式用文字或影像來指涉其他影片，作為評論電影世界的虛構性。第二種為「近文本性」（paratextuality）文本與其「相近文本」（paratext）之間的關係，也就是指圍繞在文本四周的附屬訊息與紀事。第三種為「後設文本性」（metatextiality），由一個文本和其他文本之間的重要關係構成，不論所涉及的文本是被明確的引述，或只是默默的被喚起。第四種為「主文本性」（architextuality）是只由文本的標題或次標題所提出或拒絕的類型分類法。主文本性和文本樂意或拒絕將它自己的特性直接或間接地表現在標題上有關。第五種為「超文本性」（hypertextuality）是指一個文本（吉內特稱之為超文本）和一個較早的文本（或稱之次文本）之間的關係，超文本轉變、修改、闡述或延伸次文本。

[4] 藍祖蔚（2007），＜重建張愛玲廢墟——專訪《色｜戒》編劇王蕙玲（上）、（下）＞，《自由時報》，E5 版自由副刊，2007 年 10 月 8 日。

承、轉、合」的鏡頭敘述[5]，電影《色｜戒》讓觀者很清楚地看到二階段的誘殺行動與結果：（一）香港時期的誘殺行動，由鄺裕民領軍，其參與的成員為其話劇社的夥伴。（二）上海時期的誘殺行動，由國民黨情報份子老吳主導，王佳芝和鄺裕民等人為其棋子。依這二階段的誘殺行動，劇中的戲劇扮演大致分為兩種類型：（一）話劇社搬演愛國戲劇，在表演舞臺上表演。（二）誘殺任務的角色扮演，主要由王佳芝扮演麥太太，以色誘殺易先生。

第一類型的扮演，是戲劇表演藝術的呈現，戲劇社團的舞臺演出，是一種假扮，需要燈光，需要佈景，需要排練。我們得以看到影片中，舞臺上鄺裕民的指揮燈光的調整位置，王佳芝的排練與背臺詞：「我把自己還給孕育我的土地，而我靈魂中……。」演出後，演員們卸了妝，還原現實的本我，慶祝演出成功，午夜遊車河，高唱「畢業歌」[6]，身為當家花旦的王佳芝，更在李安特意的電影慢動作鏡頭（slow motion shot）的運鏡，浪漫地捕捉王佳芝徜徉演出成功的歡悅神態。

另一類的假扮，借用話劇角色扮演的技巧，在現實的人生，以假名和假身分假扮他者，執行性命攸關的任務，絕非舞臺上的藝術表演，跳脫舞臺，若有少許的差池，須付真實的代價，這乃鄺裕民於起初時的告誡：「這是玩命的事，大家想清楚。」所要執行的是一個深具愛國的真實行動，但「這回不是演話劇，我們賺觀眾的眼淚，把嗓子喊啞也不比殺一個貨真價實的漢奸來得實惠！我們只怕殺得不夠多，不夠快！」而梁潤生的提問：「可是我們有誰知道殺人怎麼殺啊？我們只有在舞臺上殺過……。」或如第一次出任務時，鄺裕民嚴肅的提醒：「這不是排練，沒有機會重來一次，要弄清楚自己身分說話，不該說得話少說，言多必失。」直接證明現實生活與戲劇藝術舞臺表演的迥異。真假交雜的情境，直到易先生搬回上海，曹副官發現了假扮，

---

5 請參見李歐梵（2008），《睇色，戒》，香港：牛津大學出版社。

6 劇中所唱是當時代劇作家田漢的〈畢業歌〉：「我們今天是桃李芬芳，明天是社會的棟樑，我們今天是弦歌在一堂，明天要掀起民族自救的巨浪，巨浪，巨浪，不斷的增漲，同學們，同學們，快拿出力量擔負起天下的興亡，巨浪，巨浪……」。

學生們來個殺人滅口，撞醒了一群人的假扮。角色扮演成了電影的主要結構，而任務的關鍵是王佳芝的麥太太的扮演，王佳芝特訓之後，老吳點明說：「一旦上路你就不能回頭。」區別了現實人生的任務扮演與表演臺上的可 NG。

三、《色｜戒》年代風格的戲劇扮演

張愛玲原著的《色，戒》情節來源有個歷史的根據，李安改編的寫實手法，企圖以影片重構歷史，如上海的場景。這樣複製歷史的技法，亦引領觀者回到抗日時期那段話劇的演出年代，這更是李安自己所經歷並熟識的戲劇表演的年代風格。

（一）抗日話劇的時代

電影劇情的時代背景 1938 年到 1942 年。這段時期為中國話劇演出的鼎盛時期[7]。這時期有個特殊的對日抗戰的背景，話劇擔起抗日宣傳的工具與責任，掀起大堆的愛國戲劇演出，在「把戲劇送上前線」、「戲劇上街、戲劇下鄉」等戰鬥口號下，救亡演劇演出頻繁。[8]因此，電影中當賴秀金脫口說諳熟易卜生（Henrik Ibsen 1828-1906）《玩偶之家》（A Doll's House）女主角「蘿拉」（Nora）的臺詞時，被鄺裕民義正嚴詞的糾正為當時代不需要「布爾喬亞」（bourgeois）中產階級份子的思想，重要的是的募款抗日。此時期的演劇演出時，「又伴隨《義勇軍進行曲》等救亡歌曲的演唱，激起廣大群眾的愛國熱情，演員和觀眾打成一片，群情激憤，敵愾同仇，常常出現現場報名參軍或慷慨解囊踴躍捐款的行動。」[9]在影片中，我們可見到類似的場面，當王

---

[7]　馬森教授的觀點。請參見馬森（1994），《西潮下的中國現代戲劇》臺北：書林出版社。

[8]　葛一虹主編（1997），《中國話劇通史》，北京：文化藝術出版社，頁 64。

[9]　同註 8，頁 201。

佳芝：「為民族的萬世萬代，中國不能亡。」臺上的演員和臺下的觀眾全心
一致，齊喊：「中國不能亡。」顯見當時戲劇舞臺的表演被借與現實生活的
接軌來為抗日活動而服務。

（二）寫實主義戲劇的表演風格

　　電影的這段時期亦為中國話劇的第一度西潮期。電影中的話劇表演形式
主要受到西方寫實主義戲劇的影響，該劇種演出的形式講究忠實社會寫真的
程度。黃愛華在《中國早期話劇與日本》一書中說明：「寫實戲劇要求為演
員提供符合生活邏輯的支點，如門、窗、陽臺、桌椅、山坡、樹墩等。在寫
實劇的演出中，舞臺美術必須組織和限定表演空間，提供演員上下場，安排
景物和道具，使之符合劇中人物的動作需要。」[10] 至於人物造型則「大多要求
接近生活，化妝和服裝主要是用以體現人物的性別、身份、年齡、個性、民
族和職業特點，並顯示劇中的時代、地區和特定的情境等。」[11] 寫實主義表
演傳入中國後，經過一些演變，葛一虹主編的《中國話劇通史》談陳大悲認
為中國寫實戲劇應有的意念：「在表演上，……主張學習西方寫實主義的表
演方法，表現真實的人生和性格：『演者身上附著一個劇中人的靈魂，想劇
中人所想的事，說劇中人所說的話』[12]，在舞美方面，陳大悲積極引進油彩化
妝術來代替文明戲簡陋的鉛粉胭脂和臉譜化的作法。同時反對以荒謬的機關
佈景招徠觀眾，主張按戈登‧克雷『佈景與戲劇精神一致』的原則來搞舞美
設計。」[13] 其拿洪琛在一九二四年四月為戲劇協社編導的《少奶奶的扇子》，
此劇改編自英國劇作家王爾德《溫德米爾夫人的扇子》，進一步以實例說明：
「全劇採取寫實的處理方法，演員的表演自然、細膩、真實。舞臺佈景、服
裝、道具也力求真實，第一次在我國話劇舞臺上採用了真門真窗的硬片立體

---

[10] 黃愛華（2001），《中國早期話劇與日本》，湖南：岳麓書社出版社。

[11] 同註10。

[12] 同註8。

[13] 同註8。

佈景，燈光、音響也講求按晝夜、氣氛不同而變化，與生活化的表演渾然一體⋯⋯。」[14]這種中國寫實主義戲劇的演出形式，在電影《色｜戒》演出的畫面，我們可以觀看到演員的濃妝豔抹，仿寫實的佈景，誇大規格化的肢體動作，敲三聲響鑼，告知觀眾戲即將開幕，合符劇情氛圍的配樂，氛圍燈光等等制式化，以致戲劇學者馬森教授認為這樣的寫實主義戲劇已非同西方的寫實戲劇形式，最多也只能稱之為「擬寫實主義」[15]的戲劇。

（三）斯坦尼拉夫斯基的演員扮演

這時期除了西方寫實主義戲劇的演出型式外，斯坦尼拉夫斯基的表演理論體系亦發生很大的影響作用。斯氏極力推展創造角色的「人的精神生活」，強調「在舞臺上所做的一切，必須是為了某個目的。」在規定的情境內，演員要融入角色，以動作為戲劇演出的最高任務，演員創作角色須經過六個過程：1.準備的過程。2.探索的過程。3.體驗的過程。4.體現的過程。5.匯流過程。6.影響的過程。他把演員分為情感型演員、意志型演員或理智型演員等三種演員。[16]布羅凱特曾歸納斯氏演員表演體系的一些原則：（1）演員必須精於觀察事實，揣摩真實生活的行動、事實及語言，而能真實地表現出角色。（2）演員必須接受徹底的舞臺技術訓練，使得所表演的人物造型毫無矯作感。（3）演員必須經過相當複雜的心理學訓練，使能設身處地想像所表演角色的心理。（4）演員要演出逼真，要發展「感情記憶」（emotion memory），也就是能夠回想和劇中要求相當的感情反應能力。（5）演員如果不想止於上臺亮相的話，他就必須熟得劇本。（6）演員在臺上的一舉一動都要專心致志、全心全意於步步發展的事件。[17]強調演員不管在心理與生理要達到心身形合一，以達其表演的真實層次，讓觀眾感受到與生活現實的無違和感。

[14] 同註8。
[15] 馬森教授的觀點，請參見馬森（1994），《西潮下的中國現代戲劇》臺北：書林出版社。
[16] 參見斯塔拉夫斯基全集之卷二、卷三、卷四。
[17] 布羅凱特著、胡耀恆譯（1987），《世界戲劇藝術欣賞》，臺北：志文出版社。

四、王佳芝到李安的假扮

　　戲劇扮演既是李安《色｜戒》的主軸，電影中的兩位男女主角的扮演，王佳芝和易先生的相互較勁與虛實相應，除了突顯了影像的戲劇衝突之外，身為改編者的李安詮釋兩位主角的扮演－狩獵者與被獵者的交替，李安透過這樣的假扮關係企圖表達他的影像旨意或人生意圖，需要進一步的加以探討。

（一）王佳芝的假扮

　　王佳芝原在舞臺上，追憶前晚演出的盛況，或在尋找演出的意味，被鄺裕民叫名：「王佳芝。」和賴秀金補了一句：「上來呀！」二人的召喚（interpellate），王佳芝走出舞臺區，移往觀眾區，經鄺裕民一番慷慨激昂的愛國論述和同儕的影響，在其一句：「我願意和大家一起。」讓她由劇社的舞臺扮演，移轉到現實人生的扮演。換言之，王佳芝因一聲的召喚，其本我／主體位置被確立，但同時這主體陷入另一扮演的空間。[18] 王佳芝在現實世界扮演麥太太，似乎很入情於角色的扮演。為了認同當為麥太太的身分，無奈的失去處女之身，但當同夥合殺企圖勒索的曹副官時，鏡頭看到王佳芝置身事外，論者郭詩詠在＜真假的界線——《色，戒》小說與電影的對讀＞一文認為：

　　　　李安有意透過這個富有象徵性意味的細節，顯示出當其他五個人在這次「血的洗禮」中認清了特務工作的真實的一面，王佳芝卻由始至終都沒有與真實（the Real）相遇，以至她的夢可以一直做下去。[19]

---

[18] 召喚（interpellate）為德國文論家阿圖塞的理論。研究者郭詩詠亦提及：「現實生活裡的王佳芝被詢喚（interpellate）到一個假象世界裡的主體位置。」（郭詩詠（2008），＜真假的界線－《色，戒》小說與電影的 對讀＞，頁148。

[19] 郭詩詠（2008），＜真假的界線－《色，戒》小說與電影的對讀＞，收錄於李歐梵（2008），《睇

郭詩詠在研究論文中對於王佳芝忠誠於角色的扮演，她從布萊希特（Bertolt Brecht）的角色扮演論起：

> 戲劇理論中有所謂第四堵牆，意指舞臺上面對觀眾那堵無形的牆。布萊希特（Bertolt Brecht）認為，陌生化的表演手法和相關的舞臺處理，可以打破第四堵牆的區隔，讓觀眾清醒地了解到自己除了移情於戲劇之外，還可以評論和介入到戲劇之中。然而，對王佳芝來說，這第四堵牆從來都不存在，亦沒有陌生化，她的舞臺就是現實。時刻置身於沒有邊界的舞臺，最後終於讓她再也無法看清自己的慾望對象和軌跡。[20]

筆者愚見認為王佳芝的角色扮演較貼近斯坦尼拉夫斯基的角色理論。原因在於王佳芝跟斯氏要求演員從現實中體驗角色，用真實和熱情，創造活的角色，強調演員由內心而外要同一的扮演方法一致，導致她混淆舞臺表演與現實生活，亦即她入情於角色太深，流連在本我與假我之間，最後緊要關頭時，卻來真情情迷了，做出錯誤的判斷，使得一夥人同她墜入生命的黑洞。

（二）易先生的假扮

易先生擺盪在日本政府和偽汪政權，穿梭在太太、情人間，相對於本國國民、日本人、太太和情人，易先生在現實生活中扮演一種。而他的扮演卻令人不堪的。由易太太的口語的描述，加以數落——當易太太的牌搭子誇讚易先生的脾氣真好時，易太太說：「做戲給您們看。」或加以調侃——「名角都逃到香港，你們汪政府連一臺像樣的戲都擺不出來。」但是，對於他的角色扮演，他卻異常的清醒，在居酒屋他告訴王佳芝：「你聽他們唱歌像哭，

　色，戒》，香港：牛津大學出版社，頁149。
[20] 同註19，頁144。

聽起來像喪家之犬，鬼子殺人如麻，其實心裡比誰都怕，知道江河日下，跟
美國人一開打，就快到底了，跟著粉墨登場的一班人，還在荒腔走板的唱戲。」
或如王佳芝說：「你要我做你的妓女。」易先生回答說：「做妓女？我帶你
到這裡來，比你懂怎麼做娼妓？」這些何嘗又不是反說自己的處境。但直到
王佳芝清唱＜天涯歌女＞，卻真的動了真情，眼眶噙著眼淚，真我奔跑了出
來，但弔詭的是，真我差點讓他萬劫不復。而後來處決了王佳芝一班人後，
他撫摸著王佳芝睡過的床單，眼睛泛著淚光，鏡頭慢慢推移，李安重新塑造
一個情真的易先生。

（三）李安的影像假扮

　　李安在談論他的電影座談會中，他常有一句名言：「每個人心中都有×××
（一個玉嬌龍、一個綠巨人、一座斷背山）。」在談《色｜戒》，他同樣的
說每個人心中都有一個王佳芝。李安這般說法強調在每個人的內心深處，潛
藏著某種化身或另一種角色。易言之，人無時無刻不在扮演，而身為電影導
演的他，透過電影的影片、人物完成他己身的影像假扮。李達翰指出：

　　　　李安不禁的說到：「其實柏格曼本人才是最棒的演員，都是他透過
　　　　攝影機在螢幕上表演。」這番說法，與李安後來強調不希望藉由演
　　　　員來詮釋角色，而希望由自己來詮釋角色的態度，顯然是異曲同工
　　　　地相互呼應。[21]

　　李安的影像扮演應是斯坦尼拉夫斯基式的。[22] 電影《色｜戒》為了加強王

---

[21] 李達翰（2007），《一山走過又一山——李安‧色戒‧斷背山》，臺北：如果出版社，頁108。
[22] 1978年，李安離開臺灣赴美就學。在這年之前，臺灣的戲劇仍以寫實主義戲劇為宗本，即使李安
　　本人最喜歡田納‧西威廉斯（Tennessee Williams）的戲劇《玻璃動物園》（The Glass Menagerie），
　　都被歸類為寫實主義戲劇的類別，故李安的戲劇經驗應受到寫實主義的薰陶，其表演訓練應以斯坦
　　尼拉夫斯基的表演體系為主。

佳芝的角色動機和心理情緒，嵌入了好萊塢當時在中國上映的電影，如《月夜情歌》、《深閨疑雲》、《月宮寶盒》等影片，並利用張愛玲個人的身世來和王佳芝互文[23]，忠實地呈現人物的心境。真實，人生的真實、情感的真實、角色的真實、回歸歷史的真實、影片的真實，臻至人生的內心真實，一直是李安的電影風格，這種風格應來自於他深受斯氏表演理論體系影響甚具的寫實主義戲劇的表演風格原則。

五、結論

　　小說的《色，戒》藉著一個愛國誘殺的行動，展現人物，尤其是王佳芝和易先生，在此行動中的扮演的真假相生，張愛玲從此戲劇性的扮演，探究人類社會複雜的人際生存或生命的方式。李安掌握了張愛玲個中的三昧，李安說：

　　她（張愛玲）瞭解扮演和模仿如同本質殘酷且無情的動物一樣，像她的人物們，使用偽裝來侵襲牠們的敵人與引誘牠們的獵物。但是模仿與表演亦是當為人類的我們打開我們自己去面對巨大經歷、難以溝通的他人、深層意圖、藝術和真理的方式。[24]

---

[23] 編劇王蕙玲接受平面媒體訪問時說：「我們增加的部分有許多是張愛玲個人的生命脈落。當我們在摸索王佳芝，尋找她的身影時，幾番尋思，感覺在這世界上，似乎沒有比張愛玲更像王佳芝的人了。…小說中沒有交代王佳芝和家人的關係，所以我就把張愛玲的身世揉進王佳芝生命裡……。參考張愛玲的故事，替王佳芝添加入她對父親的愛恨情結，也找一些她對易先生這樣的男人某種心理上的投射。」參見藍祖蔚（2007），＜重建張愛玲廢墟－專訪《色｜戒》編劇王蕙玲（上）、（下）＞，《自由時報》，E5 版自由副刊，2007 年 10 月 8 日。）

[24] 英文原文為：「She understood playacting and mimicry as something by nature cruel and brutal: animals, like her characters, use camouflage to evade their enemies and lure their prey. But mimicry and performance are also ways we open ourselves as human beings to greater experience, indefinable connections others, higher meanings, art and the truth.」請參見李安在英文版的《色｜戒》中的序言，

　　李安的電影有許多改編之作，忠不忠實原著不是改編的利基，而唯像張愛玲《色，戒》中戲劇性的角色扮演，其角色之間建構出來生命或人性相反兩極戲劇化的角色扮演[25]，才是李安電影創作最大的推手。

（本文曾於 105 年 3 月刊登在《臺北城市科技大學通識學報》，第 5 期）

參考文獻

1. 張愛玲，《色，戒》，臺北：皇冠出版社，2007 年。

2. 李歐梵，《睇色，戒》，香港：牛津大學出版社，2008 年。

3. Robert Stam 著、陳儒修、郭幼龍譯，《電影理論解讀》（*Film Theory: An Introduction*），臺北：遠流出版社，2002 年。

4. 布羅凱特著、胡耀恆譯，《世界戲劇藝術欣賞》，臺北：志文出版社，1987 年。

5. 黃愛華，《中國早期話劇與日本》，湖南：岳麓書社出版社，2001 年。

6. 斯坦尼拉夫斯基、林陵和史敏徒譯，《斯坦尼拉夫斯基全集第二卷——演員自我修養（第一部）》，北京：中國電影出版社，1985 年。

7. 斯坦尼拉夫斯基、林陵和史敏徒譯，《斯坦尼拉夫斯基全集第三卷——演員自我修養（第二部）》，北京：中國電影出版社，1985 年。

8. 斯坦尼拉夫斯基、林陵和史敏徒譯，《斯坦尼拉夫斯基全集第四卷——演員創造角色》，北京：中國電影出版社，1985 年。

書目請見參考文獻。

[25] 李安曾說：「我喜歡拍攝敘述矛盾的作品，因為在掙扎中更能看出人性，看出人際關係的複雜，明白自己的處境。就戲劇上而言，這種題材就像金礦一樣。」參見《印刻文學生活雜誌》，第二卷第五期，臺北：印刻文學生活雜誌出版社，2006 年 1 月，〈專輯：李安——愛與救贖的斷背山〉。〈專訪李安——從柏林、威尼斯到好萊塢〉，施淑清記錄整理，頁 28。

9. 葛一虹主編，《中國話劇通史》，北京：文化藝術出版社，1997 年。

10. 李達翰，《一山走過又一山──李安・色戒・斷背山》臺北：如果出版社，2007 年。

11. 馬森，《西潮下的中國現代戲劇》臺北：書林出版社，1994 年。

12. 藍祖蔚，＜重建張愛玲廢墟──專訪《色｜戒》編劇王蕙玲（上）、（下）＞，《自由時報》，E5 版自由副刊，2007 年 10 月 8 日。

13. 施淑清記錄整理，＜專訪李安──從柏林、威尼斯到好萊塢＞，＜專輯：李安－愛與救贖的斷背山＞《印刻文學生活雜誌》，第二卷第五期，臺北：印刻文學生活雜誌出版社，2006 年 1 月，頁 26-40。

14. 陳嘉恩，＜面具的告白：香港翻譯劇重演情況的理論探索＞，2009 年華文戲劇節學術研討會之論文，2009 年。

15. 郭詩詠，＜真假的界線──《色，戒》小說與電影的對讀＞，收錄於李歐梵，《睇色，戒》，香港：牛津大學出版社，2008 年，頁 138-151。

16. Eileen Chang,James Schamus and Wang Hui Ling ,Ang Lee *Lust, Caution:the TheStory,the Screenplay,and the Making of the Film*, New York:Panthwon books，2007.

參、品味高行健新劇型二種：《冥城》和《八月雪》的異想世界

一、本章導讀

　　高行健從八○年代在中國大陸發表劇作起，一直在做戲劇可能性的開發。他意在開發出一個不屬於西方的現代戲劇，又不完全是東方戲劇或中國傳統戲曲的新劇型，他稱之為「現代東方歌劇」或為「全能戲劇」。《冥城》和《八月雪》二齣戲是他尋求這種新類型戲劇的實驗劇作。

　　高行健的《冥城》[1] 編寫的意念雖來自於京劇《大劈棺》，但《冥城》還寫莊妻自縊後，其亡魂入冥城之情狀，最後回到人間之莊周身上，是一齣穿越時空、劇情龐雜、人物眾多等形式風格異化的戲。《八月雪》雖以佛教六祖慧能得道為藍本的戲劇故事，同樣的劇裡出現各式各類的和尚、正常到瘋顛女尼無盡藏、火燒佛堂等幻化異想的故事與場景，該戲曾在二○○二年十二月十九日至二十二日於台北國家戲劇院做四天五場的演出，並於二○○五年一月二十七日至三十日在法國馬賽歌劇院公演四場，在台北與馬賽兩地的

---

[1] 《冥城》原為高行健得諾貝爾文學獎之前，由台北新店之天帝教所附屬之帝教文化出版社於 1995 年 9 月 30 日出版之《高行健戲劇六種》專輯中的一個劇本，此套專輯上有高行健八個劇本——《彼岸》、《冥城》、《山海經傳》、《逃亡》、《生死界》、《對話與反詰》，以及收在《彼岸》後為舞蹈而作的作品〈聲聲慢變奏〉和附在《生死界》後之〈夜遊神〉，另外附錄戲劇學者胡耀恆先生一本評論集——《百年耕耘的豐收》。高行健得諾貝爾文學獎之後，該專輯轉由台北的聯經出版社出版。本報告所採行是帝教出版社的版本。《冥城》一劇，高行健創作於一九八九年七月北京，其間在一九九○年六月在巴黎時做二度潤稿，一九九一年十一月最後定稿。

演出都掀起一波討論的熱潮 [2]。

本章嚐試透過二齣戲之戲劇性和劇場性，理出高行健新劇中，透過繼承中國傳統戲曲和文化，創造出複調的情節結構、表演三重性、尋求現代東方現代歌劇的形式，並從（一）劇本意識與劇場意識的交融（二）化西方表現的程度（三）表演體系的建立（四）現實演出的考驗，來探究高行健劇作異想世界的成果。

二、《冥城》的異想世界

《莊子》一書中＜齊物論＞篇之莊周夢蝶及外篇＜至樂＞之莊妻死後莊子鼓盆而歌之典故，至明朝時，有人依其典，穿鑿附會地以「莊周戲（試）妻」之哲人軼事為基調編寫成小說＜莊周休鼓盆成大道＞一篇，收錄於抱甕老人所編《今古奇觀》第二十卷和馮夢龍所編《警世通言》中，同時代之文人石龐根據此小說編成一齣名為《蝴蝶夢》之傳奇劇，共有「嘆骷」、「搧墳」、「毀扇」、「病幻」、「吊孝」、「說親」、「回話」、「做親」、「劈棺」等九折，收錄於《綴白裘》一書中。到了清朝時，再度由人將《蝴蝶夢》劇中截取＜毀扇＞至＜劈棺＞止之折子，改寫成京劇《大劈棺》。

以劇種來談，《大劈棺》為一齣我國傳統戲曲的劇碼，高行健的《冥城》是現代戲劇，卻保留《大劈棺》的傳統戲曲之劇場性——演員程式化的表演和文武場的音樂形式，依此二劇之故事文本的戲劇性和劇場表演性方面嚐試

---

[2] 在台北議論的焦點為：其一為它是一齣取材自佛教經典《六祖壇經》，關於六祖慧能禪師的歷史與傳說之現代戲劇，不可言詮的「禪」在舞台上搬演是何等的狀態；其二為來自於台灣戲曲專校及國光劇團的京劇演員，有無放下他們緊箍咒般的程式動作，配合無調性音樂以及歌劇式的演唱；其三為什麼是「四不像」戲劇－非京劇、非歌劇、非話劇、非舞蹈，雖都不是但又都是的「現代的東方歌劇」或「全能戲劇」；其四為頂著諾貝爾文學獎的光環，文建會投資大筆的經費是否值得，大部分貶多於褒，而在馬賽卻適得其反，出現一片讚揚聲。

分析其異同。

（一）《冥城》與《大劈棺》文本戲劇性之比較

1. 劇情的源同劇異

《大劈棺》的劇情中[3]，莊子遠出多年求道回家後，因要試驗其妻之忠貞，乃佯裝腹痛病死，詐死後以幻術變成俊俏的楚公子前來色誘其妻。莊妻田氏心動，因此主動以一對聯——「青春一年少，仙花用水澆，解開石中玉，相交直到老」試驗，楚公子以三件要求回應—第一件要將莊子靈牌打倒，第二件要脫白穿紅，第三件要拜了天地，進入洞房。田氏一一做到，二人拜堂結婚，就在闈房內楚公子舊疾復發，其僕人聲稱唯有人腦可救治，田氏毅然舉斧劈棺，莊子自棺中起身，田氏雖臨機巧辯，卻被莊子一一駁回，莊子再度離家，田氏後悔地轉身入靈堂。

《冥城》的劇情顯然複雜多了。它分「上闈」、「下闈」、「尾聲」三個段落。在「上闈」的橋段中，出遊求道的莊子一時興起，詐死以測其妻的忠貞，導致莊妻自縊而死，此段戲裡頭夾插著演員扮裝角色的情形、巫師和眾幫手抬棺和收屍唱「魂靈歌」、女人們和男人們類似古希臘劇中歌唱隊（chorus）的歌舞與評述。「下闈」的劇情推展莊妻的亡魂入冥城，心有悔恨不甘，力圖控訴平反，狀告判官和冥王，竟料想不到其冤既不得平，反遭更大的羞辱凌遲，落得舌割腹剖的悲慘下場。隨著莊妻亡魂的申冤，產生了冥城內判官和冥王的審判過程，對比於人世間乞討進香混雜熱鬧的場景，加上男人們和女人們歌舞隊再度上場歌舞對話，建造了一幅驚心動魄、精彩絕倫的冥城和人間浮世繪。「尾聲」在「下闈」激情結束後，場景回歸人間，聚焦在莊子於妻死後，盤坐鼓盆而歌，歌詞曰生死，莊子因其惡作劇，置其妻於死地後，有所悟思。

從《冥城》的「上闈」、「下闈」、「尾聲」三個段落來看，其「上闈」

---

[3] 本文之《大劈棺》劇情採自《戲考》一書，（台北，里仁書局出版，1975 年），頁 2-12。

的劇情－莊子詐死喬扮楚公子，以試其妻忠貞較和《大劈棺》相符合，但也有相異處，如《大劈棺》劇中有楚公子的三要求和田氏的對句、《大劈棺》未言明田氏自縊、兩齣戲莊子試妻念頭的興起和劇情的發端——《冥城》由飾演莊子的演員敘述其將裝病詐死來測其妻忠貞，並由巫師及其幫手抬棺回家；《大劈棺》導因莊子返家途中助年輕寡婦搧墳獲贈扇，莊子因其妻針對扇之一番話而起裝腹痛身亡，以測其妻忠貞的念頭等等。而《冥城》「下闋」之莊妻亡魂入冥城、「尾聲」之莊子鼓盆而歌便已和《大劈棺》大異其趣了。

2. 人物、角色同中有別

《大劈棺》中的莊周／楚公子、田氏為主要人物、童兒與書童為附屬。在我國傳統戲曲的角色配當為生、旦、丑之行當。高行健的《冥城》主要角色有莊周／楚公子、莊妻、判官、冥王，次要的角色有巫師、黑白無常、雷公、麻姑等，附屬的角色有游魂們、叫口先生、眾香客、牛頭、馬面等總合起來有三、四十位多，含概了生、旦、淨、丑之行當，極為繁多複雜。

若拿角色人物來分析比較的話，從劇情的鋪陳中，不難看出《大劈棺》莊氏夫妻倆有來有往、外化簡單的性格，二人扁平式的性格列歸於單純人物的類型，《大劈棺》無疑地把莊子哲人的形象世俗化了，田氏方面也以女性較單一的慾念，抹滅真實女性的內心複雜的情慾，至於童兒與書童亦被化約地來為劇情做調笑用。《大劈棺》中的人物不諱言的是我國傳統戲曲中人物的性格化的縮影。高行健的《冥城》人物透過三個段落的劇情，使人看到人物三個層面的形象——即人物外現和其內心、他人的觀點。因而，莊子在戲／試妻前後的形象、莊妻生前和死後的形象、冥城內鬼卒形象、人間的眾生相都不是單一性格化的。

（二）《冥城》與《大劈棺》劇場表演性同工異曲

1. 演員的表演

《大劈棺》為我國傳統戲曲，講究唱做唸打程式化之表演。《戲考》一

書之該劇文本在其前有一段關於表演的記載：「此劇為花旦重頭戲，即當推賈璧雲為第一，後半以跌撲見長，前見小如意接演，身輕於葉，腰軟如柳，其技亦不惡，洵妙選也。」[4]記載此劇歸屬於花旦戲類，並讚美演過該戲之前後兩位演員——賈璧雲、小如意的身段，而談及之身段名稱——「跌撲」乃是傳統戲曲中「做」的程式化表演。《冥城》中高行健除了要擷取我傳統戲曲演員之程式化表演，如道白、自白、旁白、自報家門等之外，他亦借用了西方劇場演員的話劇表演模式，如眾男女類似希臘歌隊的動作。職是之故，《大劈棺》展現我傳統戲曲的表演形式，《冥城》在舞台表演時應是西方現代劇場與我國傳統京劇的跨類表演。

2. 語言的使用

《大劈棺》的語言使用為傳統戲曲的唸白語——分京白與韻白二種。《冥城》一劇的語言依高行健在劇本後所書寫的建議上說，他利用了古代語言、民間語言以及現代語言所結合而成的，而這三種的語言又依其特性，形成了動作性和音樂性。[5]《冥城》語言所散發出的音樂性，主要來自於詞語的押韻、詞句對仗和疊字疊辭所形成的韻律和節奏。該劇對仗的句子如在劇本之中陰差甲、乙的對話——

陰差甲：不涉階級須從這裡過一步是一步，

陰差乙：不分貴賤都向箇中悟此生非此生。（劇本，頁33）

陰差甲：奈何橋下滑不溜湫一步一出溜好似澆的油，

陰差乙：奈何橋下黑古隆冬汩嚕汩嚕的都是血水流。（劇本，頁41）

---

4 里仁書局，《戲考——第五冊》，（臺北：里仁書局出版社，1975年），頁2。

5 高行健，〈關於演出《冥城》若干說明與建議〉，《冥城》，（台北：帝教文化出版社，1995年），頁67。

而押韻部份也處處可見，如莊妻說：「…不知如何是好，為人婦，好命苦……。」（劇本，頁 23）是利用「婦」和「苦」押「ㄨ」的韻腳，而莊周談：「看這女人，眼若流螢，春情似水，滿面桃紅」（劇本，頁 20）是利用詩詞對句的「螢」和「紅」押「ㄥ」的韻。另外高行健使用類似於《車站》一劇的手法，使一群人同時說話，運用疊字和疊辭的方法，形成複調音樂的話語形式，如乞丐們乞討的場面用「把一個」的重複使用，形成節奏：

> 乞丐：〔紛紛攘攘〕老爺，太太，行行好！行善的行善，積德的積德！多多少少把一個吧，把一個，把一個，把一個吧，把一個，把一個吧！老爺，太太，做做好事吧，可憐可憐，大閨女呀，小後生，把一個，把一個，把一個，一個吧！（劇本，頁 37）

又如眾野鬼魂、游魂的苦苦哀求的「你說」、「我說」所造詞句之疊辭作用：

> 眾野游魂：我說，我說，我先說！我說過了你再說，你先讓我說！你不是沒說我纔說，我剛要說你也說！我見你不說我纔說，你不還沒說？你不說我纔說，我一說你又跟著說！我說你也跟著說，你等我說完你再說？（劇本，頁 45）

以及如冥王一些口語不清呢喃和莊妻叫喊的字眼之間相對：

> 冥王：〔端看鏡子〕哦霍霍霍霍啊哈哈哈哈嗯嘎嘎嘎咿卡卡卡卡卡————
> 莊妻：〔叫喊〕不！不——不！不！不！——不！——不——！（劇本，頁 57）

高行健極致地使用語言的能量，使得劇本在閱讀上是相當有節奏性與韻律的。

3. 歌舞的場面

《大劈棺》展現的歌舞方面顯得單純簡約。歌唱方面其所用的曲牌極為少量，有「小羅敷」、「撲小蛾」等種，其所配合的板式音樂也僅有倒板、原（元）板、鎖板、慢板、哭板、收板等。該劇之舞蹈動作應來自於演員個人式的做打程式化之肢體動作形成的，如前述文本記載的跌撲等。

《冥城》一劇的歌舞場面卻豐盛至目不暇給。歌唱方面概分為五部份，一為巫師和眾幫手在「上闕」首尾唱的「魂靈歌」；其二為女人們和男人們歌隊在「上闕」和「下闕」中使用合唱、對唱、獨唱等現代唱法的歌曲；其三為叫口先生和眾香客的「進香歌」；其四為黑、白無常和眾母夜叉唱的「古怪歌」；最後為莊周在「尾聲」做個人式的吟唱。腔調方面，高行健使用傳統戲曲的板腔體、鑼鼓點及應用演員肢體所做出的聲響，迎合了劇情的情境，製造出聽覺效果。至於舞蹈方面，該劇分為群舞和獨舞二種場面。群舞方面，共有男女人們的歌舞隊所做出的或跺腳、或嘆息等現代舞式的場面；有巫師和眾幫手的抬棺之儀式性場面；有冥城中女鬼們在血河伸出血手，表現屈死的動作場面；有游魂們要求發落的紛擾場面；叫口先生和眾香客拜香以及乞丐們乞討的群眾場面等六大種不同的舞蹈排場。除了群舞場面外，獨舞部份是應有莊妻劈棺；莊周在妻自戕後，個人在舞臺上的動作；以及莊妻亡魂進入冥城上望鄉台；以及遭受冥王和判官羞辱後，莊妻亡魂割舌和上刀山下油鍋的悲慘狀況的動作。《冥城》原是為舞蹈表演而做，因此在文本上營造出浩大舞蹈景觀。[6] 在歌舞之外，《冥城》在「下闕」中有判官的黑臉、白臉互轉以及冥王、雷公、麻姑等人的變臉；黑、白無常的踩高蹺等，看到高行健技巧性的把民俗技藝運用到舞台上，使文本增添了豐饒的劇場性。

---

[6]　《冥城》原應香港舞蹈團編舞家江青之意而創作的，於一九九九年在香港做舞劇版的演出。

三、《八月雪》演出的異想世界

　　取材自《六祖壇經》故事的《八月雪》原戲劇文本（2001，聯經版本）
與演出時所用的文本是有所不同的。[7] 兩個版本差異較大之處有二，一為原劇
本是三幕八場的戲，演出本改為三幕九場，增加〈拒皇恩〉一場戲，而把原
來第二幕第四場〈圓寂〉調動，和〈拒皇恩〉併為第三幕的第一、二場戲，
且將原第三幕之＜大鬧參堂＞改為第三場單場的戲。再者，原劇本的音樂部
分幾乎是使用了中國傳統戲曲的板式和腔調音樂，演出版業已刪動且增加了
男女高、中音獨唱、輪唱和合唱等歌劇式或歌隊式的演唱場面。接下來且從
演員、音樂、舞蹈、舞台和服裝等視象來看《八月雪》的演出場面[8]。

　　在演員方面，可見京劇演員放下程式動作。如飾演六祖慧能的吳興國，
代之以簡約、內化的形體動作；主修青衣飾演「無盡藏」的蒲聖(族)娟放下青
衣的小嗓、走小步的程式，改以真嗓並自創水母飄式擺腰的現代舞蹈動作[9]，
他倆和劇中其他演員因放下程式動作的盡力，被描述共同經歷了一場「內在
革命」[10]。在音樂的表現上，結合了交響樂團和打擊樂團的演奏，京劇的板腔
體融入無調性之現代音樂中，舞台場面上亦出現仿古希臘戲劇的歌隊，以及
男女高／中音在場次中做宣敘調、詠嘆調的歌劇演唱，並採取慧能、無盡藏、
歌伎和作家四位角色的男女高／中音對位的分聲演唱[11]。

　　《八月雪》的場面有「現代東方式歌劇」／「全能戲劇」需備有的舞蹈
表演。戲一開始〈雨夜聽經〉中慧能和無盡藏對手戲中，類似日本「舞踏」

7　本文所採《八月雪》演出時所用的文本，是根據刊登在《台灣戲專學刊》，2002，第 5 期，頁 22-53。
　　《台灣戲專學刊》為台灣戲曲專科學校的學術專刊。

8　對於演出較詳盡的敘述，請參見拙和劉信成合撰的《八月雪的反思》一文，刊登於《光武學報》，
　　2004 年 3 月，27 期，頁 277-285。

9　參見周美惠，《雪地禪思》，台北：聯經出版社，2002，頁 157 與頁 163。

10　請見張夢瑞，＜無中生有有若無：《八月雪》以全新戲劇型態還禪宗原貌＞，《八月雪專刊》，臺
　　北：文建會、光華畫報雜誌社出版，2002，頁 19。

11　見周美惠，《雪地禪思》，台北：聯經出版社，2002，頁 77-80。

之肢體形式的安排，符合高行健所言「可以取材現代舞或表達某種情緒和意境之抽象的形體動作。」[12] 較具大動作之動態性舞蹈的是〈法難逃亡〉、〈大鬧參堂〉兩場戲，〈大鬧參堂〉中，追貓、劈磚、倒立、扯鈴、爬高、噴火等民俗技藝之雜耍，是高行健「現代東方式歌劇」／「全能戲劇」不可或缺的元素，最後戲終止時靜止二十秒的場面[13]，把火燒禪寺喧嘩混亂的場面化為的出奇之沉澱、清靜。整體而言，《八月雪》的舞蹈場面基本上偏向極簡風格。

在舞台設計方面，取寫意式的舞台設計，高行健的水墨畫的投影當背景，營造出此劇時空的流動感，以至於有劇評家把本劇視為「繪畫劇場」[14]。至於演員服裝造型方面，傳統戲曲的程式性的各種行頭造型，對應於一些次要的禪師所穿紅色、金色、黃色不同色彩的法衣，做為得道與不得道者意象符碼的區隔，具去程式化的效果，這種效果亦表現在角色臉譜上。

劇中主角慧能、無盡藏採本臉化妝，對比神秀以紅色之揉臉呈現、薛簡將軍一角勾以金臉、瘋禪師的變臉以及次要角色塗上各種粉彩，廣泛運用了化妝之形式來表達人物的特性。《八月雪》臉譜的運用亦貼近高行健曾對京劇的臉譜藝術之看法，他說：「臉譜可用，可不用，還可以有許多新鮮的設計，既可以暗示人物的個性與品格，也可以表達某種的情趣，也還可以配合全台的演出，做為裝飾，製造一種氣氛。」[15] 從上述演員、音樂、舞蹈、舞台和服裝等視象來看，《八月雪》演出中讓人見識到了高行健所謂的「現代東方式歌劇」／「全能戲劇」。

---

[12] 見高行健，＜戲曲不要改革與要改革＞《對一種現代戲劇的追求》，北京：中國戲劇出版社，1988，頁75。

[13] 根據周美惠訪問高行健，高行健表示這最後的二十秒是有意為之。它成為舞台上熱鬧場面後，一種「靜觀」的層次並對應他對於演員表演的基求。見周美惠著《雪地禪思》一書，頁132-133。

[14] 「繪畫劇場」是林鶴宜評論高行健《八月雪》的演出一文＜要什麼樣的劇作？所用的一詞，該文刊登在《自由時報》之＜藝術特區＞，第36版，20年12月23日。

[15] 高行健，＜戲曲不要改革與要改革＞，《對一種現代戲劇的追求》（北京：中國戲劇出版社，1988年），頁76。

四、《冥城》異想世界的繼承與創新

　　高行健在創作現代戲劇時，如《野人》、《山海經》、《八月雪》有意的從我國傳統出發，《冥城》自不例外。對於傳統，他不取全面否定的觀念，反而採取繼承的態度，但高行健又不喜歡重複，因而《冥城》在傳統的繼承基礎上又有其創新處。

（一）《冥城》的傳統繼承

　　在文本的創作上，高行健《冥城》運用了許多中國傳統小說的典故和傳統文化，足見高行健有強烈的中國文化的情意結。茲就用典和文化資源利用兩方面來舉證。

1. 用典

　　在《冥城》的情節結構裡，除了用《大劈棺》中為人最熟悉的「莊周夢蝶」，外加《莊子》一書＜至樂篇＞「鼓盆而歌」的二個典故外，高行健所用的第三個典故取材於晉朝筆記小說的典故。這是一個有關晉朝一個大司馬和一個比丘女尼的人際糾葛，故事的結果為比丘尼落得開肚扯洗血腸。高行健用他來描繪莊妻亡魂的舞台慘狀。高行健很喜歡借用這個典故。它首次出現在他個人自傳式的長篇小說《靈山》中第四十八節裡，在他的另二齣戲－《生死界》、《八月雪》裡它被再度挪用。[16]《冥城》之第四個用典便是用《楚辭》中〈招魂〉、〈大招〉祭祀亡魂、招撫亡靈的曲調[17]，編寫成「魂靈歌」。高行健將之改寫後，用在劇中巫師和眾幫手抬莊周之棺木返回莊家所唱的曲調，高行健把它改成較白話之現代歌詞。

---

[16] 高行健，《靈山》，（台北：聯經出版社，1996 年），頁 308-311。

[17] 文崇一，《楚文化研究》，（臺北：東大圖書出版社，1990 年），頁 214-216。

2. 重用文化資源

高行健在談《靈山》創作的文章中＜文學與玄學・關於《靈山》＞，說明他認為中國文化的四種型態：一為儒家的正統文化，二為原始巫術演變而成的道教和佛教，三為民間文化，民歌、說書、舞蹈遊藝、傳說等，四為老莊哲學、魏晉玄學和禪宗的純粹的東方精神。[18]《冥城》在劇場性排除環境與人物的真實感的時候，運用了儺舞面具、巫師招魂、抬棺的儀式、川劇變臉、民間遊藝中的高蹺，叫口先生（我國古代乞丐組織的頭兒）的蓮花落和雜耍等具有中國文化的資源。顯出中國文化在高行健的身上、在其筆上濃得化不開，而使《冥城》比《大劈棺》有更多層的中國意識的情意結。

（二）《冥城》的創新

高行健不想有違於他在藝術的追求態度，使《冥城》成為傳統老戲重編的戲碼。《大劈棺》、《冥城》兩戲除了劇類的不同外，雖同源卻也很殊途，這殊途彰顯高行健之創新處。以下分別從情節結構、劇場的表演性、高行健的目的等方面來闡述。

1. 複調式的情節結構與主題

《大劈棺》之情節結構是直線的單一性結構，平鋪直敘莊子戲／試妻的情形和結果。高行健的《冥城》有三個部分，高行健名之為「上闋」、「下闋」、「尾聲」。「闋」是我古典音樂的詞語，「上闋」、「下闋」、「尾聲」就是一首歌分成上半部、下半部和結尾的意思，謀和高行健《冥城》的情節段落，如果用西方巴洛克音樂曲式或十八世紀古典音樂之奏鳴曲的曲式來看──該曲式分成「呈示部」、「發展部」、「再現部」，「呈示部」中先構成兩個對比性的主題音樂，「發展部」針對此展成新面貌的曲調，「再現部」時又回歸「呈示部」做個結尾，《冥城》的劇情結構更為契合此種音

---

[18] 高行健，＜文學與玄學・關於《靈山》＞，《沒有主義》，（香港：天地圖書出版社，1996 年），頁 179 頁。

樂結構——「呈示部」／「上闋」／莊周戲妻之莊子與莊妻兩個主題人物，
「發展部」／「下闋」／莊妻亡魂發展新劇情，「再現部」／「尾聲」／回
到主題人物之一莊周，顯然地高行健採中西音樂性結構的情節創作法。另一
方面，高行健又從西方戲劇動作理論上體驗出一齣戲是一個事件的過程，一
齣戲之過程中經由對比，在時空中呈現發現、差異、驚奇、變化。《冥城》
便是運用「莊周戲妻」此一事件，來展示莊周戲妻與後續的過程，其過程中
透過寫實與超寫實時空中男女兩性、人間與冥城兩世界之官與民、鬼神與游
魂、貧與富、強勢與弱勢位階的對比，產生發現、差異、驚奇、變化的戲劇
動作。概言之，高行健在《冥城》裡所使用的情節結構有音樂性結構、戲劇
動作之過程性結構等雙層的劇作法，高行健稱之為「複調結構」，這一個結
構法他曾在《野人》一劇實驗過。

　　因為不同的結構方式造就兩戲不一樣的主題。莊子戲／試妻這則哲人軼
事早先在＜莊子休鼓盆成大道＞小說的主題[19]和傳奇劇《蝴蝶夢》[20]的主題，
均昭揭人生無常，生命若似莊周夢蝶總是空的佛道意識，以當時明代時的觀
念和角度來看，充滿了度脫的宗教意味。小說和傳奇劇中，莊妻田氏只是成
為莊子成仙得道的踏腳石，其主要突顯具神仙道化的宗教意識。但到了《大
劈棺》，依其劇情來看，其主題已摘去宗教的面紗，流於男女兩性間調情之
插科打諢，淪落成為試／戲妻測忠貞之大男人心態的貞操沙文主義式的通俗
戲曲。

　　反觀《冥城》一劇，全憑莊周一時的蓄意性試探，釀成莊妻舉斧自斃，

---

[19] 該小說中藉作者的一段表述：「如今說這莊生鼓盆的故事，不是唆人夫妻不睦，只要人辨出賢愚，
參破真假，從第一著迷處，把這念頭放淡下來。漸漸六根清淨，道念滋生，自有受用。」點出小說
中佛道出世之觀念，故事後來發展成莊子破盆毀家、雲遊四方、得道成仙之結尾.小說全文見抱甕
老人編、李平校注，《今古奇觀（上）》，二刷：（臺北，三民書局出版社，2002 年），頁 443。

[20] 傳奇劇《蝴蝶夢》其主題可由結尾警句——「隱山中，田氏相隨共。冤家今日把無常送，想戰國爭
雄，一旦總成空。王侯也是空，貧窮也是空，轉眼成何用？莊周驚醒了蝴蝶夢。」來點出。該劇全
文見王秋桂主編，《綴白裘（七）》，《善本戲曲叢刊（第五輯）》，（臺北，台灣學生書局出版
社，1975 年），頁 2581-2642 頁。

死後亡靈在冥城做不平的控訴，反遭羞辱凌遲，落得割舌、上刀山、下油鍋，從腹中扯出血紅的寸寸柔腸，是齣相當令人沉痛的戲。「上闕」戲中，莊妻自縊後，高行健藉著莊周說：「情也罷，欲也罷，人皆在做戲。」（劇本，頁29）、「生也罷，死也罷，面對徒有你自己。」（劇本，頁30）揭櫫了本劇除了夫婦間情慾試驗外，更涉人面對生死時自我的掌握。接著的劇情是莊周指著妻子的屍骸，反覆地自問自己和莊妻孰是蝴蝶？孰是蠍子？頓時莊子乃身溺於幻夢——

> 莊周：〔嘎然止住笑聲〕莫非做夢吧？夢耶非耶？吾莊周夢為蝴蝶抑或蝴蝶夢為莊周？抑或莊周夢為蝴蝶乃蝴蝶之夢？抑或蝴蝶夢為莊周乃莊周之夢？抑或莊周之夢為蝴蝶乃蝴蝶之夢為莊周，抑或蝴蝶之夢為莊周乃莊周之夢為蝴蝶？抑或莊周之夢為蝴蝶乃蝴蝶之夢為莊周而非莊周之夢乃蝴蝶之夢，抑或……（劇本，頁30-31）

此時營造莊周蝶夢的情境，使之迴旋在幻實兩造間，試圖質疑自我的存在，本劇至此厥然地宣告，劇作家書寫的是人全面性之問題。這些人的問題包含了人之情欲、人之自我及命運面對、人之生死。因此，整齣戲的基調原由莊氏夫妻倆的調情詼諧之輕鬆情趣下，慢慢地轉向人類深層問題之探索的嚴肅氛圍。這樣探索來到「下闕」更趨向深化沉重。莊妻亡魂的不能安頓，陰陽二世間的人鬼紛擾和權勢位階的暴露，劇作者再藉黑白無常和眾母夜叉唱出：「人哪人啊人哪人，這公案全都人自找，做鬼纏脫盡風流，做人只徒尋煩惱。」（劇本，頁53）以及女人們和男人們歌隊吶喊出：「人，你好糊塗。」、「人，你好混濁啊。」、「活著，活著都是痛苦。」（劇本，頁57-59）對莊氏夫婦的經歷，話鋒一轉變為對人的態度和生存現象的批評，而這樣的評價到了「下闕」的末段中更擴大為對人若有罪，祇因存在於世，替為人的苦楚，提出了抗議式的質詢——「如果你有罪，祇因為你是一個人——如果

你生之為人，祇因為你有罪——如果你有罪，不對，如果你有罪，祇因為人是你……。」（劇本，頁 63）人被加罪於身超過自我掌控的意識，暴露了人存在之困頓，最後在一女子一連串沒標點的言語下，似乎做了否定性的抗告——「她說她再也不相信再也不要聽再也不願意再也不提及這一切現今全喪了意義…」（劇本，頁 64），突顯出人存於世的挫敗。這挫敗到了「尾聲」，高行健用哲理式空寂的景象，讓莊周擊缶唱出：「生之猶死，死之亦生，生生死死，了了不知。」（劇本，頁 64），結論人之自我問題仍就茫然而未能超越，生死兩不知，人世更混沌。

全劇總體而言，透過劇情中人與社會的關係、人與人相互間的關係、人與自我間的關係、人與生死間的關係四個架構，來做探索人生存於世對自我所展現的混沌和困頓之永恆的情境下，龐大無解之自我生存的主題。我們看到了高行健用複調式的情節結構，要來處理和《大劈棺》不同的大敘事、大宏觀的自我與生命之主題。

2. 表演的三重性

《大劈棺》表現我國傳統戲曲由演員到角色的二重性的表演，但高行健從中「表演的三重性」。高行健在《冥城》的有關演出建議說明中第二點寫道：「本劇要求的表演是戲曲傳統表演觀念的一個發展。戲曲中，演員靠高度的表演技能扮演角色。本劇則進而要求把演員扮演角色的這一過程拉長，從而呈現表演的三重性：從演員的自我經過中性的扮演者，即演員的身分，再轉化為角色。」[21] 所謂「表演的三重性」，根據高行健的講法即演員自我到角色間有個過渡的過程，高行健把這過渡的行程稱之為「中性演員」，因此三重性就是「我（演員自我）－中性演員（演員身份）——角色」的三重關係 [22]，亦就是演員／角色轉換的一種表演過程。

---

[21] 高行健，<關於演出《冥城》若干說明與建議>，《冥城》，（台北：帝教文化出版社，1995 年），頁 66-67。

[22] 高行健，<劇作法與中性演員>，《沒有主義》，（香港：天地圖書出版社，1996 年），頁 257。

在《冥城》劇中，高行健借用莊周這個角色來闡述其理念。此戲一開始時有一莊周的扮演者在做劇情綱要式的敘述，接下來此人做戴巾的動作後，旋即自報家門的變成為莊周這個人物。從這莊周扮演者（演員的自我）——戴巾扮演（中性演員／演員身份）－莊周（此生莊周是也／角色）的演員／角色的轉換過程中，高行健試圖讓人理解他的獨創的表演方式。

「表演的三重性」的演繹又靠演員在台詞上人稱的敘述之表現，高行健接著在《冥城》的有關演出建議說明中第四點又寫到：「演員在處理本劇的台詞的時候，關鍵在於我、你、他三個人稱的區分，這種區分有助於演員達到本劇所要求的那種三個層次的表演。」其人稱敘述的技巧乃來自於運用他的小說中之你、我、他三種人稱敘述之轉換，高行健利用你、我、他三種人稱敘述在其劇中經由台詞顯露人物自身（我）和其內心（你）、或由他者（他／她）三個面象來構成人物的形象[23]，依此使劇中人物的性格就在形象內展露無遺，同時也達到他的表演三重性。

因此就劇中人物而言，高行健不喜歡講人物性格，換言之，他不以性格來劃分劇中人物，使人物類型化，而是由劇情中展現其形象，於是他的劇中人物常是沒有真實姓名，而是以職業、稱謂、綽號、角色、甚至聲音等塑造成的形象人物。

拿《冥城》莊妻為例，莊妻本身為人妻，在世時淨身整容待君歸，往生後幽魂不平興訟訴，而其內心有其情慾難拒楚公子色誘及死後憤恨難消，然在他者觀來，她是一個不貞的妻子、她是個妖精、她是個強詞奪理不認罪之人，即是說，從人物本身、人物的內心和其他人物三個角度來審視莊妻，莊妻在《冥城》的劇中形象是如此的豐富多面貌，猶如真實的人物，這樣的人物景觀和《大劈棺》講性格的單一性人物有相當的差別性。

***

23 此種人物形象的塑造請參見我的碩士論文《高行健《冥城》的戲劇結構分析》第四章及《華岡藝術學報》第六期之黃美序和李啟睿之文，如參考書目。

3. 另一種戲劇——「東方現代歌舞劇」的追求

高行健從《大劈棺》撿拾我國傳統戲曲的表演手段，其目的不在老戲新編而已，他的雄心旨在創新實驗他的心目中的現代戲劇。高行健將《冥城》視為其表演藝術的總結，並視其為他生命最終的夢想與理想－「便是有一天我自己執導把這戲實現在舞台上。」[24] 高行健之所以對《冥城》這麼厚愛，在於《冥城》完成他所求的「另一種戲劇」。什麼是「另一種戲劇」？

高行健在言及《山海經》和《冥城》二齣戲時，談到他所追求「另一種戲劇」的端倪。他所謂的「另一種戲劇」既不是戲曲，又不是話劇，有歌舞音樂，也不是歌舞劇。從雜耍到煙火，說書到跳大神，乃至動用交響樂大合唱。[25] 這樣的戲劇類型就是他所追求的「另一種戲劇」，他名之為「東方現代歌舞劇」。

這個「東方現代歌舞劇」有時又被他稱為「全能戲劇」或「總體戲劇」或「絕對戲劇」或「純粹戲劇」，其模樣一直到 2002 年，另一齣同類型的戲《八月雪》在台北國家戲劇院演出時才讓我們得知所謂另一種戲劇——「東方現代歌舞劇」亦即「四不像戲劇」，不像京劇、不像歌劇、不像話劇、不像舞劇。

五、《八月雪》異想世界的省思

依照高行健的兩個表演理論的焦點：全能戲劇和表演的三重性，以及《八月雪》實際在劇場上的演出的展現，進而從（一）去拼貼、去異國情調的形式問題（二）表演三重性的被理解度（三）古典的回歸等三個角度來省思高行健《八月雪》的表演異世界。

---

[24] 高行健，＜我的戲和我的鑰匙＞，《冥城》，（台北：帝教文化出版社，1995 年），頁 84。

[25] 高行健，＜另一種戲劇＞，《沒有主義》，（香港：天地圖書出版社，1996 年），頁 191。

（一）去拼貼、去異國情調

　　《八月雪》這樣結合東西元素的全能戲劇，最重要的要解決其形式上的問題，尤其是形式的拼貼和造成異國情調的觀感。高行健在做《八月雪》時，曾說他不是要用東西方戲劇的劇場表演形式拼貼一齣戲，他認知應把西方戲劇加以消化融入以中國戲劇之主體內，才能解決這個問題，這已是高行健早年提出之「化西方」之觀念[26]。趙毅衡鑽研高行健的戲劇後，覺得高行健做到這樣的理念，趙毅衡說：「在八十年代下半期，高行健試圖採用中為體西為用的策略，他稱之為『化西方』：以傳統為主幹吸收西方技巧。他的第二階段戲劇，可以說是這種思路的產物。」[27]香港研究高行健的專家方梓勳教授亦指出高行健在《八月雪》的演出中善用沒有主義的理念，一切從零開始，以結合劇場各方面的藝術造就一齣沒有拼貼痕跡的新戲劇[28]。而根據《八月雪》在法演出的報導，義大利的音樂記者馬提耶（Mattietti）的觀後感為：「東西方自然融合，絕非簡單的拼貼。」[29]「法新社」在報導中說：「作者才華橫溢，全然不是一般所以為賣弄異國情調。」[30]然而，國內的劇評家和戲劇學者是否持相同的看法，倒是值得研思。

（二）「現代東方式歌劇」／「全能的戲劇」的追求

　　高行健早在大陸創作期間，揭櫫對傳統話劇或亞里斯多德式戲劇之反動，從他的《絕對信號》起即展開對現代戲劇新的追尋，他在其戲劇文論《對

---

[26] 高行健，＜對一種現代戲劇的追求＞《對一種現代戲劇的追求》，北京：中國戲劇出版社，1988，頁 82。

[27] 趙毅衡，＜第五章：一個新的戲劇美學＞《建立一種現代禪劇──高行健與中國實驗戲劇》，台北：爾雅出版社，1999，頁 229。

[28] 方梓勳，＜《八月雪》‧全能戲劇‧禪＞，論文，2004 年 7 月 12－14 日在香港華文戲劇作品研討會發表，頁 5-6。

[29] 參見聯合報駐法記者楊年熙之＜西方人眼中的《八月雪》＞《聯合報》之〈聯合副刊〉E7 版，2005，3 月 1 日。

[30] 同註 29。

一種現代戲劇的追求》一書中，講明他所尋求的現時代戲劇為「東方現代戲劇」或「現代的東方戲劇」[31]。他所追求的現時代戲劇，以他論述來看，先在中國傳統戲曲內找到基點，並從反寫實主義之戲劇家，如阿赫都[32]（Antonin Artaud）、葛羅多夫斯基（Jerzy Grotowski）、布萊希特（Bertold Brecht）和康道爾（Tadeusz Kantor）等人之處汲取養分。高行健在表述他此現代新戲劇追尋時，引阿赫都的論點來說明：

> 他從東方的太平洋中的一個小島巴厘的傳統的民間戲劇、日本的歌舞伎和西藏喇嘛教的宗教儀式中得到啟發，三十年代就預告了一種建立在強烈的形體動作的基礎上的所謂完全的戲劇，也就是唱、念、做、打，包括雜技，皆可入戲。[33]

在文內所謂的「完全的戲劇」，應是阿赫都所提出的「總體戲劇」（total spectacle）[34]的理念。阿赫都在其戲劇的論著《殘酷戲劇──戲劇及重影》（*The Theater and Its Double*）中，闡述他從東方戲劇中找到「空間的詩意」（a poetry in space）──尤指他曾親眼見識過的巴厘島儀式劇，這種「空間的詩意」融合了舞台上音樂、舞蹈、造型、啞劇、模擬、動作、聲調、建築、燈光及佈景等要表達的眾多手段，這些手段亦為戲劇純粹的特點，將這些表達潛力聯

---

[31] 高行健他在其戲劇文論《對一種現代戲劇的追求》之序文中寫道：「西方東方的戲劇家們在找尋現時代戲劇的出路，而我也在找。」高行健非議亞理斯多德式的話劇形式，在其《對一種現代戲劇的追求》一書中關於現代戲劇手段初探中之〈現代戲劇手段〉、〈劇場性〉、〈戲劇性〉、〈動作與過程〉、〈時間與空間〉、〈假定性〉等六篇文章中多所談及。《對一種現代戲劇的追求》，北京：中國戲劇出版社，1988，頁2。

[32] Antonin Artaud 高行健曾譯為「阿爾多」，而此名以譯為「亞陶」最廣泛，資深戲劇學者馬森以多年法語使用者的身分認為譯為「亞陶」離法語發音最遠，應譯為「阿赫都」，故採取此譯法。

[33] 參見高行健，〈現代戲劇劇手段初探之三──戲劇性〉《對一種現代戲劇的追求》，北京：中國戲劇出版社，1988，頁19。

[34] 參見阿赫都著、桂裕芳譯（1993），《殘酷戲劇──戲劇及重影》，北京：中國戲劇出版社，頁82。

繫起來，便恢復了戲劇的原始目的，恢復了戲劇的宗教和其形而上的色彩，使戲劇得與宇宙和諧。[35]高行健認同阿赫都之「唱、唸、做、打，包括雜技，皆可入戲」的「完全的戲劇」，而其對「完全戲劇」的初步實踐要等到一九八四年《野人》一劇了。

《野人》是高行健一九八三年七月因《車站》一劇慘遭精神污染批判，隨即自我放逐在川、雲、貴等長江流域，完成一萬五千公里的旅程，旅程裡他汲取了該地區之民間風俗等各種文化和啟示後所完成的。他在《野人》演出的建議與說明這樣敘述著：

> 本劇是現代戲劇回復到戲曲的傳統觀念來的一種嘗試，也就是說，不只以台詞取勝，戲曲中所主張的唱、唸、做、打這些表演手段，本劇都企圖充分運用。因此，導演不妨可以根據演員的自身條件，發揮各個演員的所長；或講究扮相，或講究身段，或講究嗓子，或講究做功，能歌者歌，善舞者舞，也還有專為朗誦而寫的段落。這也可以說是一種完全的戲劇。[36]

該劇中看到高行健將我國傳統戲曲的唱做唸打程式、民間雜技和舞蹈、魔術等等運用在劇場上，也宣示了他追求現代劇場新戲劇的樣態。一九八七年二月他在與好友馬壽鵬對談中，他又具體的提及此新類型戲劇的意念[37]。兩

---

[35] 參見阿赫都著、桂裕芳譯（1993）之《殘酷戲劇──戲劇及重影》一書，頁33-82。

[36] 高行健《野人》的演出建議與說明，《野人》，台北：聯經出版社，2001，頁161。

[37] 高行健說：「我設想的一種現代的東方戲劇，它基於中國戲曲傳統。甚至廣而言之，可以說是亞洲的戲劇傳統，包括日本的能樂、歌舞伎、印尼巴厘戲劇，在戲劇觀念上，本質都相通的。我說的是戲劇的基本觀念，不是指的傳統的戲曲中的各種具體的程式。簡而言之，保留基本觀念，破除固定的程式。這程式包括服裝、化妝、舞台調度、表演、音樂，劇作的格式，諸如人物的行當、情節的套數、唱腔和韻白的板式等等，再納入現代人的審美意識和趣味。那麼，你恐怕不難設想這種解放了的而又唱唸做打全能的戲劇將是什麼樣子。這事情可以從兩方面來做。《野人》和《彼岸》可以說是以西方傳來的話劇為出發點，向傳統的戲曲的復歸。事情也可以反方向來做，也就是說，從傳統的戲曲出發，把程式全部突破，走向現代戲劇。《行路難》則是在這另一個方向上的小小嘗試。」，

人的對談中，更顯示高行健的「現代的東方戲劇」／「東方的現代戲劇」是
一種如中國傳統戲曲般地能在舞台上搬演唱、做、唸、打樣樣全能的戲劇，
但要點是，高行健認為他的新型態的戲劇雖要恢復古老的戲劇觀念，但不等
於要照搬舊的程式，要破舊有的程式陳規[38]。為了能有這樣觀念的現代新戲劇
的演出，他的劇作創作有兩條路線在做這方面的開墾，一條為從西方戲劇回
歸中國傳統戲曲，如《野人》和《彼岸》兩劇，另一條是由中國傳統戲曲的
方式向西方戲劇學習，如＜行路難＞[39]，而對談中他使用了「全能的戲劇」這
詞了。過了個把月後[40]，高行健在＜對一種現代戲劇的追求＞一文中，為其「全
能的戲劇」之表演做出簡要的三點歸納：

> 我在找尋一種現代戲劇的時候則主要是從東方傳統的戲劇觀念出發
> 的。簡而言之：一、戲劇是一種綜合的表演藝術。歌、舞、啞劇、
> 武打、面具、魔術、木偶雜技可以溶於一爐，而不只是單純的說話
> 的藝術。二、戲劇是劇場裡的藝術，儘管這演出的場地可以任意選
> 擇，歸根結底，還得承認舞台的假定性。因而，也就毋需掩蓋是在
> 做戲，恰恰相反，應該強調這種劇場性。三、一旦承認戲劇中的敘
> 述性，不受實在的時空的約束，便可以隨心所欲建立各種各樣的時
> 空關係，戲劇的表演就擁有像語言一樣充分的自由。[41]

＜京華夜談＞《對一種現代戲劇的追求》，北京：中國戲劇出版社，1988，頁208。

[38] 參見高行健＜行路難＞一劇的前言，＜行路難＞收入《高行健戲劇集》，北京：群眾出版社，1985，頁163-171。感謝黃美序教授及高行健本人提供這已絕版的劇本集。

[39] ＜行路難＞中高行健藉甲、乙、丙、丁四個丑角，做一齣鬧劇的小品演出。高行健在其劇本前頭中寫明這四個丑角「可參照京劇中小丑、方巾丑、武丑、老丑的臉譜和某些程式動作。」除了角色、臉譜和某些程式動作外，其劇場的形式為西方劇場的表現方式。

[40] 高行健和其友有馬壽鵬的對談時間是在一九八七年的二月九日至十一日，《對一種現代戲劇的追求》一書中把它名為＜京華夜談＞，編在該書之最後一篇，但＜對一種現代戲劇的追求＞一文高行健是在一九八七年三月二十九日在北京發表，所以時間相差「個把月」，以此說明，避免時間造成誤會。

[41] 高行健，＜對一種現代戲劇的追求＞《對一種現代戲劇的追求》，北京：中國戲劇出版社，1988，頁84-86。

　　高行健於此確切且自信的說，他追尋的「現代的東方戲劇」／「東方的現代戲劇」／「完全的戲劇」或如他朋友馬壽鵬的用詞──「絕對戲劇」，是一種歌、舞、啞劇、武打、面具、魔術、木偶雜技可以溶於一爐的綜合戲劇，此新戲劇型態中，可以表現戲劇的假定性與時空的自由，可以使演員的與觀眾的溝通，是一種公眾遊戲的戲劇，不會成單一層面的貧乏戲劇，是一種「完全的戲劇」[42]。而他在談《冥城》和《山海經》二齣戲時，對他所追求之「另一種戲劇」，他用簡潔易懂的話語來表達他所謂的「另一種戲劇」，是一種「既不是戲曲，又不是話劇，有歌舞音樂，也不是歌舞劇，從雜耍到煙火，說書到跳大神，乃至於調動交響樂大合唱」的戲劇。當時，他把這「另一種戲劇」又名之為「東方現代歌舞劇」[43]。

　　研究至此，高行健新的表演劇型得到確立，而其所用之詞雖紛紜──「現代的東方戲劇」／「東方的現代戲劇」／「完全的戲劇」／「絕對戲劇」／「全能的戲劇」／「東方現代歌（舞）劇」，其實都指同一劇型──以東方傳統劇場為奠基，演員能做唱做唸打的全面演出，破舊有的戲劇程式，表現劇場的假定性，融有雜耍、魔術等技藝，可敘述和自由跨時空的。這樣的表演劇型高行健來台為《八月雪》做宣傳，似乎因應劇情，很具禪意地又談出另一新詞：一種非京劇、非歌劇、非話劇、非舞蹈、又不是又都是的「四不像」戲劇。從高行健對於「現代東方式歌劇」／「全能戲劇」的釋義，我們可以在《八月雪》的演出驗證到。

[42] 高行健說：「我相信未來的戲劇的時代將是戲劇更加繁榮的時代，未來戲劇會是一種完全的戲劇，一種被加強了的演員與演員、演員與角色、角色與演員與觀眾交流的活的戲劇，一種不同於排演場裡完全排定了的近乎罐頭產品的戲劇，一種鼓勵即興表演充滿著強烈的劇場氣氛的戲劇，一種近乎公眾的遊戲的戲劇，一種充分發揮著這門藝術蘊藏的全部本性的戲劇，它將不是變得貧乏了的戲劇，而是也得到語言藝術家們的合作不至於淪落為啞劇或音樂歌舞劇的戲劇，它將是一種多視象交響的戲劇，而且把語言的表現力推向極至的戲劇，一種不可以用別的藝術所替代的戲劇。我的一位朋友叫它為絕對的戲劇，這絕對，如果指的是將這門藝術自身所潛藏的一切藝術表現力都充分發揮出來的話，我也贊成這種稱謂。」書同註41。

[43] 詳見高行健〈另一種戲劇〉一文，收入《沒有主義》。《沒有主義》，香港：天地圖書出版社，1996，頁191。

（三）表演三重性的被理解度

　　實際來說「表演的三重性」有其被瞭解的難度。在因緣際會下，筆者認識了主演「無盡藏」一角的演員蒲聖娟，為了想知道她是否瞭解或演出時達到高行健所講的「表演的三重性」之演員狀態，於是對她做了二次電話訪談[44]。訪談中她表示贊同高行健用文學話語將演員的表演方法敘述出來，高行健在排演的當時雖也曾對演員們講述他的「表演的三重性」，她自己亦似懂非懂，而對「無盡藏」的角色詮釋，全憑她多年演員經驗與直覺，儘量去體會和創新以符合高行健的要求。

　　若回到傳統戲曲的表演層面，她說以她個人的了解和表演的經驗，應是一個演員化身為角色時，透過戲曲的行當之表演程式，再用自己所學的流派的表演法去詮釋劇中人，這種表演方式不同於斯坦尼拉夫司基的話劇表演法，但她這樣的講法和高行健的「表演的三重性」有所差異的，卻和著名的戲劇學者兼國光劇團藝術總監的王安祈教授所提出的論述是相近的。

　　王安祈教授在《當代戲曲》一書中，提到傳統戲曲演員的表演方法，因流派藝術的發展，使得戲曲演員的表演在演員和劇中人之中不祇加入角色的詮釋狀態，更加入了流派的表演方式，她用圖示法將其做說明[45]：

　　演員－－→角色－－－－－→流派－－－－－－－－－－→劇中人。

　　　　　　　　各行當表演程式　　　流派宗師表演個性與氣質風格

　　歸結而言，在《八月雪》演出中演員的表演三重性不易察覺，如前述只現身在演員和歌唱者音樂場面的調度上。高行健創建的「表演的三重性」，一直是他劇中之標誌，這個表演理論等到他親自導演《八月雪》後，才得以驗收來著，但卻發覺高行健的理論和實踐上似存落差的窘境，也就是說在理

---

[44] 二次電話訪談的時間為二○○四年的八月二十日上午十時餘與今年三月十日下午四時餘，訪談時間近一小時。在此感謝蒲聖娟小姐接受訪談以及幫忙帶我研究高行健的論文及資料到法國給高行健先生。

[45] 參見王安祈，＜第三章：當代戲曲的發展——大陸的戲曲改革（下）＞《當代戲曲》，台北：三民書局出版社，2002，頁65。

論上高行健是偏向理想化。

　　雖然高行健在＜我的戲劇和我的鑰匙＞、＜劇作法與中性演員＞一些理論性的文章，談到他用太極、氣功等方法來培訓演員，更而甚者他還寫了《彼岸》一劇表白他對演員的演員表演方法和訓練的重視，然而卻不夠臻備和完整。是故，如同黃美序教授善意的建言[46]，高行健迄今所亟需做的是依其現有的文論，進一步建構起自己的契合演員表演訓練的實際方法，如此一來，配合先前完成的二部理論論著——《對一種現代戲劇的追求》和《沒有主義》，完成自己的表演理論體系。

（四）古典的回歸

　　在今日海峽兩岸積極的為現代戲劇或傳統戲曲創新與改革的同時，《八月雪》的演出形式已不是首例，高行健對他的戲劇一直被稱為實驗戲劇或前衛戲劇，在這次《八月雪》在法演出的前後接受藝評家和記者的專訪，更心有所感的提出聲明。高行健接受聯合報駐法記者楊年熙的採訪說：「所謂實驗，意味著可能失敗。而我所發表的戲劇都是值得發表的，至少在我的腦子裡已經立起來了，不是實驗。觀眾也是一般的觀眾，而不是來接受實驗戲劇的導引的。」並說「先鋒之稱已成為過去，倒是寧可被稱為古典作家。」[47]同樣的，他接受藝評家符立中的專訪時，他想做古典的回歸，亦即回歸到戲劇的演員和觀眾本質層面，他在專訪中做如下的表示：

　　　《八月雪》原就是為京劇而寫，但不是為傳統京戲；在保存精髓的前提下，將京劇的臉譜、行當等「類型美學」立體化——我做這齣戲前已寫過很多戲，被認為很前衛，應該說即使在寫所謂的「前衛戲」，

---

46 詳見黃美序，＜高行健的第三隻眼＞，《華岡藝術學報》，第 6 期，臺北：中國文化大學出版部，2002，頁 16。頁 30。

47 參見聯合報記者楊年熙在聯合副刊所撰＜西方歌劇院唱漢語——專訪高行健，《八月雪》馬賽公演後＞一文，《聯合報》〈聯合副刊〉E7 版，2005，3 月 1 日。

> 我還是認為寫的首先是「戲劇」。實驗那麼多後，我想回頭做一個
> 觀衆層廣泛的戲，不以形式嚇人，至少事後看它較像古典戲，從內
> 在表演、觀念及演員功夫和訓練著手。[48]

　　有趣的是，高行健今日對《八月雪》在台北和馬賽演出所做出的表述，
不正是呼應了他在一九八八年其表演理論論著《對一種現代戲劇的追求》中
所表述的：從全能的京劇演員表演找尋現代戲劇的一種表演方法／式。

六、結論

　　透過《冥城》和《八月雪》二劇的戲劇性與劇場性，我們看到高行健劇
作的異想世界─繼承了中國傳統戲曲、中國文化的情意結，創新了不同的戲
劇結構、獨創「表演三重性」及追求現代東方歌劇的形式等，這些是高行健
新劇中主要創作目的與其所要超越性之所在。

　　依此探究，我們歸納四個面向：（一）劇本意識與劇場意識的交融（二）
化西方表現的程度（三）表演體系的建立（四）演出現實的考驗，來總結高
行健劇作《冥城》和《八月雪》中的異想世界。

（一）劇本意識與劇場意識的交融

　　《大劈棺》在我國傳統戲曲以演員為中心的高強度核心下，像大部分中
國傳統戲曲的劇作一樣，文本在戲劇性與劇場性的天秤上常常顧此失彼，也
就說文本偏向單薄。高行健認為一齣戲要有戲劇性又具有劇場性才會好看。
從他早期的劇作《絕對信號》、《車站》等劇起，可發覺他的戲劇文本中就

---

[48] 參見符立中在聯合報發表之〈《八月雪》的禪與樂〉一文，《聯合報》〈聯合副刊〉E7 版，2005，
　 1 月 27 日。

有不可分離的豐富劇場性。他也曾說他時常常是先有舞台形象，既尋求其文字的表現方式又重視語言的表現能量，因此在他高度的劇場意識中又能兼顧劇本的語言與文學性。《冥城》和《八月雪》便是其劇作裡劇本意識與劇場意識的交融之典範，然現今台灣的傳統戲曲已由海峽兩岸的劇作家和劇場導演重視此問題並已有斐然的成績。[49]

（二）化西方表現的程度

高行健從西方很多戲劇家，如阿赫都（Antonin　Artaud）、格羅多夫斯基（Jerzy Grotowski）、布萊希特（Bertold Brecht）和康道爾（Tadeusz Kantor）得到西方現代戲劇的養分，但是他卻沒忘記他的戲劇主體——中國傳統戲曲。高行健從不否認他的戲劇創作受到西方前衛劇作家的引發，但追根究底總要回歸中國傳統劇場來。他來台和台灣作家葉石濤一場文學座談中，他談及他的創作思維說：

> 我先講講兩個對我創作上有重大啟發的戲劇家，一個是布萊希特（Brecht），一個是阿陶德（Artaud）……他們倆都欣賞東方戲劇。阿陶德欣賞藏劇，……布萊希特則在莫斯科看見梅蘭芳先生的演出，給了他史詩劇的啟示。……這給我一個啟發：既然西方人膚淺地看一看就能到啟發，而我是個中國人，我思考著從東方傳統戲劇中可以抽離出什麼樣的新種子。我仍在找尋著新的戲劇，……我還要找全能的演員，這也是東方戲劇所蘊含的種子。[50]

他從我國傳統戲曲《大劈棺》出發，以其為主體位置，匯合了西方現代

---

[49] 見王安祈教授所撰寫的兩本著作《傳統戲曲的現代表現》，（台北：里仁書局出版社，1996 年），《當代戲曲》，（台北：三民書局出版社，2002 年）。

[50] 高行健，＜土地、人民、流亡＞，《高行健台灣文化之旅》，（台北：文建會出版部，2001 年），頁 123。

劇場技巧，創立一齣實驗式的「東方現代歌舞劇」，這樣的「化西方」戲劇
思維同樣地展現在其他的二個劇作——《山海經》和《八月雪》之中。高行
健的這種作為結合了中國大陸和台灣八十年代末迄今之新一批的劇場工作
者，尋求新的劇場表演形式的走向——中國傳統戲曲與西方現代劇場之融合
時，重視我們東方的戲劇主體。

戲劇學者胡耀恆先生對高行健劇作做出總體評論時，他認為無論高行健
無論技巧多麼接近西方的表現主義或荒謬劇場，他沒有擁抱過它們的意識型
態，高行健的戲劇中所做的，顯示秉持仁心的中國文化的主體。[51] 這個評論很
中肯地點出高行健劇作表述的「化西方」精神所在。換句話說，高行健在其
各種形式的戲劇書寫中剪不掉中國戲曲文化這條臍帶。依此回頭審視《冥城》
和《八月雪》便絕非是一拼貼式的老戲曲革新的戲，透過《大劈棺》和《八
月雪》，高行健撿回對中國傳統重新的另一表述方式。高行健一路走來總也
非常清楚地利用其蘊藏著深厚的中國傳統戲曲在其一切戲劇實驗的作為，建
構出他高度自覺式的戲劇獨特風格，使其鼎立在世界的劇壇中。龔鵬程教授
在＜論現代戲劇與人生哲學＞的一段話恰可為其作為下個註腳——

> 自覺的價值活動以及道德主體的強調，或許是中國傳統哲學能夠提
> 供西方傳統後迷惘的一帖解迷散吧！如果我們的現代戲劇不只是西
> 方的跟屁蟲、不只是西方文化及社會問題所衍發思想的複述者，則
> 我們也應該在此知所抉擇，發展出我們自己對人生哲學的探索。[52]

高行健的戲劇就不是單純的複製且又是有自己戲劇的人生哲學思維，他
是有高度戲劇自覺得創作者兼實踐者。但是很可惜的是《冥城》沒有演出，

---

[51] 胡耀恆，《百年耕耘的豐收——高行健戲劇六種（附錄）》，（臺北：帝教出版社，1995 年），
頁 78。

[52] 龔鵬程，＜論現代戲劇與人生哲學＞，《文學與美學》，（臺北：業強出版社，1999 年），頁 45。

到了《八月雪》的演出使得高行健「化西方」的自覺思維才讓人得以認知。

（三）表演體系的建立

　　高行健從中國傳統戲曲中創見的「表演的三重性」，一直是高氏標誌的表演方式，這個表演理論等到他親自導演《八月雪》後，從整齣的演出中意識不到所謂「表演的三重性」來著，才發覺高行健的的理論和實踐上似存落差的窘境。換句話說，在理論上高行健是較理想化。其二由於他中國戲曲文化臍帶的關係及受西方戲劇家的影響等因素，導致他的劇作常陷入尋根、重複、不中不西等的評價爭議中，即使他取批評歸批評，我依然故我地創作之不理會姿態，但畢竟藝術作品一經問世即便面臨受人審視之現實。

　　高行健在其劇作創作上，已有多所劇場實踐經驗，足可依此經驗配合先前完成的二部理論體系──《沒有主義》、《另一種美學》二書，進一步建構起自己的文本理論體系及表演的劇場體系，如同《大劈棺》已然存在於我國傳統戲曲之程式化表演的體系，那麼在一股君臨天下的西方文論及作品中，高行健應該更可昂首闊步於其中而不被淹沒，就不會有被貼──荒謬主義、先鋒派、後現代主義、後殖民主義、女性主義、後流亡主義等之標籤，而達到真正的「沒有主義」一身輕的真善美境界。

（四）演出現實的考驗

　　高行健《冥城》的演出遙遙不可期，且該劇卻有實際上演難度──演出的經費和龐大的陣容。連高行健自己本人也坦承此戲西方的導演不能掌握，而其所求的表演性也不知道能夠實現多少。試以《八月雪》演出的結果論來看，《冥城》或許能夠更傳達出高行健對戲劇的追求，但它就不像《八月雪》那麼幸運有諾貝爾文學獎的皇冠加持，因而現實的因素成為戲劇創作一種嚴酷的考驗，現實會不會將具有豐盛的劇場性之文本使其變為束之高閣的案頭劇？值得再思考一番。

　　高行健稱《八月雪》是他表演藝術探索的總結，人生的三大妄想之一[53]，《八月雪》雖有瑕不掩瑜的表現，相對的高行健的表演理論也有修改與調整的必要和空間，但仍令人欣喜的是高行健後來的劇作《叩問死亡》、《夜間行歌》，雖回歸規模小的戲劇形式，但其追求其戲劇表演藝術之熱誠未見消退，而其提出之表演理論在《八月雪》的驗證下仍具有高度的參考值數，值得期待來日他再度發光發熱，如同高行健受訪時表示《八月雪》「不會是京劇和西方歌劇合作的最後一齣。」[54]令我們懷抱期望。

(本文將曾於 92 年 7 月發表於佛光人文學院文學所舉辦「全國碩博士生論文研討會」中〈《冥城》與《大劈棺》的比較〉一文和曾於 93 年 3 月刊登在《光武學報》第 27 期<《八月雪的反思》>一文整合修改。)

參考文獻

1. 王秋桂主編（1975），《綴白裘（七）》，《善本戲曲叢刊（第五輯）》，臺北：台灣學生書局出版社，8 月。

2. 里仁書局（1975），《戲考－第五冊》，臺北：里仁書局出版社，9 月。

3. 高行健（1988），《對一種現代戲劇的追求》，北京：中國戲劇出版社出版社，8 月。

4. 高行健（1995），《冥城——高行健戲劇六種（2）》，臺北：帝教出版社，9 月。

5. 高行健（1996），《沒有主義》，香港：天地圖書出版社。

6. 高行健（1996），《靈山》，二刷：台北，聯經出版社，1996 年元月。

---

[53] 高行健說他此生的三大妄想為：得到諾貝爾文學獎、親自導演《八月雪》、和能在歐洲大教堂內做壁畫。

[54] 參見聯合報記者楊年熙報導，其標題為〈《八月雪》紅遍馬賽，歌劇院長落淚，好評如潮，傳威尼斯雙年展也啢意〉，《聯合報》，文化 C6 版，2005，2 月 1 日。

7. 高行健（1985），《行路難——高行健戲劇集》，北京：群眾出版社。

8. 高行健（2000），《八月雪》，台北：聯經出版社。

9. 高行健（2001），《野人》，台北：聯經出版社。

10. 高行健，＜土地、人民、流亡＞（2001），《高行健台灣文化之旅》，（台北：文建會出版部，2001 年），第 123 頁。

11. 夏寫時、陸潤棠編（1988），《比較戲劇論文集》，北京：中國戲劇出版社，1988 年 12 月。

12. 饒芃子，《中西戲劇比較教程》，廣東：廣東高等教育出版社出版社，1989年 7 月。

13. 文崇一（1990），《楚文化研究》，臺北：東大圖書出版社，1990 年 6 月。

14. 胡耀恆（1995），《百年耕耘的豐收——高行健戲劇六種（附錄）》，臺北：帝教出版社，1995 年 9 月。

15. 王安祈（1996），《傳統戲曲的現代表現》，台北：里仁書局出版社，1996年 10 月。

16. 龔鵬程（1999），《文學與美學》，臺北：業強出版社，1999 年 6 月

17. 趙毅衡（1999），《建立一種現代的禪劇－高行健與國實驗戲劇》，臺北：爾雅出版社，1999 年 7 月。

18. 王安祈（2002），《當代戲曲》，台北：三民書局出版社，2002 年 9 月。

19. 抱甕老人編、李平校注（2002），《今古奇觀（上）》，二刷：臺北，三民書局出版社，2002 年 8 月。

20. 周美惠（2002），《雪地禪思》，台北：聯經出版社。

21. 趙毅衡（1999），《建立一種現代禪劇——高行健與中國實驗戲劇》，台北：爾雅出版社。

22. 亞陶著、桂裕芳譯（1993），《殘酷戲劇——戲劇及重影》，北京：中國戲劇出版社。

23. 黃美序（2002），＜高行健的第三隻眼＞，《華岡藝術學報》，第 6 期，

臺北：中國文化大學出版部。

24. 台灣戲專（2002），<《八月雪》專刊>，《台灣戲專學刊》，第 5 期，
　　臺北：台灣戲曲專科學校出版。

25. 張夢瑞（2002），<無中生有有若無：《八月雪》以全心戲劇型態還禪宗
　　原貌>，《八月雪專刊》，臺北：文建會、光華畫報雜誌社出版。

26. 林鶴宜（2002），<要什麼樣的劇作？>，《自由時報》<藝術特區>，
　　第 36 版，2002 年 12 月 23 日。

27. 方梓勳（2004），<《八月雪》・全能戲劇・禪 >，2004 年華文戲劇作
　　品研討會論文，2004 年 7 月 12－14 日在香港華文戲劇作品研討會發表。

28. 符立中（2005），〈《八月雪》的禪與樂〉一文，《聯合報》〈聯合副刊〉
　　E7 版， 1 月 27 日。

29. 楊年熙（2005），〈《八月雪》紅遍馬賽，歌劇院長落淚，好評如潮，傳
　　威尼斯雙年展也呷意〉，《聯合報》，文化 C6 版，2 月 1 日。

30. 楊年熙（2005），<西方歌劇院唱漢語——專訪高行健，《八月雪》馬賽
　　公演後>一文，《聯合報》〈聯合副刊〉E7 版，3 月 1 日。

31. 楊年熙（2005），<西方人眼中的《八月雪》>《聯合報》之〈聯合副刊〉
　　E7 版，3 月 1 日。

32. 李啟睿（2002），<試探高行健三重性表演的實踐方法——以第三人表演
　　為例>，《華岡藝術學報》，第 6 期，臺北：中國文化大學出版部，元月。

33. 張憲堂（1998），《高行健《冥城》戲劇結構分析》，文化大學藝術研究
　　所碩士論文，6 月。

肆、高行健在《生死界》、《對話與反詰》和《夜遊神》的情欲書寫

一、本章導言

　　高行健出走到法國後，其小說的創作《靈山》、《一個人的聖經》到他的戲劇創作，情欲書寫幾乎成為他書寫中不可或缺的主題，其間可見他對性與女體的描述更為大膽自由的裸露。在他的三齣戲劇作品《生死界》、《對話與反詰》和《夜遊神》之文本中，或由男女的對戲，或因特種營業女子的入場，展開了情欲的場面，這些場面經由男女性愛、或性遊戲、或夢境、或回憶，透過劇場的場面調度，搬演男女情欲的糾葛、女性的自殘以及女體的變異。

　　我們可以認為，高行健匠心獨具地藉由運用男女的情欲歡場，以文本的書寫、語言的魅惑與劇場表演的形式為出口，尋求其個人自我主體的精神超越。

　　所以本章以下的內容，將包括五，一為本章導言，將概略地說明高行健自《靈山》以降創作中的情欲書寫，二為歸納分析《生死界》、《對話與反詰》和《夜遊神》三齣戲之戲劇文本的女體與情欲的書寫，三為擬談論高行健的情欲與表演間之建構關係，四為探索高行健藉由情欲與表演企求個人精神主體的追尋，五為結論，為高行健此番的情欲書寫做一小結與反思。

　　再者，由於高行健在中國大陸時期的創作，不管是小說或戲劇作品，相

對於當時被寫實主義風格所籠罩的中國大陸文藝環境來說，都是離經叛道的[1]。然而，不管他如何的反叛，在作品中所觸及的情欲書寫是含蓄和有所顧忌的[2]。一九八七年離開中國大陸後，他的長篇小說《靈山》中便有大膽的情欲描述，而《一個人的聖經》中更見女體橫陳，情欲恣流，這種情欲的書寫在高行健流亡後的戲劇文本上，亦為其不可或缺的創作素材。

《生死界》（1991）、《對話與反詰》（1992）和《夜遊神》（1993）三齣劇是高行健居法後，接受法國文化機構的贊助所創作的小而美而精的劇作，三劇皆以男女兩性為題，或由女人幽怨的獨白，或由旅人的夢境，或由露水鴛鴦的男女之對話和反詰，開展情欲的場面，描繪不同和變異的女體，大膽開放，坦率無遺。

情欲，為西方現代研究論者，常透過其而探求個人的真實自我[3]。高行健似乎有意地透過其小說或戲劇創作的情欲書寫，投射其真實的自我，因此，本文嘗試透過此三劇的情欲之書寫，以瞭解高行健在劇中的情欲與表演的建構，並依此理出高行健個人精神主體的自我。

---

[1]　行健為了抗拒寫實主義創作中重人物性格的雕塑和講求情節的鋪排，開始創作小說和做戲劇的實驗劇，這樣的抗拒在其當時出版的《現代小說技巧初探》和《對一種現代戲劇的追求》有詳盡的心路說明。

[2]　這裡所說「含蓄和有所顧忌的」可拿高行健在中國大陸時期的戲劇作品來說明。《絕對信號》（1982）中女孩蜜蜂與二位男子黑子與小號、《車站》（1982）裡等車的姑娘要進城跟人介紹的男孩初次的約會、《野人》（1984）生態學家與妻子芳和么妹之間的感情，高行健的用語顯然較無性愛般的動作性與男女裸露軀體的描述，而《彼岸》（1986）劇中女人的遭遇和瘋女人的角色中，雖有較激情的對話場面和動作，但這齣戲後來被禁，而且情欲場面常被集權的共產國家視為資本主義社會下的產物。

[3]　這樣的研究早有弗洛伊德的的學說，後有拉岡、傅科、德勒茲、西蘇等人。

二、《生死界》、《對話與反詰》和《夜遊神》的情欲

　　高行健在《生死界》、《對話與反詰》和《夜遊神》中以男女兩性關係為出發，用不同的女體，連環成不同的情欲。《生死界》是年老女體的情欲獨白，《對話與反詰》是年輕女體與男子的情欲對話，《夜遊神》是特種營業的女體在男人間的情欲周旋。

　　《生死界》一劇是由一個女人的獨自言語貫穿全劇，依該女子的敘述，故事內容大致上可分三個段落，第一段落描述她與同居人或者丈夫的不和諧關係，第二段落是她回憶童年、母親和女性友人的情事，第三個橋段是她想像車禍死亡的狀況，透過女人的獨白，展現出變異的女體與情欲。本劇首段出場是已屆垂暮的女人，因兩性相處的齟齬，逼使她的男子離去，頓時察覺到她身體的老化——

> 女人：她知道她面容憔悴，皮膚粗糙，那鏡子也毋需再照。她知道她乳房也已經鬆弛，感覺遲鈍，再也喚不起男人的熱情。
> 她，一個女人，美好的時光已告結束，用盡了，消費了，還能再指望什麼？連她這副軀體都沒人肯要。[4]

　　女人因外在軀體的感知，轉向個人內心的自問，思考軀體與自我存在的有無——「拼命搜索那個真實的自我，究竟是不是一個實實在在的女人，還是只徒有軀體而實無其人？」（《生死界》劇本，頁 15。）而在回憶的場面中，女人回憶媽媽的情事及跟另一對男女的糾纏關係，與此同時倒回記述她

---

[4] 詳見《生死界》劇本，頁 14。此處要說明的是，本文所用的劇本為 1995 年帝教出版社所出版的《高行健戲劇六種》，而在論文中有引用劇本的台詞，皆採直接在引文中註明出處。

童年與青壯時期的軀體，從她媽媽那邊或是比其較年長的女性友人之處，藉由她的觀看，她回憶觀看她的女性友人之軀體是這樣形容的——「這女人活脫是一個女巫，她眼睛盯住她望的時候，就像要把她身體穿透。她當她面，袒胸露脯，更換衣服，無端的突然朝她大笑，那時候簡直就是個妖精。」（《生死界》劇本，頁 27）或藉由她的報復行動，養成對自己的身體與情慾的認知。在採取一次報復行動中，她首次體驗到男女的性事，但也因此陷入情欲追求的深淵，造成她感覺到人類男女卻連貓狗的動物性都比不上：

> 女人：她說她第一次同男人做愛，看見流在腿上的精液，止不住直要嘔吐，如今再也沒有這種感覺，這世界本來就骯髒不已，也包括她自己。原先，她一心想活得清清爽爽，要愛也真心只愛一個，現在也學會了尋歡作樂。她說男人都是一條條狗，還不如狗來的忠實，而女人也不如貓，不只貪求舒適和溫飽，還又虛榮，又妒忌，永遠得不到滿足。（《生死界》劇本，頁 29）

歸因於她媽媽與女性友人和男性相處的狀態，造成日後揮霍自己身體的她，值此年老色衰之際，她逐漸厭惡自己的身體，想像發生車禍之後，她看見自己骯髒的身體，乞求觀音的拯救，然而卻祇見一個女尼正在剖腹，掏出臟腑，清洗血污。得救無望，在困倦之時，忽見一個無頭的女體飄浮眼前，女人思索是否是己身靈魂的變異，她似乎從這無頭女體中，觀看到她赤裸裸的真實自己，她奮力一搏，驅走無頭的女體，劇末女人如放下當前情欲的執著，如歌狀匍伏在舞台上，結束女人一番內心自我的糾葛。

寫於《生死界》之後的《對話與反詰》，談的是一對在酒吧萍水相逢的男女，回到單身男子的住處做完愛後的對話，在對話中，女子有其不同女體時期的敘述，與男子雙方有不同的解讀，構成兩性差異的情欲觀點。劇中跟《生死界》不同的是，沒有已過盛年的女體，而是以一個年輕的女體為敘述

主體。年輕的女體敘述她在十四歲時，被一位男性體操教練強姦，從那時起，她「想知道這身體怎麼回事」，卻被男人認定她以身體消費，自我沉淪，女子反唇辯解——

　　女子：你不也一樣消費？你以為這就叫愛？去騙騙小妞吧！
　　男人：你隨時隨地都在挑逗，你大概心裡上有毛病？
　　女子：要有病，不只是我，你，所有的人，也包括你在內，你的目
　　　　　光，男人看女人的時候，那種眼神，你們的言談舉止，你們對女人
　　　　　衣著那分注意，還不是你們總鼓勵女人打扮？女人的內衣，項鍊，
　　　　　手飾，香水，女用的和男用的，只牌子不同，不都是你們的設計？
　　　　　那樣不是為你們尋求刺激？女人自己並沒有這許多需要，電影，電
　　　　　視，時裝，廣告，流行歌曲，酒吧和夜總會，哪一樣不在挑逗性慾？
　　　　　是你們要把女人變成性玩物？你，也好不了多少。（《對話與反詰》
　　　　　劇本，頁51）

　　女人總是男人的玩物或禁臠。女子講述到印度旅遊，經歷疑似被在飲料中下藥，遭類同性軟禁了一星期，以致她從此放蕩形骸，所以在二十六歲生日的這天，在酒吧結識故事中的男子，兩人性接觸後，男人變得挺認真的，男人說：「現在是我同你，兩個非同一般普通意義上的男人與女人，面對面，彼此看見，有過接觸，我不說是肉體的接觸，總多少有所了解，都有感受，兩個活人。」（《對話與反詰》，頁 21），但看在女子的眼裡，做愛純是遊戲，把男人當成只想女人的軀殼，女子對於男人下了這樣整體的觀點：視女人都浪蕩，男人只有性幻想、性刺激和把女人當作發洩性欲的工具，以及男人都自私只想占有。
　　當兩人變態地玩一場性愛的死亡遊戲，兩人相互自殘，變成了兩顆頭顱。有趣的是，兩人經歷如此異變的軀體後，對話裡似乎才感知道對方個體的存

在，但體驗到這樣兩性的存在，卻更證明了男女之間的關係，宛如彌補不了的隙縫，在重複「一條裂痕」話語中，完結了這場男女情欲的對話與反詰。

《夜遊神》原是一段火車的旅程，行者沈睡入夢，掉入一連串的夢境。劇中主要的女體是在夢境中一個妓女的角色，其中男女情欲的場面，隨著妓女這女體周旋在那主（那個人）、流浪漢、痞子和夢遊者之間而開展。具野性的妓女女體一直撩撥著夢遊者，在妓女似被謀殺，夢遊者隨後槍殺了痞子，罪惡感盈心的夢遊者，內心的情欲同時油然升起，夢遊者喃喃自語：

> 夢遊者：（小心繞開，又止不住回頭）你不是沒有窺探過，從門縫，從布簾子背後，窺探女孩子的秘密，一個慾望醒覺了的女孩，那慾望也同樣折磨過你……之後，你日漸習以為常，滿足慾望，不過像吃一頓好飯。……（再走）你這一生其實都莫名其妙，也包括同女人睡覺，結婚又離婚，都離不開慾望。……你隱隱約約，不如說，想得到個女人，一個女人實實在在的肉體，好證實你的存在，至於這女人是誰倒無關緊要。此時此刻，你只需一個女人，能同你分享肉慾——大底如此。（低頭）（《夜遊神》劇本，頁 97-99）

這一大段夢遊者的內心世界，毫不避諱的展現其自身的情欲，待妓女重新出現，妓女對於夢遊者的想法仍不讚賞，妓女認為夢遊者個體放不開，連調情都不會，也就得不到他性幻想的女人，即便如此，夢遊者仍不解其意，妓女遂向那主投懷送抱，受到這等刺激的夢遊者，失望的離開，口中念念有詞，心中費疑猜：

> 夢遊者：（遠遠走開）你無法弄明白你同她的關係，她賣人買，人消費她或是她消費人，或是她消費她自己，或是人消費她也自我消費，這同你又有甚麼關係？或是人消費她也自我消費你因而也有慾

望？或是你因她賣淫引起憤怒或引起淫慾以及因她受虐或虐待她而感到痛苦或是滿足都無非自虐，同她豈不也並沒有關係？（《夜遊神》劇本，頁 108）

多重挫敗的夢遊者，終於成了凶手，殺死了流浪漢，待他要回家收看有無命案報導的新聞時，在天橋上又和另一名行人扭打一起，此時，在一聲喑啞的嚎叫，火車的剪票員上，幕落，結束了一場人心靈之旅的噩夢。

三、高行健的情欲與表演的建構

高行健說他的戲兼顧戲劇性與劇場性，這樣才叫「有戲」，換言之，他的戲劇文本並不只是紙上的「書齋劇」（closet drama）[5]，而是可供表演的文本。他所追求的現代戲劇，具現在他的戲劇創作上，而他的戲劇情欲表演依附其中，現以此三劇來對照高行健戲劇文本中的表演性／劇場性，以求得高行健的情欲與表演之間的建構。

首先在文本的結構上，他不重情節，他認為戲劇是一個過程，其中由動作構成對比、驚奇、發現和變化，以取代易卜生（Henrik Ibsen 1828-1906）寫實主義式的情節形式－高潮、衝突、懸疑等形式[6]。

《生死界》劇中但見女人一出場，一連串的述說男女關係的困境，批判男人的自私與自我，所飾演的男人一角，隨著女人的訴說，只能在其後扮演鬼臉和小丑的狀態。當女人扭轉男人的肩膀時，男人物化成衣架──「猛然

---

[5] 高行健說他的戲兼具戲劇性和劇場性，他稱之「有戲」，這樣的論述請見他的《沒有主義》中＜我的戲劇和我的鑰匙＞一文。至於「書齋劇」（closet drama），是說劇作家寫出的劇本只供閱讀，不能演出的劇本稱之，中國傳統戲曲中有「案頭劇」之稱。

[6] 高行健反寫實主義的情節方式，請詳見他所著之《對一種現代戲劇的追求》一書（北京：中國戲劇出版社，1988 年）。

抽手，那男人竟成了掛在衣架上的一套衣物」，當女人哀嘆自己年華老去，
從舞台說明中見識到不可思議的驚奇畫面──女人「半隻木腿漸漸從她衣裙
下伸了出來，油漆脫落。」，或上了指甲油女人的手的「一雙手臂從披肩裡
露了出來，手掌灰白，纖纖手指指甲上塗的有貝殼般的油漆。」，最後女人
的「整條手臂從披肩裡脫落，手掌以上的部份，同脫落的那條腿一樣斑剝。」
（《生死界》劇本，頁 14-16）高行健活化了物件，利用物件物化了兩性與象
徵女性軀體的老化，同時也塑造出戲劇裡驚奇與變化的表演效果。

　　《生死界》中女人理不清自己與男人的情欲，自尋煩惱、自我糾纏，高
行健在劇本的形式上，運用女尼自剖的表演來加以對比。女人一邊觀看女尼
的動作，一邊說：

　　女人：這又何苦？偏偏受這番痛苦？
　　女人：（跪起）她說她得洗理五臟六腑，這一腔血污。
　　（前傾，觀注）又如何洗得乾淨？這原本可是血污之物！
　　（進一步，傾聽）她說洗得淨也得洗，洗不淨也得洗。
　　（進逼）既然明知洗也洗不乾淨，又何苦執意去洗？
　　（女尼揀起柔腸，纖纖素手，寸寸梳理）（《生死界》劇本頁 33-34）

　　高行健說這個典故取材於晉朝筆記小說的典故，本是一個有關晉朝一個
大司馬和一個比丘女尼的人際糾葛，故事的結果為比丘尼落得開肚，扯洗血
腸。高行健很喜歡借用這個典故，它首次出現在他個人自傳式的長篇小說《靈
山》中第四十八節裡，在他的另二齣戲──《冥城》、《八月雪》裡它被再
度挪用[7]。這樣女尼的場面，相較於《對話與反詰》裡，換成了男性的和尚，
高行健在該劇中利用禪宗的公案，企圖解開複雜的男與女之情欲，他在戲中
巧妙的安排這一位和尚，使之隨著男女對話的情境，在舞台上唸經、騰空、

7　高行健，《靈山》，（台北：聯經出版社，1996 年），第 308-311 頁。

站樁、作單手倒立、擺蛋和立棍子等動作，用一種冷眼者的方式，看待迷情中的男女。

　　通過對比、發現、變化與驚奇的動作表演，呈現主角的內心情欲世界，在《生死界》中，另有段高明的表演手法，就是高行健塑造了一個怪異細高的男人形態來象徵女人內心的情欲，劇本是這樣描寫的——

　　（她身後出現一細高無比的男人，踩著高蹺，罩上著地的黑色長袍。戴著高頂罩面的黑頭套，伸出一隻長手，露出掌心描畫的大如銅鈴一般一隻睜睜大眼）
　　女人：打做女孩兒起，她少女的羞澀和扭捏，惡作劇和任性發作，自殘自虐，也全來自於他，她方才明白，她之所以痛苦也只因為在他凝視之下。莫非他居然成了生存的全部意義？不！（《生死界》劇本，頁34-35）

　　此三劇中，出現了無頭的女體，或是女人頭與男人頭，製造了驚奇的劇場表演性，然而這樣的劇場性卻傳達出戲劇性的思想涵義。《生死界》中的無頭女體，戲劇學者胡耀恆認為可能象徵「是一種力量或性質，譬如說弗洛伊得的『超我』之類。是這種制約性的『冰冰冷眼』的審視，使她看見自己赤裸裸的身體後，感到『不寒而慄』。」[8]胡耀恆這樣的看法，在《對話與反詰》和《夜遊神》二劇中得到印證。《夜遊神》中妓女問那主夢遊者手中的箱子裡裝的東西；

　　那主：一個頭。
　　妓女：甚麼？
　　那主：那玩意兒，叫做思想。（《夜遊神》劇本 107 頁）

---

[8]　請詳見胡耀恆所著之《百年耕耘的豐收》（台北：帝教文化出版社，1995 年）一書，頁 52。

　　更誇張地，《對話與反詰》裡男女主角後來剩下兩個頭爐的對話，從文本的台詞裡明確地顯示高行健利用人頭的變體，來代替思想，扔掉它或是將之割除，代表著去除個人腦中我執的意念或情欲。

　　再者，高行健的劇中不談人物的性格，他的角色人物，經常去名字化，使用泛稱，塑造出符號性的角色，讓其有普世性，如《對話與反詰》的女子與男人，而其人物的對話中亦利用人稱的代名詞－你、我、他／她來轉換，以完成他的「表演的三重性」——演員、中性演員、角色的表演理論[9]。《生死界》用女人的第三人稱來自述，《夜遊神》中妓女、夢遊者運用第二人稱，《對話與反詰》中也是第二、三人稱互換。高行健這樣的戲劇手法，不僅強調劇場是以演員為中心之外，一方面也想利用人稱的互換，能夠有距離地顯示人物的內心情欲。

　　如果說，高行健在小說作品中的情欲書寫，坦白真實的裸露，探詢個人內心深處的幽光，然他並不以此為滿足，似乎在戲劇文本的創作上，他想借用舞臺表演的再現（represent），直接與觀眾交流，挑戰觀眾的思考，在最複雜也是最基本的男女關係上，逕向對觀眾或溝通、或探詢人類生命的真諦。誠如高行健在《夜遊神》劇本後，一段關於該劇演出若干聲明與建議中說：「本劇對一些古老的主題，諸如上帝與魔鬼，男人與女人，善與惡，救世與受難，以及現代人之他人與自我，意識與語言，用戲劇的形式企圖重做一次詮釋。」[10]換句話說，高行健運用戲劇的舞台演出，呈現生命的視象。

---

[9]　高行健的「表演三重性」的表演理論請參閱其所著《沒有主義》（香港：天地圖書出版社，1996年）一書中的＜劇作法與中性演員＞一文。

[10]　請詳見《生死界》劇本中＜夜遊神＞一劇劇末所附之高行健所寫＜關於演出「夜遊神」的若干說明與建議＞，頁124。

四、高行健個人主體的追尋

　　高行健曾明說這三齣戲——《生死界》、《對話與反詰》和《夜遊神》，是他要呈現之「人的內心世界」，經由「赤裸裸無需掩飾的真實」，以達顯現「人的本相」，經由戲劇的形式，將此「現時代人的生存狀態」予以展示[11]。果若如此，身為現代人的他，即使無意在劇中談論哲理，是否也假託戲劇文本的外在書寫，表現其個人內在主體的追尋？

　　此三戲中，都是以男女兩性關係為主調。男女的兩性關係是構成人類社會的基本單位。在這些劇情所展現的兩性關係因其性、情欲、個人隱藏的惡、社會的權勢、婚約制度或意識形態，導致自我極致，情迷理失，侵害個人的自主存在。然而無奈的是，個人受迫於大環境所侷限，自然的生老病死與年華老去所束縛，或在「脫去具體歷史性的人際情感、思想、意向等社會內容性」，「以實現真我、真活、真自由」與活在他人中之間掙扎的兩難課題[12]，神仙佛道也難度脫，只有自救一途，如高行健在《一個人的聖經》所言：「佛家說涅槃，道家說羽化，而他說就由他去吧。誰也超度不了誰，可不就由他去。」[13]基於此，高行健應是在戲中坦率地展現情欲性愛，藉著語詞的人稱變換，拉開距離，冷眼旁觀，達於個人主體的解脫與精神上自由自在。

　　透過許多男女兩性的情欲場面或女體的裸露，高行健想真實地呈現他內心的自己，導致評論家認為高行健的大膽情欲的書寫中，充滿男性意識，顯見高行健有強烈的「厭女情結」（misogyny complex）[14]，表面上來看似乎是

---

[11] 請詳見高行健《沒有主義》中＜另一種戲＞一文，書同註9，頁191。
[12] 此兩難課題的觀念援引自李澤厚所著《歷史的本體論》一書中第三章＜心理本體與樂感文化＞（香港：商務出版社，2002年），頁99。
[13] 高行健，《一個人的聖經》，頁441。
[14] 「厭女症」的觀點是二位評論高行健小說的評論者之言。此二位評論者，一位是張檸，另一位是傅正明。張檸在《當代》雜誌2001年元月號第161期刊登的一篇＜高行健論——一個時代的病案＞評文中提出此一論點，詳見該期雜誌頁122-133。傅正明在香港的《今天》雜誌2001年夏季號第53期刊登的一篇＜自戀、恐懼和排泄敘事——高行健小說的精神分析＞中一文也提出相同的論點，

成立的，但探究其中，亦正如戲劇學者胡耀恆的見解：

> 「在高行健的創作中，性愛經常佔有重要的份量，所以如此，至少
> 有兩個便利。第一，既然已經裸裎過自己的身體，就無懼與暴露出
> 自己的心靈。第二，性愛的態度影響甚至決定人生的態度，從這裡
> 出發，容易深入人生的底蘊，尤其是對孑然一身的個人。」[15]

　　高行健經意地運用戲劇中的情欲表演，呈現人的真實狀態，藉其來淨化
（catharsis）自己。這樣的目的我們或可回歸到他的小說《一個人的聖經》中
尋得印證——

> 她目光柔和，撫弄你頭髮，你把這稱之為愛，稱之為性，稱之為憂
> 傷，稱之為令你焦慮不安的欲望，稱之為語言，一種表述，抒發的
> 需要，一種發洩的快感，不包含任何道義，沒有一點虛假，淋漓盡
> 致，把你洗淨了，透明的成一縷生命的意識……。[16]

　　高行健經歷了文化大革命、清污運動而導致流亡法國，他離家棄國，所
剩下的只有個人，以小說和戲劇的情欲寫作，選擇面對真實己身的存在，而
這樣的主體存在，才是真實的生命存在，如同存乎於天地之間的自然氣象，
《對話與反詰》劇末呈現出高行健這種真實生命的況味——

詳見該期雜誌頁 281-296。關於厭女症的主要論點可參閱 David D.Gilmore 著、何雯琪譯之《厭女
現象》（*Misogyny: The male malady*）一書（台北：書林出版社，2005 ），從該書中第七章＜厭女
心態的共同點＞與第十一章＜男性矛盾的心理＞來解讀高行健的情欲書寫的話，可看出高行健是有
此現象呈現的。

[15] 請詳見胡耀恆所著之《百年耕耘的豐收》一書，頁 58。

[16] 請詳見高行健的《一個人的聖經》（台北：聯經出版社，2001），頁 428。

　　和尚轉身，面對觀眾，徐徐吸氣，悠悠吐納。舞臺燈光全暗。

　　和尚轉身去把天幕拉開，天空灰藍。

　　和尚背對觀眾佇立，風聲漸起。（《對話與反詰》劇本 82 頁）

　　這樣的劇場舞台呈現除了洋溢著禪味，也意謂著高行健透過劇場表演裡的情欲渲洩或排泄，以清除或洗滌人世間紊亂和混沌的情慾糾葛，揭櫫他一貫生命本相——一種與天地萬物合一之主體追尋，步向如李澤厚所言之「真我、真生命、真自由」之境地。

五、結論

　　二〇〇〇年高行健得到諾貝爾文學獎時，瑞典皇家學院的頌詞中有段對他性愛書寫的評語：「性愛的主題賦於他的文章中有一種熾熱的張力，男女調情動作成為基本模式之一。在這方面，能對女性的真實份量，給予同等量的重視的，他是為數不多的作家之一。」[17] 頌詞中對於他在小說或戲劇中的情欲書寫，持以肯定的態度，高行健曾表示該頌詞的中肯，而當閱讀他的創作時，顯然他的情欲書寫亦非是他譁眾取寵的主題，深化個人主體存在的課題方是他的焦點所在，所以，在此三齣戲之後，他對世俗的情慾糾葛的拋開越趨明朗，接續的《週末四重奏》以更安然抽離的態度，處理二組四個男女疏淡的情欲，但更重要的，他應是將此男女情欲狀態作為他處理另一番劇場表演的手段而已 [18]，而他的近作《叩問死亡》，他已揚棄兩性情欲的場面，探索

---

[17] 請詳見劉心武著之《瞭解高行健》中所收錄的〈高行健摘下文學獎的桂冠——瑞典文學院諾貝爾文學獎的新聞公報〉（香港：開益出版社，2000），頁 185。

[18] 《週末四重奏》這劇名，不知高行健是否取法於艾略特（T.S. Eliot）的詩名？但是「四重奏」是一種音樂的演奏形式，個人研究認為高行健企圖將此形式運用在劇場的表演形式上，高行健喜用音樂的結構與劇場的形式作為結合，在中國大陸時期的《車站》已經運用了音樂的複調曲式。

生死的命題。他在《一個人的聖經》中有這樣的述說：

> 把此時此刻作為起點，把寫作當成神遊，或是沉思或是獨白，從中
> 得到欣悅與滿足，也不再恐懼甚麼，自由是對恐懼的消除。你留下
> 的這些不孕的文字，讓時間去磨損。永恆這對你並沒有切身的意義
> 這番書寫也不是你活得目的，所以還寫，也為的是更充分感受此時
> 此刻。[19]

由此得知，寫作是他的表述，他表述得以存在，這存在是在於探索他個
人主體的追尋，不管是內心和外在的世界，小說創作如此，而戲劇創作亦復
如此的堅持。

（本文曾於 2007 年 3 月發表於《北台灣學報》第 30 期）

參考文獻

1. 高行健（1988），《對一種現代戲劇的追求》，北京：中國戲劇出版社。
2. 高行健（1990），《靈山》，台北：聯經出版社。
3. 高行健（1995），《對話與反詰》，台北：帝教文化出版社。
4. 高行健（1995），《生死界》（內含《夜遊神》），台北：帝教文化出版社。
5. 高行健（2001），《一個人的聖經》，台北：聯經出版社。
6. 高行健（2001），《沒有主義》，台北：聯經出版社。
7. 胡耀恆（1995），《百年耕耘的豐收》，台北：帝教文化出版社。

---

[19] 請詳見高行健的《一個人的聖經》（台北：聯經出版社，2001），頁 443。

8. 劉心武（2000），《瞭解高行健》，香港：開益出版社。

9. 李澤厚（2002），《歷史的本體論》，香港：商務出版社。

10. 張檸（2001），＜高行健論——一個時代的病案＞，《當代雜誌》，元月號，161 期，台北：當代雜誌出版社，頁 122-133。

11. 傅正明（2001），＜自戀、恐懼和排泄敘事——高行健小說的精神分析＞，《今天》雜誌，夏季號，第 53 期，香港：紅葉書店出版社，頁 281-296。

12. David D.Gilmore 著、何雯琪譯（2005），《厭女現象》（*Misogyny: The male malady*），台北：書林出版社。

伍、流行音樂才子的跨界：論周杰倫的電影創意

一、本章導言

　　周杰倫的兩部劇情長片電影：《不能說的‧秘密》、《天台》均由他提供電影故事且由他導演並兼主演。周杰倫在流行歌壇表現優秀，以流行歌手轉進當演員進而成為導演，投入臺灣的電影產業，相當的引起矚目。

　　本章擬從創意的面向來比較周杰倫這兩部影片。第一個面向是類型的創意，討論周杰倫兩部電影走出歌舞片類型的創意；第二個面向討論周杰倫運用其音樂才華在影片中的創意，第三個面向就視覺場面討論其創意；第四個面向以文化懷舊的創意討論周杰倫雖是流行歌手形象，但其電影卻充滿懷舊的風格。經從創意的觀點來探求周杰倫兩部電影其異同性，並證明周杰倫此二部電影除了呈現創意之外，仍是臺灣電影中具有重要性的電影製作。

　　周杰倫原是華語歌壇的天王，2005 年演出改編日本漫畫的香港電影《頭文字 D》，獲得金馬獎最佳新人獎，2006 年參與兩岸三地大製作片《滿城盡帶黃金甲》的演出，宣示他不只會唱也具有演技，更是他跨越到電影界的踏板。2007 年即推出第一部導演處女作的劇情長片《不能說的‧秘密》，榮獲佳評並在該年入圍金馬獎最佳劇情片，贏得當屆最佳原創電影歌曲、最佳視覺效果和年度臺灣傑出電影等三項獎座，2013 年他再度推出第二部劇情長片《天台》，獲得不錯的票房成績。周天王在流行樂壇稱王，其跨足電影產業

的成績斐然，不可小覷。

《不能說的‧秘密》和《天台》雖有不少可議之處。《不能說的‧秘密》的周杰倫和桂綸鎂之間男女主角的愛情橋段襲仿自一九八〇年好萊塢電影《似曾相識》（*Somewhere in Time*），而其劇中周杰倫與音樂學院學長的鬥琴段落，應也來自於一九九八年《海上鋼琴師》（*The Legend of 1900*）的橋段。[1]《天台》片中天臺居民的場面設置讓人聯想到周星馳的《功夫》片中豬籠城的居民生活圈，若是除去這些眼熟的段落，《不能說的‧秘密》和《天台》仍是創意十足的電影。

二、創意釋意

「創意」是什麼？首先看看被稱為來自最有創意的國家－英國其最著名的學者，也是目前全球化盛行的文化創意產業倡始人之一的約翰‧郝金斯（John Howkins）的說法：

> 「創意」即是指產生新事物的能力，亦即指一人或多人概念和發明的產生，而且這些概念和發明是個人的、原創的以及有意義的。這是種才賦，也是種資質，只要有人說出、做出或製造出新的事物，則不管是在「從無到有」抑或是在賦予某事物新特性的情況下，創意都因此而產生。換句話說，不管該過程導引到什麼地方，創意都因此而產生；它在思想中呈現出來，也可能在行動中呈現出來，甚至也會在我們夢到天堂、設計出庭園時，以及開始栽種植物時產生。從更深入的角度視之，只要當我們下筆寫出白紙黑字或是創作出些

---

[1] 詳見聞天祥，《過影——1992-2011 臺灣電影總論》，書林出版社，2012 年 4 月，頁 240-241。

什麼，不管它有沒有發行，也無論它是否被我們加以利用，都表示我們是有創意的。[2]

周杰倫憑其才賦資質，用拍片製作的行動完成電影製作，他是有創意的，而若如郝金斯所言：「最後，我就用『創作者』一詞來描述任何創造或發明某些新事物的人。」[3] 周杰倫其兩部編導演兼於一身，從作品的創作產出來論，他的確是創作者。約翰・郝金斯再深入說明：

創造力是獨創的，可能表示它是全新的，也可能表示它是由已經存在的東西再造的，我不妨把前者描述為「從無到有」，而後者就某種意義上來說，則是『賦予既有東西什麼特色。」[4]

如照這樣的說明，創意有二種形式：一是「從無到有」，一是「把有變好」。周杰倫兩部電影即使有參考橋段，但可歸屬第二種，並無損於其具創意的精神。

約翰・郝金斯認為創意是有一定的程序，他把這程序名為──「RIDER 騎士分析」：檢核（review）、孵化（incubation）、夢想（dreams）、激情（excitement）、現實的核對（reality checks）[5]。根據郝金斯的說法，創意是從生活中去回顧尋找發想意念，然後經意念構思與夢想，激情去創念而後再以現實所需來審視，是個構想到執行再到以現實生活為審核的過程。亦及創意的產出並非天馬行空或是幻想妄念。周杰倫在製作這兩部劇情長片時，一定有應有先檢核臺灣電影中音樂類型片所缺乏或所需的，然後以此為拍片或

---

[2] 詳見約翰・郝金斯（John Howkins）、李璞良譯，《創意經濟－好點子變成好生意》（*Creative Economy －How People Make Money From Idea*），典藏出版社，2007 年 4 月，頁 5。

[3] 同註 2

[4] 同註 2，頁 30。

[5] 同註 2，頁 44。

故事的意念的孵化，再者有其電影的製作夢想，依靠其對電影的激情，然後拍攝完成兩部長片作為對現實的核對。

約翰‧郝金斯更進一步指出創意是指運用構想產生新構想，初始的構想投入可能有新有舊，運用自己的能量將其轉化為具有新意的結果，此新結果產出的商業價值可能取決獨特性或複製的方便。[6] 依據約翰‧郝金斯的說法他認為創意是以新意抑或複製的手法帶來商業的產能效益。以此而論，周杰倫完成《不能說的‧秘密》和《天台》已是利用具有複製手法的電影，而該兩部劇情片均透過行銷策略，帶有其商業的 Output。以《天台》在中國大陸行銷為例，該片在中國大陸還未上映時，在宣傳上就諸多的創新行銷策略：其一為結合在大陸最具影響力動漫畫，使該預告片三天即超過一億點擊率；其二為結合電影上映時間 7 月 11 日，在大陸華北地區 7-11 超商進行電影營銷推廣合作，將 200 餘家便利店店面「翻新」成「天台愛情主題」店面；其三為行使異業策略聯盟，《天台》成為大陸首部與 LINE 進行全球合作的華語電影，讓網友在 LINE 可使用浪子膏說「啊呦」的 Q 版圖與好友分享心情。[7] 這樣強烈的行銷策略與手法，造就了除周杰倫本身流行歌手的高人氣之外，更使《天台》在中國大陸長紅的票房佳績。

三、《不能說的‧秘密》與《天台》創意比較

（一）類型的創意

電影產業因好萊塢的流通與電影評論家興起的結合，產了電影類型

---

6 詳見約翰‧郝金斯（John Howkins）、李明譯，《創意生態——思考產生好點子》（*Creative Ecologies —Where Thinking is a Proper Job*，2010 年 3 月，頁 27。

7 援引自雅虎維基百科的《天台》資料，網址：
http://zh.wikipedia.org/zhtw/%E5%A4%A9%E5%8F%B0_(%E9%9B%BB%E5%BD%B1)

（genre）的概念。電影理論家保羅・沃森（Paul Watson）在＜類型理論與好萊塢電影＞一文中提出「類型」對於電影產業之其必要性，他歸納出 3 個必要性的論點：

1. 通過成功的模式，為降低經濟風險，提供組織生產以原理或準則，獲得遍適用的經濟保障。

2. 規範觀眾觀影的整套的規律與期待。

3. 提出嚴格的架構，對產品推定性的成功、特色和觀眾的品味做評斷。[8]

以其研究，他歸納好萊塢的影片結構，提出電影的歷史傳統分類為：

以歷史主題分：西部片、黑幫片、史詩片、戰爭片等。

以意圖影響分：恐怖片、驚悚片和喜劇片等。

以形式標準分：歌舞片、動作片和色情片等。

以主題思想分：科幻片、災難片、罪案片、公路片等。

以目標觀眾分：兒童片和家庭片；以風格分，如流行大片和黑色電影。[9]

《不能說的・秘密》於 2007 年 7 月 27 日發行，是周杰倫執導的電影劇情長片處女作，從保羅・沃森的類型分類來看，似乎可歸為形式標準類，屬於歌舞片，但又可從風格類觀之，該片又可屬於流行大片。就《不能說的・秘密》的題材來看，有音樂、情感、青春、跨時空等元素，實在無法歸納為單一類型。[10]

《天台》於 2013 年 7 月 11 日於臺灣、中國大陸、新馬地區同步上映，是繼《不能說的・秘密》之後，周杰倫構思六年的第二部自導自演的電影。該片集結了浪漫、動作、歌舞和動畫特效等多種跨界元素於一體，從類型來看是一部綜合喜劇、動作、愛情、歌舞類型的電影，而周杰倫在該部電影中融入了自己所喜愛的武術動作和歌舞的模式，影片中大量的音樂和動作場面，

---

[8] 吉爾・內爾姆斯主編、李小剛譯，《電影研究導論》，世界圖書出版社，2013 年 11 月，頁 139。

[9] 同註 8，頁 139-141。

[10] 知名電影研究者兼評論家聞天祥也說《不能說的・秘密》是部「混搭類型的手法」，詳見《過影──1992-2011 臺灣電影總論》，書林出版社，2012 年 4 月，頁 241。

又歌又舞且武的，因此周杰倫把該部影片宣稱為「歌武片」。周杰倫談到《天台》與《不能說的‧秘密》的區隔時說：

> 這幾年我一直想拍一部新的電影，也想這部電影能跟自己的第一部作品《不能說的秘密》有所區隔。我心中一直想做一部「能留下來的作品」。就在這個時候，許多人推薦我做「歌舞片」……他們的理由是，以歌舞為素材的華人電影本來就少，若要做一個不一樣的電影，這是一個很好的方向。不僅於此，我更決定要做一個「不一樣的歌舞片」。這是一個繁盛亮麗的電影時代，此時不做更待何時？電影的風格雖然不一樣，但我要把《不能說的秘密》的原班人馬，全部都放進這部新片中。我企圖做到讓一樣的人，卻有完全不一樣的表現，要令人耳目一新！我知道這是不容易的事，但我要做。[10]

周杰倫這番製作話語不僅我們上述郝金斯的「RIDER 騎士分析」創意程序，而就保羅‧沃森論及今日的電影中像《不能說的‧秘密》和《天台》中大量採行大眾流行元素的加工以及類型電影中引用、指涉和挪用的「技術重寫」（techno-palimpses），他把這類影片稱之為「超類型」（meta-genre）或「後類型」（post-generic）[11]，如是觀之，周杰倫似乎為華語電影的拓展，開創了新類型。

（二）音樂的創意

在音樂的使用上，以周杰倫流行音樂人的身分，是他的強項和專業。《不

---

[10] 援引自雅虎維基百科的《天台》資料，網址：維基百科，《天台》，網址：
http://zh.wikipedia.org/zhtw/%E5%A4%A9%E5%8F%B0_(%E9%9B%BB%E5%BD%B1)
[11] 同註 8，頁 141。

能說的・秘密》中主角彈琴畫面和鬥琴的場面，可看出他刻意凸顯他的音樂彈奏專長 [12]，而他在兩部電影用心使用不同的音樂類型，更是不言可喻。《不能說的・秘密》除了老歌＜情人的眼淚＞之外，都是鋼琴類音樂，《天台》反而較是充滿復古流行曲調與不同的曲風。

　　趙武在《叩開電影門——電影導演敘事藝術》一書中談及音樂在電影上的應用說：

> 音樂在形式上是屬於時間的抽象流動，常運用主題音樂和其變奏的段落音樂二種形式置入電影之中。置入電影影片中的音樂除了有時間的功能外，要兼具了影像中的敘事功能。電影中音樂的敘事功能有四種：主題性、節奏性、戲劇性和抒情性。[13]

《不能說的・秘密》利用 Secret 的琴譜與鋼琴主題曲，營造了電影主題和撥洋蔥式的戲劇性與節奏性。＜情人的眼淚＞老歌呈現男女主角從認識進而交往的抒情性，鬥琴的鋼琴曲調與貓王時代的復古歌曲增速了劇情的節奏性。在《天台》中＜天台＞帶出電影的主題，＜天台的月光＞不僅是男主角浪子膏追求女主角李心艾的影子舞的主旋律，更是片尾回到攝影展的吉他伴奏音樂，兩個場面展示了影片的抒情性。＜波爺＞、＜龍門澡堂＞和＜打架舞＞等曲不但是呈現《天台》的有歌有舞且有武的場面，更是帶動影片中節奏性，＜威少的陷阱＞和＜悲劇的序幕＞等曲，是將劇情從愛情的情節翻轉成忌妒與仇　殺衝突的戲劇性音樂。

---

[12] 關於這點，知名電影研究者兼評論家聞天祥評論《不能說的・秘密》時說：「好幾次攝影機運動都像掛保證似地強調鋼琴前的身影與琴鍵上飛舞的手指是屬於同一個人的。」詳見《過影——1992-2011 臺灣電影總論》，書林出版社，2012 年 4 月，頁 240。日本的媒體人也是台灣時事觀察者島野剛(Tsuyoshi Nojima)在其介紹《不能說的・秘密》時說：「電影裡展現了超高難度的彈琴技巧的畫面，很難不讓人聯想到這是周杰倫為自己特地安排的橋段。」詳見《銀幕上的新台灣—新世紀台灣電影中的台灣新形象》一書，島野剛著、張雅婷譯，聯經出版社，2015 年 11 月出版，頁 226-227。

[13] 趙武，《叩開電影門－電影導演敘事藝術》，商訊文化出版社，2012 年 4 月，頁 192-202。

《不能說的‧秘密》和《天台》都運用大量音樂元素，同樣展露了周杰倫的電影創意與音樂才華。

（三）視覺場面的創意

《不能說的‧秘密》和《天台》隨著劇情發展，在場面調度的視覺上有令人驚豔之處。《不能說的‧秘密》的劇情，在劇情的開始之初會誤認為是一部校園愛情電影，但隨著女主角小雨身分的隱藏，劇情跟著女主角的秘密一步步的揭露，周杰倫巧妙地設置劇情，突轉為一九七九年到一九九九年相隔了二十年之充滿懸疑性的跨時空音樂戀情電影。除了魔幻般的愛情神話劇情設計之外，周杰倫讓影片充溢著感官式的視覺場面，如展示周杰倫相當自信的鋼琴技藝之鬥琴畫面，以及片尾老舊琴房拆毀的動畫場景，使影片提供了愉目賞心的娛樂感受。

《天台》劇情描述在一個奇妙的城市——加利利市，有個叫天臺的不同氛圍地區，其平凡無奇的居民但卻有著豐饒的生命力，電影當中充斥著周杰倫的幻想及巧思的場面。除了融合歌舞、武打等元素之外，兩性交往追求的場面也十分觸動人心。片中周杰倫所飾演的浪子膏為了喜愛的女主角李心艾所營造的情人節影子舞，配合＜天台的月光＞歌曲的演出，令人有別出心裁的追愛驚奇視覺。這樣的場面安排在另個討愛的場面上，再度使人拍案叫絕。一幅使用了近千張女主角李心艾個人照以及其與男主角浪子膏交往和同遊的照片，拼貼而成馬賽克式的李心艾圖像，真是撩妹高招，也在在顯露出影片的驚奇視覺創意性。[14]

---

14 據《天台》的網路資料，男主角追求女主角這些場面，連知名電影製作人和導演邱黎寬導演在看完該電影後驚喜直呼：「太屌了！已經很久沒有看到這麼認真把妹的男生了！」援引自雅虎維基百科的《天台》資料，網址：
http://zh.wikipedia.org/zhtw/%E5%A4%A9%E5%8F%B0_(%E9%9B%BB%E5%BD%B1)

（四）文化懷舊的創意

　　《不能說的‧秘密》中一棟深具歷史的琴房建築；人物的服裝和場景設計選擇仿歐式建築的淡江中學拍攝；大量使用蕭邦等人的古典鋼琴音樂以；姚蘇蓉唱的＜情人的眼淚＞老歌及模仿貓王年代的音樂會，周杰倫似乎在該片刻意營造一個懷舊回憶的年代。據周杰倫表示在這部電影中，沒有手機、沒有電腦、沒有 MP3，是他所想望的一個最美妙的年代，透過《不能說的‧秘密》企圖回憶其青春時期的初戀，他希望永遠活在 20 年前，現實中不可能，他運用電影來實現。[15] 這種復古懷舊的情結在《天台》一片中再度出現，即使加利利市似乎是個虛擬的城市，但是當男主角浪子膏一票人乘老式電梯進入天臺頂，或是遊走於以西螺延平老街為主所佈置的加利利市的街道時，周杰倫以電影帶領觀眾回到一個復古懷舊的場域。

　　「懷舊」（nostalgia）源自於十七世紀末的一種士兵相思症候，十九世紀後被用來形容對過去黃金時代的憧憬，普遍在文學或理論中使用，西方的理論學者詹明信（Fredric Jameson）提出「當下懷舊」（nostalgia for the present）的論點，在迅速變化的後現代社會，「每個人對去年的流行都會產生『懷舊』，『懷舊』就成為某種回顧與收藏的特殊情愫，在品味、評價、收藏品的市場消費和流行文化中，都形成特殊意涵……。」[16] 懷舊在電影中也是重要的題材，詹明信認為電影中使用了三種懷舊的模式（la mode retro）：其一為掌握了「失落的」一九五〇年代風格的「歷史重構」；其二為喚起青少年時期看電影的早期經驗；其三為非常有選擇性地呈現過去，模糊一切當代或歷史的指涉。這三種模式的懷舊在好萊塢電影中如《美國風情畫》（American Graffiti）、《星際大戰》（Star Wars）和《體熱》（Body Heat）等部都可找到痕跡。

---

[15] 請見維基百科的《不能說的‧秘密》資料，網址：
http://zh.wikipedia.org/zhtw/%E4%B8%8D%E8%83%BD%E8%AA%AA%E7%9A%84%E7%A7%98%E5%AF%86

[16] 請見廖炳惠編著，《關鍵詞200》，麥田出版社，2003 年 9 月，頁 180。

[17] 相較於周杰倫現實中身為華語流行音樂的歌手身分，他似乎利用電影企求其個人懷舊／流行的一體兩心的創意綜合。

四、結論

《不能說的‧秘密》和《天台》從其兩部劇情長片來看，音樂元素與愛情主題為其共通性。然在劇情創意方面，《不能說的‧秘密》是穿越時空的愛情，《天台》是市井小民與當紅女明星的懷舊式戀情。就類型上而言，周董雖以歌舞片為主，但《不能說的‧秘密》卻今昔時空交錯的靈異歌舞劇，《天台》一片周董更是確切地定為歌「武」片，均說明他企圖突破歌舞片類型的創意。

台灣至 80 年代以貼近現實社會和人物為題材興起的台灣新電影，有一條路線遵循著樸素悲情的電影敘事，另一條路線是通俗娛樂的走向，兩條路線似乎各有擔憂和焦慮。前者懼其窄化或在地化，後者憂其流於太過商業化，然共通的是台灣電影幾年來藉由低投資成本的真實人物與故事，在世界影壇上找到了臺灣電影的位置。周杰倫的二部劇情長片以大衆娛樂面向製作成跨類混搭的電影成品，似乎為台灣電影點起了小曙光，是否提供臺灣電影轉型的契機或不同電影製作的爆發？目前不能論定，期待周杰倫能拍出更多的片數，才能提供更多研究他的電影參數。

該兩部片子上映之後，《不能說的‧秘密》叫好又叫座，《天台》叫座卻不叫好，本文採創意的視角來探求其異同，並非要求得該二部電影孰好孰壞的比較，而是要初探二部電影的製作創意之外，也要說明周杰倫藉此二部電影，他的角色不僅是流行音樂天王，他更是個創意的跨界電影創作者。

---

[17] 請見彼得‧布魯克著、王志弘和李根芳譯《文化理論詞彙》，巨流出版社，2003 年 10 月，頁274。

（本文曾於 2015 年 4 月 8 日和第一作者王映丹老師共同發表於＜臺北城市科技大學 2015 通識教育研討會，經本作者修改後，第一作者王映丹老師同意將本文授權給本作者發表）

參考文獻

1. 廖炳惠編著，《關鍵詞 200》，麥田出版社，2003 年 9 月。

2. 彼得‧布魯克（Peter Brook）著、王志弘和李根芳譯，《文化理論詞彙》，巨流出版社，2003 年 10 月。

3. 約翰‧郝金斯（John Howkins）、李璞良譯，《創意經濟－好點子變成好生意》（*Creative Economy －How People Make Money From Idea*），典藏出版社，2007 年 4 月。

4. 約翰‧郝金斯（John Howkins）、李明譯，《創意生態－思考產生好點子》（Creative Ecologies－Where Thinking is a Proper Job，2010 年 3 月。

5. 趙武，《叩開電影門——電影導演敘事藝術》，商訊文化出版社，2012 年 4 月。

6. 聞天祥，《過影——1992-2011 臺灣電影總論》，書林出版社，2012 年 4 月。

7. 周杰倫，《天台》，北京聯合出版社，2013 年 5 月。

8. 吉爾‧內爾姆斯主編、李小剛譯，《電影研究導論》，世界圖書出版社，2013 年 11 月。

9. 維基百科，《不能說的‧秘密》，網址：
http://zh.wikipedia.org/zhtw/%E4%B8%8D%E8%83%BD%E8%AA%AA%E7%9A%84%E7%A7%98%E5%AF%86

10. 維基百科，《天台》，網址：

http://zh.wikipedia.org/zhtw/%E5%A4%A9%E5%8F%B0_(%E9%9B%BB%E
5%BD%B1)

陸、李國修《三人行不行》文本空間的荒謬性透視

一、本章導言

　　李國修的文章空間繁複，從城市生活空間為起點，到自我解剖的家族空間。而在這些文本空間中，他又善用喜劇的情境，發展多點的故事情節，並在其中呈現出當代人自我的生命荒謬性，其劇作《三人行不行》系列當為代表。本章旨在透過彙整其在《三人行不行》系列劇中的文本空間形式，從中得知李國修經由此系列的空間形式中文本所透露出（一）生活現實的荒謬（二）戰爭的荒謬（三）政治的荒謬（四）兩性人際的荒謬（五）語言的荒謬等五個面向的荒謬性。

二、生命展示的空間

　　人集其一生居處於多種不同的空間，每個空間都具有故事性的產能，若能在劇場上演，即可變成一齣戲。以李國修的生命歷程來看，他個人亦處於多種的空間。做為外省族群的第二代，他身處大陸與台灣兩地的國族空間，他多才多藝橫跨電影、電視與戲劇的演藝空間，而當為城市居民，他除了面對己處城市的政治和社會的空間環境變動之外，他又得因公私務所需而要做

本國或他國的城市與城市之間的空間挪移。在這些己身所觸及的空間變異中，即使李國修謙稱他不擅長說故事，他卻用令人讚嘆的編劇技巧，運用他劇場的專長，將他身居的空間輪換於生命的真實空間與故事的虛構空間，層層重疊，環環相扣，結構出他戲劇文本中從真假與虛實的空間拼接，發展至成熟的「劇中劇」情節空間到獨創的「劇中劇中劇」之空間結構。

李國修營造不同戲劇形式的空間結合，其手法有並置、或轉換、或記憶、或回憶、或入夢等方式，從較單純的拼貼空間到劇中劇二層空間，再到劇中劇中劇的三層空間，使其文本空間是相當繁複的。如《空城狀態——三人行不行 V》中舞台劇與電影的影劇空間之並置，他巧妙地置入歷史傳說與現代的古今對比空間，如《太平天國》的清代太平天國起義與當代城市空間、《六義幫》中廖添丁事件的日據空間與現代空間，他亦不避諱描述當代事件檔案的社會空間，如《救國株式會社》的真理子事件，他更擅用其劇場的空間技巧，在《三人行不行》他使用中國戲曲傳統的三口相聲式的拼貼空間，他還參較麥可‧弗萊恩（Michael Frayn）的《大家安靜！》（*Noises Off!*）一劇的空間模式，借用一個名曰「風屏表演班」的劇團，形成二層甚到三層的空間轉換，來推展故事情節，創作出之膾炙人口的《半里長城》、《莎姆雷特》、《京戲啟示錄》等劇。

李國修的文本空間雖然繁複，但能理出一個軌跡，即以自我的城市生活為起點，結合歷史、傳說與當代事件，彙整成歷史空間、城市空間和家族空間等三個空間。在這些文本空間中，他又善用喜劇的情境，發展多重空間的結構，並在其中呈現當代人自我生命的荒謬性，其劇作《三人行不行》系列當為代表。

三、命題與研究限制

　　戲劇是一種空間的藝術，若是在劇場演出是一種表演性物理空間的實踐，若以文本呈現，是一種文本性空間的展現。本論文所討論的《三人行不行》系列劇作，全以文本為依據，來做李國修文本上空間呈現來做探討，而有別於演出時的空間，故命名為文本空間。

　　本論文的限制有二，其一為李國修的劇作最精采即是每齣劇作都已在劇場展演，討論其劇作空間應以劇場的實際表演空間方能入勝，但礙於現實，只求於文本探討中盡力討論而為，另一限制是因時間有限，未能擴及所有的劇本，待來日再作全劇集的討論。

四、《三人行不行》文本空間的形式

　　《三人行不行》該系列劇作的空間，由較單點空間的拼湊，逐漸走向以主角故事的家族空間為主。《三人行不行 I》由幾個單一不同的故事組合而成，分＜序場＞、＜慾望的背叛＞、＜The DEATH Of A 南部女孩＞、＜淒涼美麗的 LOVE STORY＞、＜目擊者＞、＜台北的一天＞、＜尾聲 Ending＞等場次，其空間依故事點散括台北市區、辦公室、車禍地點、公車內、Disco 舞廳。系列之二的《城市之慌──三人行不行 II》作為《三人行不行 I》的續作，除了序場延續《三人行不行 I》尾聲打電話的場景和其中 LOVE STORY 廣播劇也進入了第二集之外，故事發生的空間為抗議請願的台北街頭、朗誦比賽的場所、電影院、市郊的山上。到了《三人行不行 III──OH！三岔口》，其序場仍作為《城市之慌──三人行不行 II》接場用，該故事情節轉以郭氏一家的家族故事貫穿，而該劇的空間更擴充為兩岸三地的台灣、大陸和香港等地。《長

期玩命——三人行不行 IV》同樣以郭氏的家族故事為主軸，故事空間橫跨加拿大、台灣的郭家祠堂與舊祠堂廢墟、桃園機場、建築工地與田園等。系列之尾作《空城狀態——三人行不行 V》仍再以郭氏家族為故事的主情節，但空間聚焦於該故事主角所生活的現代台灣城市的空間，像傳統市場、機場出境大廳、派出所、某山丘等。在文本中，上述的空間均為劇中主角人物生活的物理空間。

《三人行不行》系列的文本創意是李國修借自傳統戲曲三口相聲的表演方式，故在本系列劇中可見到李國修善用戲劇的假定性與演員的扮演，製造文本中富有劇場性的空間類型。其一類型為李國修運用不同表演形式的並置，使其豐富了文本中有不同的表演情境外，另一方面構造出不同戲劇的空間，如《三人行不行 I》與《城市之慌——三人行不行 II》中以舞台劇與廣播劇的並置，廣播劇演述日據時代台籍青年被徵召到南洋當兵的淒美愛情故事，不同的戲劇表演除了屆時在劇場演出時，可展現演員表演力與喜劇性之外，亦將呈現出不同空間的不同年 代愛情模式之對照。在此類型中另一種空間並置為劇中電影院空間或電影模式的搬演，如《城市之慌——三人行不行 II》第五場＜城市之光＞原是主角人物觀看卓別林的喜劇默片電影《城市之光》，卻遭戲院插映了色情片，一方面營造出喜劇性的嘲諷效果外，更點出城市空間中電影院這種空間的營運狀況與城市居民看待電影的態度，而在《長期玩命——三人行不行 IV》中第十場戲＜煙火＞，模擬搬演小鄧電影劇本的情節。

其二類型以回憶或記憶的方式，呈現人物心理層面的敘事空間，如《空城狀態——三人行不行 V》中郭父對一九四一年一場中日戰爭的回憶，啟動時空跳躍，舞台上的撿場人員使用模型飛機，使之進入中日戰爭時代的空間。其三類型以舞台道具或場面來製造劇作文本中的表演空間。如《三人行不行 I》以舞台道具四張摺疊椅和三張高腳椅，變成電影院的座位或計程車內的空間，而第一場＜慾望的背叛＞Peter、Mary、Paul 三個人物拿空環，象徵主角

的內心獨白，表露真實的慾望，或者如《城市之慌──三人行不行 II》與《OH！三岔口──三人行不行 III》二劇，使用布偶或演員由布偶的替換，創造人偶共置的表演空間，而又如《長期玩命──三人行不行 IV》人物郵差以「胡克游」之名創造出虛擬的國度空間──胡克國，再者以劇場燈光與音效的變化營造《三人行不行 I》死者從地上爬起，手持羽毛翅膀飛翔，製造靈異的空間，此等劇場技術的運用來到了《空城狀態──三人行不行 V》，文本描述工作人員將舞臺郵差家的鐵皮屋，朝右方作九十度的翻轉，當為綁架老石的妻子的囚禁場所。

　　在此三類型的空間中，又見一統一的空間結構，即每齣劇都有個起始點，這個起始點是一個獨立的序場或前一齣戲結尾所延續的序場，來發展故事，例如《三人行不行 I》的序場，甲男持刀跟蹤甲女，甲女發覺詢問，甲男回答：「在台北嘛！我還能幹什麼？！妳知道，台北有哪三種人？」甲女：「第一種？」甲男：「男人！」甲女：「第二種？」甲男：「女人！」甲女：「第三種？」甲男：「死人……哈哈……」＜尾聲＞加以重複作為結局，讓故事結束後，又繞回原點，形成一個圓形的空間結構。這種形式的空間結構於此系列劇中，實踐了李國修從劇場經驗中所領悟出打破戲劇傳統的時空結構的論點－「空間不存在，時間無意義」，這樣的體認他從《城市之慌－三人行不行 II》之後的劇作中，就一直使用在劇本中標明了「Before the Beginning」與「After the Ending」的空間技法，李國修希望在「戲開始前，故事已然發生；戲結束後，故事仍在延續。」讓觀眾進入劇院而戲未開演前，即看到演員在台上、舞台上有劇中的佈置與燈光音效，使觀眾進入戲劇氛圍，戲結束演員謝幕後，演員或舞台作用呈現流動或靜止的畫面，表示故事的延續。（李國修 2013b：34）

五、文本空間的荒謬性

　　荒謬，或又稱之為荒誕，西方的文學暨劇作家阿爾貝·卡繆（Albert Camus）
在《薛西弗斯的神話》一書中描繪人的荒謬／荒誕感的產生：

> 一個可以用說理來解釋的世界，無論多麼不完善，總是一個熟悉的
> 世界。但是在一個突然失去了幻想和光明的宇宙中，人感到自己是
> 一個陌生人。他是一個無法救助的被放逐者，因為他被剝奪了對國
> 家的記憶，也失去了對樂土的希望。人與他的生活、演員與他的背
> 景的分離，真正構成了一種荒誕感。（馬丁·艾斯林、華明譯 2003：
> 8）

　　由此看來，人於失理的空間中變的陌生、無助、失憶、無希望、對自己
生活與他人的背離，即產生荒謬或荒誕感。荒謬派戲劇的研究者馬丁·艾斯
林（Martin Esslin）他這樣解釋「荒謬」：「『荒謬』原來在音樂語境中意謂
著『失去和諧』因此它的辭典定義為『與理智或者適宜不和；不一致、不合
理、不合邏輯。』他更進一步引荒謬主義戲劇大師尤涅斯科（Eugeine Ionesco）
評論卡夫卡的一篇文章中，尤涅斯科就「荒謬」的理解做出如下的定義：「荒
謬是缺乏目的……切斷了他的宗教、形而上的、超驗的根基，人迷失了，他
的一切行為都變得無意義、荒誕、沒有用處。」他並認為荒誕派戲劇的劇作
家都在討論：「一種類似的生活沒有意義、理想、純潔和目標無可挽回地貶
值的感覺。」（馬丁·艾斯林、華明譯 2003：8）而常將荒謬或荒誕手法用
在自己劇中的高行健則認為荒謬／荒誕是可能在生活中未必變形或失真，但
「却喪失了日常的準則，脫軌而不合人之常情。荒誕更多是出于心理和理性
的認知，不合邏輯和常規。」（高行健 2010：123-124）

　　對於荒謬的這種認知同樣適用於李國修《三人行不行》系列的劇中，而李國修說《三人行不行》源自於三口相聲，他直言想藉用相聲的對話形式，「探討都市中的人際關係錯綜詼諧的荒謬現象。」（李國修 2013b：35）換言之，他借用傳統戲曲的表演方式尋求其戲劇文本中的喜劇情境，以顯露人在現實生活中的荒謬性，而其在 2004 年《OH！三岔口——三人行不行 III》時代版演出手冊中再次的明白的提出，他寫說《OH！三岔口——三人行不行 III》該劇的主題是「矛盾」二字，透過「荒謬的情境，營造出文本內在不斷出現的三個神話——政治、道德、愛情。」（李國修 2103：32）在《三人行不行》系列中，經由文本，不難看到李國修在文本透過空間所呈現荒謬性的幾個面向：

（一）生活現實的荒謬

　　對於生活在台北都會區的李國修而言，他熱愛這個城市，然而在城市的個人與其生活的空間卻相對顯得荒謬處處有。《三人行不行 I》第四場＜目擊者＞中，都會城市空間發生車禍事件，眾所期盼的車禍重要祕密證人陳老師終於出現，但料想不到他是位盲人，劇中又安排其說話一直牛頭不對馬嘴，重複敘述自己國小發燒可能導致是其失明的原因，情節上並設計改用摸的來找出肇事者，一件車禍事件，因警察辦案失能，導致荒腔走板、荒謬至極的解決局面。荒謬的城市空間狀態到了《城市之慌——三人行不行 II》第四場＜城市台北頌＞，利用一場朗誦比賽，參賽的 A 先生說：「生活在如此繁華的城市裡，『緊張』只是一個虛無的名詞。」（李國修 2013：83）雖名曰是城市的歌頌，實則是嘲諷城市生活的荒謬。同樣的手法，《城市之慌——三人行不行 II》第五場＜城市之光＞中，更加深化了城市空間的生活荒謬。該場次的空間場景轉到主角人物前去觀賞的卓別林喜劇電影，但戲院卻插放了色情片，一方面反映了城市居民為了生活的現實，遊走於法律邊緣的商業行為之外，一方面運用電影院空間與其放映的模式嘲諷了城市居民看待電影這門表

演藝術的態度，並透過電影的片名，指涉出對於城市生活空間的沮喪與想望的悖論。這樣的城市現實荒謬，當劇中人物的手機響出＜甜蜜的家庭＞的鈴聲時，更顯得分外的棒喝。

（二）戰爭的荒謬

　　戰爭對於經歷過戰爭者，不管為侵略者與被侵略者都帶來雙方的內心理受創，對於沒有經歷過戰爭的人民來說，那是一種不可想像或無感的事件。中日戰爭對於李國修來說，可能居於這二種狀態的拉扯，這樣戰爭所引起的荒謬在《三人行不行 I》與《城市之慌——三人行不行 II》中，李國修神來一筆的創作出＜淒涼美麗的 LOVE STORY＞廣播劇的演劇，搬演日據時代台灣青年被徵召到南洋當兵的狀況，巧妙的藉用喜劇的情境，表達中日戰爭拆散愛情的荒謬情緒。在《空城狀態——三人行不行 V》的文本空間中，他創造角色人物日本川田企圖來台感謝與道歉，來撫平其在戰爭所經歷的傷痛，但荒謬的是他卻安排假裝的老鄧來接受川田的道歉與感謝，在這樣戰爭過時已久的空間中，這款的道歉與感謝一方面展示面對真情已稀薄且人事全非的當代城市居民的反諷。

（三）政治的荒謬

　　對於台灣內部與對外的政治政策的政治空間，諸如兩岸的開放與探親等政策所形成的政治荒謬，李國修很直接的在其文本空間中做出反映。《OH！三岔口——三人行不行 III》第六場＜舊情＞Paul 坦言「再怎麼改朝換代也不過是一朝天子一朝臣，跟咱們沒關係（笑），兩岸三地小老百姓再怎麼折騰，明天太陽還是照樣升起。」（李國修 2013 c：120）李國修藉著 Paul 這人物淡看當代掌權政治者的權勢，而對權勢的反諷在《OH！三岔口——三人行不行 III》中推到極致。該劇的第一場戲＜祖厝＞裡，婉真一直不解郭父為何走入大門時老是繞圈走，後來到第七場＜緣滅＞戲中，郭父終於說出真相—

郭父：（閩南語）妳媽媽沒有跟妳說？四年前妳還在日本留學，（自
大門走至屋外）日過世，六月四日那天妳阿嬤過世，她的棺材就放
在客廳，（手指原客廳某處）這塊地方，妳媽和我不願意走這裡是
怕踩到妳阿嬤。（提醒婉真）妳踩到了……（婉真小心翼翼地移步
至一旁）啊，你踩到她的頭了啦！

婉真：（閩南語）現在這裡變成街仔路，人走來走去，車輾來輾去，
誰知道這裡以前躺過一個阿嬤＞（李國修 2013：131-132）

市井小民其實對於政治沒有那麼大的熱度，人民只在乎是親人間親情的
實存，《OH！三岔口──三人行不行 III》第八場＜團員＞裡，錢父對於親情
的自主性，他就直言：

錢父：老百姓談感情談血緣，背後不能讓政府操縱著手腳說話。真
是那樣老百姓不都成了人形布偶！？我說，人活著不能有自個兒的
主見、意志、思想，那不如死了算了。（李國修 2013：141）

然荒謬的是，政治權力的迫害仍舊在現實中搬演，主角定遠在《OH！三
岔口──三人行不行 III》第八場＜團員＞戲中，哭訴一九六七年聯合養父親，
鬥死自己的親爸爸，這是大陸文革時期政治的權力荒謬，造成親情倫理的悲
劇最強力道的告白。集權荒謬造成大陸人民對於台灣自由的美好嚮往，形成
《OH！三岔口──三人行不行 III》中的人物王軍，一個彪形大漢卻寧願藏身
於皮箱中，把自己當成北京琉璃廠的大花瓶貨物，偷渡來台，這樣另一方面
則對比出台灣與大陸之間兩岸政治的政策荒謬。以致於在《OH！三岔口──三
人行不行 III》尾聲＜許願 2＞中，李國修透過主角 Mary 說出這樣的一段話：

Mary：（心有所感地說著）我們發生了太多的性關係。當我們把孩

子生下來以後才發現，原來我們是那麼無能為力，（Paul、Peter 緩
緩走向床邊，倚靠著床）沒有任何人能夠改變我們的命運。我感覺
我們就像是只有呼吸，身體卻沒有思想的傀儡，在我們的背後永遠
有人在操縱我們。（李國修 2013：154-155）

主角在人的生理能力得到滿足，但荒謬的卻無法掌握生命的自主，總是
個被操縱的傀儡。直到《長期玩命──三人行不行 IV》的序場〈許願〉中，
Peter 一語道破失權與沒法自主的小民荒謬到只剩下性，但這並非是權力春藥
的製造源：

Peter：（代 Mary 說出心聲）Mary 她是覺得兩岸三地的老百姓都一
樣，不管在哪裡生活，面對未來，永遠就像個傀儡！我們之間只剩
下──Sex！（李國修 2013d：47）

尋常居民，在過去、現在或是將來，即使時空改變，但被掌權者所操縱
與掌控都是不會改變的事實，百姓成為被動的布偶傀儡，主動與自主權喪失，
看到的掌權者所規劃的美景藍圖不是不存在，就是幻覺，李國修的憤怒只能
是如《長期玩命──三人行不行 IV》結尾的做夢場景，或急迫積極如《空城
狀態──三人行不行 V》的郵差假想自己是打倒權力的使者、人民的頭家胡克
游，組織「胡克國」，以「頭家想換黨」為口號，用吐舌頭、放火燒警察局
等激烈方式，妄想讓人民作政府的頭家的荒謬想望。因為其結果如虛擬的人
物胡克游的音似的音文──who cares you!誰在乎您？所以李國修大膽在該劇
劇末安排郭父、老石和小麗將要躲入山洞，老石說出希望躲到政府被每個老
百姓稱好才下山的夢想，老石說：「在夢裡面這個政府不存在，老百姓反而
過得很幸福。」（李國修 2013 e：186）

（四）兩性人際的荒謬

　　《三人行不行》系列中，常見兩性人際倫理的荒謬。《三人行不行I》中＜序場＞開宗明義的點出台北的人際關係的複雜，有如台北的交通，把人倫與生活慣性做荒謬的排比，而更見荒謬的是，《OH！三岔口——三人行不行III》第四場＜慾情＞Peter 和 Mary 在賓館幽情，郭父和婉真前來抓姦，這樣相當不堪的亂倫場面，當 Peter 告訴郭父賓館的窗戶是假的，實際上是一面牆，牆壁被噴個「幹」字，郭父居然說：「那個字是我寫的……」婉真與 Peter 當下迷惑，郭父在慌亂中回神才說：「別管我！阮是來抓 Peter！不是抓我的。」（李國修 2013c：94-95）倫常失綱，謊言充斥於城市人的生活空間，說實話便成困難，《OH！三岔口——三人行不行III》第三場＜緣起＞Peter 追問 Mary 是否懷孕？他希望 Mary「tell the truth」，只見 Mary 回說：「你看起來真的好像假人！」（李國修 2013c：83）這樣難怪 Peter 在第三場＜緣起＞中老是覺得自己的面前任何人都變成假人，世界越來越不真實。

（五）語言的荒謬

　　語言上，李國修在各劇中常以國語台語夾雜、英日語相混，運用中英文的同聲異字，製造語言的趣味性，並點出現在城市多語性的生活荒謬，如人物在對話中將「代表」聽成「戴錶」，營造喜劇性的對話外，點出主角雙方口語溝通與意見交換的困難。在《三人行不行I》第二場＜THE DEATH OF A 南部女孩＞Peter 對 Mary 說：「Mary，Do you『mind』？…我知道，你不『賣』、你不『賣』！」（李國修 2013a: 65）劇中持續用這個字來呈現 Peter、Mary 和 Paul 交纏的荒謬三角關係。在《長期玩命——三人行不行IV》中將「加拿大」發成閩南語音「只是住」（李國修 2013d：139），相似的語言意義轉換在《空城狀態——三人行不行V》郭父與茂雄討論移民新加坡，英文語句中「Singapore is a Fine city」！Fine 這字的「好」與「罰錢」的正負二種意思，在在顯示主角

人物的意見相左與對移民看法的戲謔（李國修 2013e：134-135）

六、結論

　　馬丁・艾斯林認為荒謬主義戲劇劇作家使用劇作主題，以顯示「荒誕派戲劇則力圖通過公開拋棄合理的方法和推理的思維，來表達它對人的狀態的無意義和理性方法的不適用之感。」（馬丁・艾斯林、華明譯 2003：8）而華文劇作家高行健亦談及「荒誕也可以具備喜劇的品格，貝克特把荒誕賦予悲劇性，我認為也可以具有喜劇性。」而其「往往是現時代人的困境，人們在日常的現實生活中未必都認識到，戲劇就有這樣一種獨特的審美功能，既愉悅了觀眾，又喚起驚醒，達到一種認知。」（高行健 2010：125）若是如同該二人所言，李國修在此系列劇中同樣以戲劇的形式，編入喜劇為主基調，但在其呈現的喜劇性中，蘊含了無比的荒謬性。故在《三人行不行》系列劇中，從戲劇情節的編寫中，看到主題越來越明確與鎖定，從城市之慌到三岔口到長期玩命到空城狀態，眼見李國修對所處的城市空間越來越沮喪與悲觀。在《長期玩命——三人行不行 IV》的導演說明中，他這樣寫的：

> 矛盾的是情感無處寄託，猜忌與分離愈演愈烈；不安的是對有形的居住空間與無形的社會空間充滿更多且強烈的質疑！與其說劇中人對這個城市（國家）的矛盾與不安，不如說那即是我最內在的疑惑！從《三人行不行》I 到 III，我素以兩男一女分飾多個角色為這個城市繪彩。至於《長期玩命》，我刻意破了自己的格，改用三男三女分飾劇中十八個角色——交錯的人倫關係與扭曲的生活空間，使劇中的符號角色歷經一場盤根錯節的玩命旅程。物換、景遷、人移是這個城市（國家）不斷變化的即景，也是我決定採用的導演語言——

──那應該是呼應劇中人徘徊在「確定與不確定」、「去或留在這個城市（國家）」的內在心境。（李國修　2013d:32　）

　　在一系列文本中，透過情節一幕幕的的進展，我們看到了文本空間裡，李國修如何用其劇作家兼導演的語言展現其所處台灣現代城市空間的荒謬性，雖然是悲劇的心態，但他卻用喜劇的文本形式來包裝空間。一直以來李國修對戲劇兩字的體認為：「戲是 Play，扮演；劇是 Story，故事。戲劇二字就是在一個虛構的故事裡，……角色真實、真情的扮演。情節虛實掩映，時空迂迴交錯，人物古今穿插出現，敘事結構雖複雜，但想表達的情感主題卻很簡單──『生命』」。（李國修　2013f:33）在他充滿生命的喜劇性文本空間中，雖可窺見其展現出生活現實、戰爭、兩性人際、政治、語言等層面之無比的荒謬，但我們不可不知道他在《空城狀態──三人行不行 V》所寫出的內心真實告白：

　　戲劇和生活的界線其實是不能切割的。我始終以為走在街上像是在看戲；坐在戲劇場裡像是在看真實的人生。看戲或看人生都在試圖尋找一種感情、尋找自己的位子、尋找一份希望與愛，在這樣一個空蕩蕩的城市裡，懷著激情的勇氣繼續生活下去。畢竟城再空、人永遠不空！老百姓如你、我都有一份情，彼此撫慰，鼓舞地找到了在這個城市活過來的理由！「人生如戲，戲如人生；渡過人生，千萬認真。」（李國修　2013e:31）

　　原來，戲劇文本是李國修的表達的出口，文本空間是他戲劇文本的牌樓，喜劇是他戲劇文本的外衣，荒謬不是他絕對的文本空間的最終狀態，他在戲劇文本中繼續遊戲人生，好讓建構出生命與戲劇真實的網絡。

　　(本文曾於 102 年 12 月 21-22 日靜宜大學台灣研究中心所舉辦「李國修與

臺灣當代劇場學術研討會」中發表。）

參考文獻

1. 李國修（2013a），《三人行不行 I》，台北：印刻文學生活雜誌出版有限公司。

2. 李國修（2013b），《城市之慌——三人行不行 II》，台北：印刻文學生活雜誌出版有限公司。

3. 李國修（2013c），《OH！三岔口——三人行不行 III》，台北：印刻文學生活雜誌出版有限公司。

4. 李國修（2013d），《長期玩命——三人行不行 IV》，台北：印刻文學生活雜誌出版有限公司。

5. 李國修（2013e），《空城狀態——三人行不行 V》，台北：印刻文學生活雜誌出版有限公司。

6. 李國修（2013f），《好色奇男子》，台北：印刻文學生活雜誌出版有限公司。

7. 李國修（2013g），《我妹妹》，台北：印刻文學生活雜誌出版有限公司。

8. 馬丁・艾斯林著、華明譯（2003），《荒誕派戲劇》，河北教育出版社。

9. 高行健（2010）《論戲劇》，台北：聯經出版事業有限公司。

國家圖書館出版品預行編目(CIP) 資料

當代臺灣本土大眾文化. 第二冊, 鄉情深知與影
　劇創新精選集 / 陳正茂, 張憲堂著. -- 初版.
　-- 臺北市：元華文創, 2020.09
　面；　　公分

　　ISBN 978-957-711-187-6 (平裝)

　　1.臺灣研究 2.臺灣文化 3.文集

733.07　　　　　　　　　　　　　　　109011962

當代臺灣本土大眾文化(第二冊)：鄉情深知與影劇創新精選集

陳正茂　張憲堂　著

發 行 人：賴洋助
出 版 者：元華文創股份有限公司
公司地址：新竹縣竹北市台元一街 8 號 5 樓之 7
聯絡地址：100 臺北市中正區重慶南路二段 51 號 5 樓
電　　話：(02) 2351-1607　　傳　　真：(02) 2351-1549
網　　址：www.eculture.com.tw
E - m a i l：service@eculture.com.tw
出版年月：2020 年 09 月 初版
定　　價：新臺幣 400 元

ISBN：978-957-711-187-6 (平裝)

總經銷：聯合發行股份有限公司
地　　址：231 新北市新店區寶橋路 235 巷 6 弄 6 號 4F
電　話：(02)2917-8022　　傳　　真：(02)2915-6275